Walter von Lucadou

PSYCHE UND CHAOS

Neue Ergebnisse
der Psychokinese-Forschung

AURUM VERLAG
FREIBURG IM BREISGAU

PSI-Reihe, Band 3.

Mit 19 S/w-Abbildungen.

CIP-Titelaufnahme der Deutschen Bibliothek

Lucadou, Walter von:
Psyche und Chaos: neue Ergebnisse der Psychokinese-
Forschung / Walter von Lucadou. –
Freiburg im Breisgau: Aurum Verlag, 1989.
(PSI-Reihe ; Bd. 3)
ISBN 3-591-08275-9
NE: GT

1989
ISBN 3-591-08275-9
© 1989 by Aurum Verlag GmbH & Co KG,
Freiburg im Breisgau.
Alle Rechte, auch die des auszugsweisen Nachdrucks,
der fotomechanischen Wiedergabe und der Übersetzung,
vorbehalten.
Gesamtherstellung: Benziger AG,
Graphisches Unternehmen, Einsiedeln / Schweiz.
Printed in Switzerland.

INHALT

Vorbemerkung 5

1 Ist die Parapsychologie der Kehrichthaufen der Wissenschaft? 8
2 Weshalb Psychokinese ernst nehmen? 12
3 Wie holt man den Spuk ins Labor?
  – Die Methoden des Dr. J. B. Rhine 23
4 Kann man sich auf den Zufall verlassen? . . 27
5 Wiederholbare Wunder? 36
6 Warum haben die Physiker den PK-Effekt bisher nicht in ihren Labors entdeckt? 45
7 Widerspricht Psychokinese den Naturgesetzen? 49
8 Paradoxien der Quantenphysik 56
9 Kann die Quantenphysik die Psi-Phänomene erklären? 67
10 Experimentelle Tests der Observational Theories 78
11 Das IDS-Modell 104
12 Das Modell der Pragmatischen Information 107
13 Kann das Modell der Pragmatischen Information auch makroskopische PK-Effekte beschreiben? 140
14 Praktische Anwendungen 162
15 Wie sieht es mit der Zukunft der PK-Forschung aus? 174

Literaturhinweise 182
Index 190

VORBEMERKUNG

Eigentlich ist es ziemlich gewagt, ein populärwissenschaftliches Buch über Psychokinese zu schreiben; nicht etwa weil es nichts zu berichten gäbe oder weil schon genug darüber geschrieben wäre, sondern in erster Linie deshalb, weil ein solches Buch zu Mißverständnissen führen kann. Und sind nicht schon genügend Mißverständnisse über die Parapsychologie und ihr Aufgabengebiet im Umlauf? Normalerweise sollte ein seriöser Wissenschaftler erst dann ein Sachbuch über die Ergebnisse seiner Wissenschaft veröffentlichen, wenn diese einigermaßen gesichert sind und er dabei nicht Gefahr läuft, seinen Lesern – also dem Publikum – lediglich umstrittene Resultate, spekulative Theorien und ungare Gedanken vorlegen zu müssen; d.h. ein Sachbuch sollte solides Lehrbuchwissen vermitteln und bei den Lesern keine falschen Erwartungen, unbegründete Hoffnungen oder gar Ängste wecken. Diskussionen über vorläufige Ergebnisse und spekulative Theorien gehören also in wissenschaftliche Arbeitsgruppen, Seminare, Kongresse und Fachjournale, wo kritische Fachkollegen dafür sorgen, daß Spekulationen nicht allzusehr ins Kraut schießen. Auch der Hinweis darauf, daß immer wieder gegen diese ungeschriebene Regel mit der Begründung verstoßen wird, das Publikum habe ein Recht darauf, einen Blick »hinter die Kulissen« ins Innere des wissenschaftlichen Elfenbeinturms zu werfen, ist keine Entschuldigung. Gerade auf einem derart umstrittenen und schwierigen Gebiet wie dem der Parapsychologie, wo leider mehr Scharlatane als Wissenschaftler anzutreffen sind, wird jedoch allzu voreilig eine Aussage, die ein Wissenschaftler nur zögernd macht, für bare Münze genommen und eine

Hypothese bereits akzeptiert, während sich Fachleute noch darüber streiten, ob sie im Ansatz gerechtfertigt sei; auch werden aus relativ dürftigen Meßresultaten weitreichende Schlußfolgerungen gezogen und bedenkenlos vermarktet. Angesichts der Tatsache, daß sich fast 60 Prozent der Bevölkerung für Parapsychologie und Verwandtes interessieren, kann man sich den daraus entstehenden Schaden leicht vorstellen.

Tatsächlich besteht die Parapsychologie aus mehr Fragen als Antworten; auf ein gesichertes Lehrbuchwissen kann man kaum zurückgreifen. Was heute überzeugend erscheint, kann morgen falsch sein. Selbst unter den wenigen wissenschaftlich ausgebildeten Experten, die auf diesem umstrittenen Gebiet arbeiten, gibt es noch immer grundsätzliche Diskussionen über die Existenz der behaupteten ungewöhnlichen Phänomene. Ist es von diesem Gesichtspunkt aus daher nicht sehr verfrüht, einen populären (und damit vereinfachenden) Bericht aus der »Werkstatt« zu geben, ohne sich den Vorwurf gefallen lassen zu müssen, ungesicherte Behauptungen in die Welt zu setzen? Schließlich haben voreilige Prognosen und unerfüllte Versprechungen hauptsächlich zu der gegenwärtigen Wissenschaftsfeindlichkeit beigetragen, die die Kehrseite einer übertriebenen Fortschrittsgläubigkeit darstellt und merkwürdigerweise ebenfalls bei der Diskussion um die Parapsychologie eine nicht unwesentliche Rolle spielt. Zu der traditionellen Pro- und Kontraposition in bezug auf die Parapsychologie ist nun noch eine dritte, die antiwissenschaftliche, hinzugekommen. Während für die Pro-Seite die Psi-Phänomene längst bewiesen sind, stellt für die Contra-Seite die bloße Beschäftigung mit parapsychologischen Themen ein Zeichen von Irrationalität und einen Rückfall ins finstere Mittelalter dar. Für die wissenschaftsfeindliche Seite sind dagegen die Psi-Phänomene meist ein Zeichen für die endgültige Niederlage der Wissenschaft, die hier auf ihre definitive Grenze gestoßen ist.

Aufgrund der Angriffe von diesen drei Seiten halte ich es für wichtig, Mißverständnissen und Fehlinformationen sachlich entgegenzuwirken; deshalb möchte ich nach langem Zögern dem Wunsch derjenigen nachkommen, die mich gebeten haben, eine populäre Darstellung dessen zu verfassen, was sich in den letzten zehn Jahren vor allem auf dem Gebiet der Psychokinese-Forschung entwickelt hat. Angesichts der Tatsache, daß die Parapsychologie kaum über Forschungsmittel verfügt und nur sporadisch im akademischen Rahmen integriert ist, halte ich das bisher Erreichte allerdings für nicht ganz unerheblich; und obwohl, wie gesagt, kaum endgültige Antworten erwartet werden können, glaube ich doch, einen gewissen Fortschritt – sowohl in theoretischer als auch in experimenteller Hinsicht – feststellen zu können, selbst wenn er nur darin besteht, daß heute mehr Fragen denn je auf eine Antwort warten; aber gerade das ist ein Zeichen für eine lebendige Wissenschaft.

1
IST DIE PARAPSYCHOLOGIE DER KEHRICHTHAUFEN DER WISSENSCHAFT?

In Buchhandlungen finden wir unter der Rubrik »Psi/Parapsychologie/Grenzwissenschaften« – ohne Anspruch auf Vollständigkeit und alphabetische Ordnung – Titel wie: Bermuda-Dreieck, UFO-Begegnungen der dritten oder unheimlichen Art, Erich von Dänikens Astronautengötter, Wünschelrute und Erdstrahlen, Astrologie, Runen und Reinkarnation, Jenseitskontakte über Tonband, Video, Computer und Telephon, chirurgische Eingriffe ohne Messer und Narkose, Kirlianphotographie, Pyramidenkraft, Hexen- und Satanskult, geheimes Leben der Pflanzen und so weiter und so fort. Damit ist die Anzahl von Erlebnissen, Begebenheiten, Phänomenen oder Effekten aufgezählt, die in der breiten Öffentlichkeit, in den Massenmedien und der Boulevardpresse als »Psi-Phänomene« oder »Parapsychologie« verstanden – oder besser gesagt – nicht verstanden, aber verkauft werden. Es sind Symptome jener merkwürdigen Zeiterscheinung, die von den einen als »New Age«, als »Wassermannzeitalter« begrüßt, von den anderen als »okkulte Welle« und »neuer Irrationalismus« verdammt wird und die in jüngster Zeit – vor allem unter Jugendlichen – zu einem sozialpsychologischen Problem herangewachsen ist, das mittlerweile schon die Parlamente beschäftigt (siehe Kapitel 14). Hier stellt sich nun die Frage, ob das Paranormale nicht einfach zum Sammeltopf für das Bizarre, Unerklärliche, Geheimnisvolle, Übersinnliche, Gruselige geworden ist, kurz zum »Kehrichthaufen der Wissenschaft«.

Eine systematische Forschung auf parapsychologischem Gebiet gibt es jedoch bereits seit über hundert Jahren: 1882 wurde in London die noch heute aktive

»Society for Psychical Research« (SPR) gegründet. Ihr Auftrag bestand darin, all jene Bereiche des menschlichen Seelenlebens zu erforschen, die sich damals wie heute nicht in unser naturwissenschaftliches Weltbild einzuordnen scheinen. Es geht dabei in erster Linie um die wissenschaftliche Erforschung zweier Phänomengruppen: der »Außersinnlichen Wahrnehmung« und der »Psychokinese«. Unter Außersinnlicher Wahrnehmung – abgekürzt ASW – wird das Wissen um oder die Reaktion auf ein äußeres Ereignis verstanden, das oder die nicht über die bekannten Sinneswege vermittelt wird. ASW wird in drei Formen unterteilt: »Telepathie« – die »direkte« psychische Informationsübertragung zwischen Personen, »Hellsehen« – die »direkte« Wahrnehmung eines objektiven Vorgangs oder Sachverhalts, der niemandem bekannt ist, und schließlich »Präkognition« – das Vorauswissen zukünftiger Ereignisse, ohne ausreichende rationale Gründe, und ohne daß diese durch eine Voraussage herbeigeführt werden. »Psychokinese« – abgekürzt PK – wird definiert als: der Einfluß der Psyche eines Menschen auf äußere Objekte oder Prozesse ohne Vermittlung bisher bekannter physikalischer Energien und Kräfte. Das Wort »Parapsychologie« ist ein Kunstwort, das bereits 1889 geprägt wurde; die griechische Vorsilbe »para« bedeutet soviel wie »neben« oder »jenseits«, und was »Psychologie« heißt, ist ja allgemein bekannt. Der Philosoph und Psychologe Max Dessoir wollte damit einen wertfreien Begriff schaffen, der eine emotionsfreie und wissenschaftlich neutrale Bezeichnung derjenigen Erfahrungen erlaubt, die die Menschheit seit alters her in zwei Parteien spaltet: die einen, die eigene »paranormale« Erlebnisse hatten – nach neuesten Umfragen sind dies ca. 60 Prozent der Bevölkerung – und daher von der Existenz des »Paranormalen« überzeugt sind; und die anderen, die genauso fest davon überzeugt sind, daß es sich dabei nur um Hirngespinste und Fehlinterpretationen handelt. Was aus diesem ursprünglich wertfreien Begriff inzwischen geworden ist, ist bereits angesprochen worden. Der Vorschlag der Psychologen Thouless und Wiesner (1946), die Gesamtheit paranormaler oder parapsychischer Vorgänge mit »Psi« (dem 23. Buchstaben des griechischen Alphabets) zu bezeichnen, hat sich im parapsychologischen Sprachgebrauch weitgehend durchgesetzt. Leider konnte auch dieser Versuch, einen neutralen Begriff zu finden, schließlich nicht verhindern, daß heute »Psi« als fragwürdiges Modewort für eine unkritische Literaturvermarktung »okkulter« und »esoterischer« Phänomene mißbraucht wird. Wir sprechen in diesem Zusammenhang auch von der »Pop-Parapsychologie« oder – nach dem schwedischen Parapsychologen Martin Johnson noch drastischer – von der »Parapornographie«. Abgesehen von einer großen Anzahl von Phantasten, Okkultnarren und Scharlatanen, findet man auf diesem Gebiet durchaus auch eine Minderheit kompetenter Natur-, Geistes- und Sozialwissenschaftler, die über ausreichende Methodenkenntnisse und experimentelle Erfahrung verfügen. Sie betreiben auf dem vorläufig abgesteckten Terrain der Parapsychologie trotz der geringsten öffentlichen oder staatlichen Unterstützung ernstzunehmende Forschung (Näheres dazu werden wir in Kapitel 15 behandeln). Von der Arbeit dieser kleinen Gruppe von Wissenschaftlern soll in diesem Buch die Rede sein. Es handelt sich hierbei keineswegs um Ergebnisse »der Wissenschaft«, denn gerade in der »Scientific Community« – der Gemeinschaft der Wissenschaftler – sind die Forschungsresultate der Parapsychologie alles andere als unumstritten.

Den Zustand, in dem sich die Parapsychologie befindet, bezeichnet man – nach dem amerikanischen Wissenschaftstheoretiker Thomas Kuhn – als »präparadigmatische« Phase einer Wissenschaft; d. h. die Parapsychologie ist noch keine »reife« Wissenschaft wie z.B. die Physik, sondern befindet sich in einem Entwicklungszustand, in dem ihre Ergebnisse und Theorien noch so umstritten sind, daß die Mehrzahl der sogenannten »working scientists« (in der Forschung tätigen Wissenschaftler) sie schlichtweg ignorieren können, ohne sich den Vorwurf gefallen lassen zu müssen, uninformiert zu sein. Der Parapsychologe John Beloff schreibt dazu: »Ein Historiker der Ideen – schriebe er über das 20. Jahrhundert – könnte leicht entschuldigt werden, wenn er vergäße, sie (die Parapsychologie) überhaupt zu erwähnen.« Es wäre allerdings ein großes Mißverständnis anzunehmen, eine präparadigmatische Wissenschaft sei deshalb keine »richtige« Wissenschaft, weil sie nicht mit wissenschaftlichen Methoden arbeite. Gerade die Parapsychologie ist in Punkto wissenschaftlicher Methodik »päpstlicher als der Papst«, und sie muß es sein, da sie die »Beweislast« ungewöhnlicher Behauptungen zu tragen hat. Es ist also keineswegs so, daß die Parapsychologie mit »alternativen« Methoden arbeiten würde bzw. es besondere »parapsychologische« Methoden gäbe, wobei zum Beispiel ein Problem mittels »Telepathie« untersucht werden könnte. Leider sind solche Vorstellungen in der Bevölkerung sehr verbreitet; daher ist es nicht verwunderlich, wenn viele Parapsychologie als etwas Irrationales ansehen. Auch hat man oft den Eindruck, daß manche Leute sich aufgrund der Traumindustrie von Film und Fernsehen so sehr an das Ungewöhnliche gewöhnt haben, daß für sie »einfache« Psi-Phänomene geradezu langweilig sind. Bei anderen wiederum scheinen sie dagegen ein solches Ausmaß an Ängsten zu mobilisieren, daß sie vollkommen irrational reagieren, wenn es um Fragen der Parapsychologie geht. So schreibt z.b. der Vorsitzende Richter am Landgericht Dr. W. Wimmer über die Parapsychologie: »Den Aberglaubenskenner nimmt es natürlich nicht wunder, daß das erlegte Ungeheuer (die Parapsychologie), wie der berüchtigte blutsaugende ›Vampir‹, sich immer wieder aus seinem verdienten Grabe herausräkeln möchte, weshalb ›Doktor van Helsing‹ wohl noch öfter geholt werden muß, um dem greulichen Gespenst den Bann-Pfahl ins faulende Herz zu rammen und den Sargdeckel wieder fest zuzudrükken.«

Für mich stellen die Psi-Phänomene in erster Linie eine wissenschaftliche Herausforderung dar, wobei ich allerdings sagen muß, daß mich andere Naturphänomene wie z. B. ein Gewitter oder das Funktionieren eines Fernsehgeräts genauso in Staunen versetzen, obgleich man in diesem Fall »erklären« kann, wie und warum sie funktionieren. Aufgabe der Parapsychologie ist es, Phänomenen auf die Spur zu kommen, die uns unbegreiflich, geheimnisvoll und »wunderbar« erscheinen und unsere Neugierde herausfordern. Es ist also überhaupt keine Frage, daß hier Probleme berechtigt auf eine Lösung warten.

2
WESHALB PSYCHOKINESE ERNST NEHMEN?

Ganz bestimmt ist Psychokinese kein alltägliches Phänomen. Normalerweise müssen wir unsere Körperkräfte und nicht unsere »Geisteskräfte« gebrauchen, um physikalische Wirkungen in unserer Umgebung zu erzielen. Um eine Vorstellung von dem zu erhalten, wie sich Psychokinese zeigt, hören wir uns einen Bericht an, der aus dem umfangreichen Material der amerikanischen Parapsychologin Louisa E. Rhine stammt: »Frau N. aus Nevada berichtet von einem Erlebnis, das sich auf ihren Bruder Frank bezog. Er war ein ausgesprochen fürsorglicher Junge, hatte mit seiner Mutter einen engen Kontakt und machte ihr viel Freude. Eines Tages – so berichtete die Schwester – kam Frank mit einer schönen Kristallschale nach Hause. Meine Mutter freute sich sehr über das hübsche Stück und stellte es auf die Anrichte. Als wir anderen Geschwister die Windpocken bekamen, wurde Frank zu meiner Großmutter geschickt, etwa 40 Meilen von uns entfernt. Zwei Tage, nachdem Frank weg war, unterhielten sich Mutter und unsere Nachbarin beim Frühstück. Uns Kindern wurde befohlen, still zu sein. Ganz plötzlich platzte die Kristallschale, die Frank meiner Mutter geschenkt hatte, zerbrach in zwei Hälften und blieb auf der Anrichte liegen. Mutter schrie auf: ›Mein Gott, Frank ist tot.‹ Wir alle versuchten, Mutter zu beruhigen, aber sie sagte, sie wüßte es genau. Folgendes hatte sich zugetragen: der Junge, der neben Großvater wohnte, war von der Schule nach Hause gekommen. Seine Eltern waren nicht da. Er begann mit dem Gewehr seines Vaters zu spielen und zeigte es auf der Straße Frank. Der Junge wußte nicht, daß es geladen war. Er drückte ab und erschoß meinen Bruder. Das Eigenartige an der Sache ist, daß Frank in dem Moment erschossen wurde, als die Kristallschale zerbrach.«

Solche spontan auftretenden Erlebnisse – sie werden auch »Spontanberichte« genannt – stellen das Ausgangsmaterial der parapsychologischen Forschung dar. Es ist natürlich einfach, jeden einzelnen derartigen Bericht als »Ausfluß eines unkritischen, irrationalen Hanges zur magischen Beziehungsstiftung« oder als bloßen Zufall abzutun. Berücksichtigt man aber die Gleichförmigkeit der Berichte, die zu allen Zeiten und in allen Kulturen auftreten, so kann man sich zumindest der Möglichkeit eines sich real dahinter verbergenden Phänomens nicht ganz verschließen. Durch die Jahrhunderte hindurch wird immer wieder von diesen merkwürdigen Erlebnissen berichtet, die in der Regel bei den Betroffenen einen tiefen Eindruck hinterlassen. Gleichzeitig mit dem Tod nahestehender Personen sollen ohne erkennbaren Grund in der materiellen Welt sonderbare Effekte auftreten: Spiegel zerspringen, Uhren bleiben stehen, Bilder fallen von der Wand. Andere berichten von eigenartigen Polter- und Klopfgeräuschen, die Krankheit, Unfall oder Tod nahestehender Bezugspersonen ankündigen sollen; sie werden in der Parapsychologie als »Ankündigungserlebnisse« bezeichnet. Als noch anstößiger und als Beleidigung des »gesunden Menschenverstandes« gelten die Spuk- oder Poltergeistphänomene, bei denen sich die vertraute Welt der körperlichen Dinge recht regelwidrig zu verhalten scheint. Berichte darüber gehen ebenfalls bis in die Antike zurück und scheinen universell verbreitet zu sein. Das Spektrum seiner Erscheinungen ist weit gefächert: es reicht von Klopfgeräuschen, dem Verrükken von Möbeln, Zerbrechen von Geschirr und Lampen bis zum Verschwinden und Wiederauftauchen von Objekten, zum Steinregen, wobei Steine gewissermaßen aus dem nichts auftauchen und sogar in verschlossene Räume dringen sollen und so weiter.

Die Schweizer Biologin und Parapsychologin Fanny Moser schreibt dazu in der Einleitung zu ihrem Buch: »Spuk – Ein Rätsel der Menschheit«: »Mit dem Spuk berühren wir eine der merkwürdigsten Seiten menschlichen Sagens und Glaubens, zugleich einen beunruhigenden Erfahrungsbesitz, mehr noch, ein oft erschütterndes Erlebnisgut der Menschheit seit Urzeiten. Je nach Einstellung gilt der Spuk als beglückender Beweis der Unsterblichkeit des Menschen, des Überlebens und Wirkens der Toten, Betätigung von ›armen Seelen‹ im Fegefeuer, Bestätigung der Existenz des Teufels, von Dämonen, Geistern, Gespenstern, Kobolden und ähnlichem. Für uns dagegen ist es das schlechthin Unmögliche, grotesker Wahnsinn, ein abergläubischer Überrest aus der Menschheit Kindertagen, Ärgernis den einen, Anlaß zu Hohn und Spott den anderen.«

Um eine ungefähre Vorstellung von dem zu vermitteln, was von Spukbetroffenen berichtet wird, sei hier eine Passage aus dem erwähnten Buch von Fanny Moser wiedergegeben: Der Schweizer Nationalrat Melchior Joller schreibt in seiner »Darstellung selbsterlebter mystischer Erscheinungen aus dem Jahre 1863«: »Schon während der Nacht ließ sich ein lautes Poltern im Hause vernehmen. Durch den Morgen polterte es bald da, bald dort an den Dielen und Wänden. Es war heller Sonnenschein. Ungefähr um 9 Uhr war die Stube aufgeräumt. In der Mitte stand, wie gewöhnlich, der nußbaumene Tisch von oben nach unten, an den Wänden Sessel und Kanapee. So, alles geordnet, verließ ich das Zimmer mit Frau und zwei Kindern, die übrigen waren abwesend, und wollte sie, die sich sehr fürchteten, in die oberen Zimmer geleiten. Das Dienstmädchen war in der Küche beschäftigt. Auf der Stiege hörten wir an der Wand des oberen Ganges ein rasches Klopfen mit tanzenden Bewegungen. Aufmerksam gemacht auf ein Geräusch in der Stube, sprangen wir anderen zur Türe zurück, die ich nie aus dem Auge verloren hatte, und an derselben einen Augenblick lauschend, vernahmen wir ein Geräusch, als ob eine Gesellschaft von mehreren Personen in Socken herumtanzen würde. Rasch die Türe geöffnet, war es mausstill. Der schwere Tisch lag der Länge nach gegen die Türe, das Unterste zu oberst, ebenso links zwei und vorne in der Stube zwei Stühle nebst dem Tabouret vor dem Kanapee. Wir trauten kaum unseren Sinnen. Es mochte seit unserer Entfernung aus der Stube etwa eine Minute verstrichen sein.«

Ein Spukfall aus neuerer Zeit (1967–1968), der berühmte »Rosenheimer Spuk« ist insofern interessant, weil hier durch die Zusammenarbeit von Technikern, Polizei, Physikern und Parapsychologen die fraglichen

Phänomene wenigstens teilweise objektiv dokumentiert und alle bisher bekannten physikalischen Einwirkungsmöglichkeiten weitgehend ausgeschlossen werden konnten. Es stellte sich heraus, daß die Vorfälle – Telephonstörungen, Zerplatzen von Glühlampen, Schwingen von Lampen, Drehen von Bildern und abnorme Vollausschläge von Meßinstrumenten – nur dann auftraten, wenn eine junge Büroangestellte anwesend war. Die Physiker Dr. F. Karger und G. Zicha, die den Fall physikalisch untersuchten, kamen zu folgendem Schluß: »1. Obwohl die Phänomene mit den vorhandenen Mitteln der experimentellen Physik festgestellt wurden, konnten sie mit den vorhandenen Prinzipien der theoretischen Physik nicht erklärt werden; 2. die Phänomene erschienen als Ausdruck nichtperiodischer, kurzzeitig wirkender Kräfte; 3. sie scheinen nicht unter Zuhilfenahme elektrodynamischer ›Effekte‹, sondern ›mechanisch‹ hervorgerufen worden zu sein; 4. es fanden auch kompliziert geführte Bewegungen statt; 5. diese Bewegungen scheinen von intelligent gesteuerten Kräften herzurühren, die die Tendenz haben, sich der Untersuchung zu entziehen.« Es soll aber hier auch nicht verschwiegen werden, daß die betreffende Büroangestellte wenigstens in einem Falle dabei ertappt worden ist, wie sie mit ganz normalen Muskelkräften eine Lampe zum Schwingen brachte. Was das bedeutet und was daraus für die Einschätzung von Spukgeschehen zu schließen ist, wollen wir in Kapitel 13 diskutieren. Jedenfalls wird dadurch deutlich, daß solche Berichte keineswegs als wissenschaftlicher Beweis für Psychokinese gewertet werden können.

Der berühmte englische Physiker Michael Faraday hat einmal gesagt: »Wenn durch die Kraft des Geistes auch nur ein Strohhalm bewegt werden könnte, so müßte unsere Auffassung vom Weltall geändert werden.« In der Tat stellt die Behauptung der Psychokinese für den Physiker eine ungeheure Herausforderung dar, so daß – wenn auch nur ein Körnchen Wahrheit in all diesen Berichten ist – man keine Anstrengung scheuen sollte, die Sache gründlich zu untersuchen, entweder um ein für alle Mal festzustellen, auf welcher Art von Täuschung das »Phänomen« beruht, oder eben akzeptieren zu müssen, daß es eine bisher unbekannte Wechselwirkung zwischen dem Menschen und der ihn umgebenden Materie gibt.

Obwohl solche Berichte über »spontan auftretende Psychokinese« im Verhältnis zu den anderen paranormalen Erscheinungen wie Telepathie, Hellsehen und Präkognition in nur etwa 3 Prozent aller Berichte vorkommen und somit recht selten sind, sind sie vom physikalischen Standpunkt aus gesehen nicht nur interessanter, sondern tatsächlich auch leichter zu untersuchen. Bei der Außersinnlichen Wahrnehmung hat man es mit Eindrücken und Gefühlen von Personen zu tun, die schwer zu objektivieren sind. Die Übereinstimmung zwischen einem Traumbericht und einem späteren Erlebnisbericht objektiv festzustellen, ist methodisch gesehen ein sehr schwieriges Unterfangen. Die »anomale« Veränderung eines physikalischen Prozesses in Anwesenheit einer Person sollte für einen Physiker kein allzu großes Problem darstellen, vor allem wenn man bedenkt, mit welch astronomischer Genauigkeit die moderne Meßtechnik in vielen Bereichen arbeiten kann. Es ist sicher richtig, daß in der Parapsychologie insgesamt mehr Forschung auf dem Gebiet der ASW betrieben wurde; dennoch stellt die Psychokinese-Forschung sowohl in experimenteller und methodischer als auch in theoretischer Hinsicht die vorderste Front in der internationalen parapsychologischen Forschung dar. Hierbei kommt auch der interdisziplinäre Charakter der Parapsychologie viel stärker zum Ausdruck, denn um Psychokinese zu erforschen, kann man weder auf die Methoden der Physik noch auf die der Psychologie verzichten.

Ein Ausgangspunkt der Psychokinese-Forschung – und in gewisser Weise einen ersten Schritt in Richtung auf die experimentelle Forschung im Labor – stellt der sogenannte »physikalische Mediumismus« dar. Das »goldene Zeitalter« der großen Medien (D. D. Home, Slade, Eusapia Palladino, die Gebrüder Schneider u. a.) begann um 1860 und endete in den 20er Jahren dieses Jahrhunderts. Der physikalische Mediumismus ist ohne den geistigen Nährboden des Spiritismus nicht denkbar und hat sich aus der spiritistischen Seancetechnik entwickelt. Spiritistische Seancen fanden in der Regel bei Dunkelheit oder Rotlicht statt, das Medium fiel gewöhnlich in Trance, es »meldeten« sich »Kontrollgeister«, also Stimmen angeblich Verstorbener, bevor die »telekinetischen Manifestationen« begannen. Dabei wurden Bewegungen von Gegenständen außerhalb der Reichweite des gefesselten Mediums berichtet, von Klopfgeräuschen, vom Spielen von Musikinstrumenten unter einem Drahtkäfig, von den umstrittenen »Materialisationen«, d.h. flüchtigen Verkörperungen von organähnlichen Gebilden; es wurden Abdrücke der Hände oder des Gesichts des Mediums in Ton oder Parafin erzeugt, menschliche Phantome bildeten sich aus einer gazeähnlichen Substanz, dem »Ektoplasma« – kurz: man kann sich nichts Bizarreres vorstellen als die Produktionen dieser okkulten Sitzungen. Trotz der Zeugnisse einer Reihe prominenter Persönlichkeiten aus Wissenschaft, Kunst und Politik ist die Kontroverse um den physikalischen Mediumismus bis heute nicht zur Ruhe gekommen; die Tausende von Druckseiten umfassenden Protokolle, Widerlegungen, Rechtfertigungen, Polemiken und Entgegnungen machen eine objektive Rekonstruktion des Geschehens praktisch unmöglich. Obwohl auch hier – ähnlich wie beim Spuk – recht häufig Betrug und Täuschung festgestellt werden konnten, gab es auch eine Reihe von Sitzungen unter der Kontrolle professioneller Trickexperten, die an Gründlichkeit der Vorbereitung und peinlich genauer Dokumentation heutige Maßstäbe bei weitem übertreffen und bei denen dennoch die erstaunlichsten psychokinetischen Manifestationen beobachtet werden konnten. Trotzdem ist es den damaligen Experimentatoren nicht gelungen, den für alle Wissenschaftler überzeugenden Beweis für die Existenz von Psychokinese zu erbringen.

Eine Neuauflage des physikalischen Mediumismus kann heutzutage im Auftreten der sogenannten »Star-Psi-Medien« wie z.B. Uri Geller gesehen werden. Hier spielen sich die »Phänomene« zwar in gleißendem Rampenlicht vor laufender Fernsehkamera ab, doch wer das Medium (Fernsehen) kennt, wird nicht behaupten wollen, daß die dabei erzielte Dokumentationsgenauigkeit die einer spiritistischen Dunkelseance übertrifft. Obwohl es auch hier einige eindrucksvolle qualitative Experimente von ernstzunehmenden Wissenschaftlern gibt, bieten sich nach wie vor Bühnenzauberer – wie z.B. James Randi – und die entsprechenden Psychokinese-Protagonisten in den Massenmedien ihre Show-Kämpfe, ohne daß dabei die wissenschaftliche Erforschung der Psychokinese auch nur einen Schritt von der Stelle tun würde. Aus diesem Grunde spielen in der wissenschaftlichen Parapsychologie solche spektakulären Effekte eine viel geringere Rolle, als es sich die meisten Laien vorstellen. Das »psychokinetische Metallbiegen« kann jedoch nicht grundsätzlich und ausschließlich als »Fernsehflop« abgetan werden; dazu folgender Bericht des Münchner Physikers H. D. Betz: »Als Versuchsobjekte wurden Metallstreifen aus Aluminium, Eisen und Kupfer vorbereitet. Typische Abmessungen waren 120 x 12 x 1 mm; alle Stücke waren mittels eingestanzter Nummer markiert. Als die Versuchsperson S. das erste Mal, und zwar unerwartet, mit diesen Normobjekten konfrontiert wurde, spielte sich im wesentlichen folgendes Geschehen ab: Der Autor legte einen der Teststreifen in die Mitte eines Tisches. Die Tischoberfläche bestand aus einer dicken, ebenen Glasplatte, und der Streifen lag vollkommen glatt und eben auf dieser Fläche. S. hielt nun ein Ende A des Streifens mit dem linken Daumen durch Andruck von oben auf der Tischplatte fest und begann daraufhin, den Streifen in der Nähe von A, also Streifenbereich B, mit dem rechten Daumen von oben zu berühren und leichte reibende Bewegungen auszuführen. Sobald S. den Streifen mit dem rechten Daumen berührte, begann das andere freie Ende C des Streifens sich von der Tischplatte nach oben abzuheben, und zwar infolge einer Biegung des Streifens bei B. Das Ende C hob sich mit annähernd konstanter Geschwindigkeit von schätzungsweise 0,5–1 mm pro Sekunde. Nach weniger als einer Minute war C etwa 6 cm oberhalb der Tischoberfläche, d. h. ein Biegewinkel von ca. 50 Grad war erreicht.«

Bei der Versuchsperson S. handelte es sich nicht um einen versierten Täuschungskünstler, sondern um ein zwölfjähriges Mädchen aus dem bayrischen Wald, das nach dem Fernsehauftritt Uri Gellers selbst ausprobiert hatte, Besteckteile psychokinetisch zu verbiegen. Die üblichen Tricks waren bei diesem Experiment vor allem dadurch ausgeschaltet, daß die Versuchsobjekte markiert waren und daher nicht ausgetauscht werden konnten; die Versuchsperson konnte sich auch nicht mit einem »Gimmick« präparieren, weil sie nicht vorher wußte, was bei dem Experiment von ihr verlangt werden würde. Die Reaktionen auf diesen Bericht sind meist sehr unterschiedlich: Oft wird dagegen von Laien ins Feld geführt, daß man diesen Vorgang wohl auf »Magnetismus« zurückführen könne, womit ja schon alles erklärt sei, und sich eine weitere Untersuchung daher nicht lohne. Sehen wir einmal davon ab, daß man dieses Phänomen – jedenfalls bisher – nicht mit Hilfe elektromagnetischer Einwirkungen, also auch nicht mit Magnetismus physikalisch erklären kann, verrät dieser Einwand doch ein zweifaches Mißverständnis. Erstens geht man davon aus – und dies ist keineswegs auf die Parapsychologie beschränkt –, daß ein Vorgang, für den man eine plausible Erklärung zu haben glaubt, keine weitere Beachtung mehr verdient. Tatsächlich sind viele Menschen davon überzeugt, daß man heute mehr oder weniger alles »irgendwie physikalisch« erklären kann. Daß dies allerdings auch ohne parapsychologische Phänomene nicht der Fall ist, werden wir in Kapitel 7 sehen. Das zweite Mißverständnis bezieht sich direkt auf die Parapsychologie und ist so verbreitet, daß ihm selbst informierte Kenner dieses Faches erliegen. Es besteht in der Annahme, ein parapsychologisches Phänomen könne nur dann vorliegen, wenn man überhaupt keine naturwissenschaftliche Erklärung dafür finden kann. In gewisser Weise sind sogar die Parapsychologen für dieses Mißverständnis selbst verantwortlich, weil sie ihr Untersuchungsobjekt bisher ausschließlich negativ definiert haben. In der Einleitung wurde Psychokinese als eine Einwirkung der Psyche einer Person auf äußere Objekte oder Prozesse beschrieben, die ohne Vermittlung bisher bekannter Energien und Kräfte zustande kommen soll. Wenn wir nun einmal dahingestellt lassen, was eine Einwirkung der Psyche eigentlich sein soll, so bleibt doch immer noch das Problem, daß wir zwar angeben können, was wir unter bekannten Energien und Kräften verstehen, aber unmöglich wissen können, was »bisher unbekannte Energien und Kräfte« sein sollen. Angenommen, der parapsychologischen Forschung gelänge es tatsächlich, das oben beschriebene Phänomen durch eine komplizierte chemophysikalische Reaktion wie z.B. durch Hautschweißabsonderung zu erklären, dann wäre das per definitionem kein »Psi-Phänomen« mehr. Ja noch schlimmer: Jeder Erfolg der naturwissenschaftlichen Parapsychologie würde diese offenbar überflüssig machen.

Natürlich ist den »Insidern« das Problem der »negativen Definition« durchaus bekannt, und so wie wir sie oben gebraucht haben, soll sie gerade nicht verwendet werden: Die Betonung liegt nämlich auf dem Wort »bisher«. Bisher ist nicht geklärt, ob z. B. unsere »Hautschweiß-Hypothese« richtig ist. Sollte weitere Forschung dies ergeben, so wäre das Resultat tatsächlich ein legitimes Ergebnis parapsychologischer Forschungsarbeit. Daraus folgt zweierlei: Erstens kann die »Paranormalität« eines Effektes nicht davon abhängen, ob und wie er im Laufe der Forschung erklärt werden kann, und somit hängt die Legitimität parapsychologischer Forschung nicht von ihrem Ergebnis ab – wie übrigens in allen anderen Wissenschaften auch; und zweitens ist es sinnlos davon zu sprechen, ein bestimmter Effekt könne durch »Psychokinese« oder »Telepathie« erklärt werden, solange die Parapsychologie nicht herausgefunden hat, was sich dahinter verbirgt. Die Begriffe PK und ASW haben also keinen Erklärungswert, sondern stellen lediglich phänomenologische Klassifizierungsversuche dar. Es ist also eine methodologische »Sünde«, etwas durch »Psi« erklären zu wollen. Daß in den Massenmedien paranormale Effekte oft als »echt unerklärlich« bezeichnet werden, ist damit nicht nur eine Gedankenlosigkeit, sondern ausgemachter Unsinn. Nun könnte man allerdings auf den Gedanken kommen – und unsere Politiker tun das auch (vergleiche Kapitel 15) –, damit seien parapsychologische Institute und Forschungseinrichtungen überflüssig, da es ja genügend Physiker, Psychologen und vielleicht auch Trickexperten gäbe, die sich den paranormalen Phänomenen annehmen könnten; aber das wäre ungefähr so, als wolle man alle chemischen Institute schließen, nur weil man weiß, daß chemische Reaktionen physikalisch erklärbar sind. Dies ist deshalb nicht sinnvoll, da jede Disziplin trotz Anwendungen im Prinzip gleicher wissenschaftlicher Methoden, auch sehr spezifische Methoden und Fragestellungen entwickeln muß, die den gestellten Problemen angemessen sind. Daher untersucht normalerweise weder ein physikalisches noch ein psychologisches Institut das Phänomen der Psychokinese.

Zur Verdeutlichung möchte ich einen Fall anführen, den ich zusammen mit meinem australischen Kollegen

Jürgen Keil untersuchte. Eine Familie hatte entdeckt – übrigens auch durch Uri Geller angeregt –, daß es ihnen nach einer kurzen Zeit der Konzentration gelang, die Magnetnadel eines Taschenkompasses in Bewegung zu setzen. Voller Überraschung über den unerwarteten Effekt hatten sie sich bereits an ein physikalisches und ein psychologisches Institut gewandt. Von beiden wurden sie mit der Begründung abgewiesen, die jeweils andere Fakultät sei dafür zuständig. Als sie schließlich Kontakt mit uns Parapsychologen aufnahmen, glaubten wir anfangs an einen billigen Trick. Immerhin entschlossen wir uns zu einer gründlichen Untersuchung, die sich über mehrere Phasen erstreckte. Auf der einen Seiten achteten wir darauf, mögliche Tricks auszuschließen, aber gleichzeitig sollten die komplexen oder gar subtilen psychologischen Bedingungen, die für echte Psychokinese erforderlich sind, möglichst wenig gestört werden. Das Ergebnis der Untersuchung war erstaunlich und lehrreich zugleich: Bei dieser Familie (mit einem Jungen im Pubertätsalter!) handelte es sich um grundehrliche Personen, die keinerlei Interesse an Publizität hatten, sondern ernsthaft und zuverlässig über ihre zufällig entdeckten »Fähigkeiten« aufgeklärt werden wollten. Sie waren sehr kooperativ und scheuten keine Mühe und Unannehmlichkeit, die die Untersuchung mit sich brachte. Es stellte sich heraus, daß die Kompaßnadelbewegungen keine Einbildungen waren; man konnte sie deutlich sehen und filmen, jedoch wiesen sie nur einen eingeschränkten Grad an Zuverlässigkeit auf und manchmal war eine längere Konzentration erforderlich. Dafür zeigten sich aber auch unbeabsichtigte Kompaßnadelbewegungen, die allerdings meist in einem sinnvollen Bedeutungszusammenhang mit der jeweiligen Situation standen. Schließlich fanden wir heraus, daß die Kompaßausschläge gar nichts mit der Familie zu tun hatten, sondern von der Eisenmasse eines Fahrstuhls erzeugt wurden, der direkt neben der Wohnung der Familie installiert war. Der »sinnvolle Zusammenhang« mit der »Willensanstrengung« der Familienmitglieder hatte sich dadurch ergeben, daß der Aufzug zwar unregelmäßig, aber im Durchschnitt doch alle fünf bis zehn Minuten betätigt wurde, also genau in einer Zeitspanne, die man braucht, um sich auf eine Aufgabe zu konzentrieren. Dieses Resultat mag für den einen oder anderen enttäuschend sein und dennoch erfüllt es alle Kriterien für ein erfolgreiches parapsychologisches Forschungsergebnis. Wer will das bezweifeln? Denn außer den Parapsychologen war niemand sonst auch nur bereit, die Dinge in Augenschein zu nehmen. Natürlich war das Ergebnis auch für uns in einer gewissen Weise ernüchternd, denn schließlich sah es ja zumindest eine Zeitlang so aus, als würde sich hier echte Psychokinese zeigen. Aber was ist »echte Psychokinese«? Betrachtet man die Fülle des empirischen Materials der Parapsychologie in seiner Gesamtheit – dazu gehören Spontanberichte, qualitative Experimente und schließlich Laborexperimente –, dann bekommt man allerdings den Eindruck, das Psychokinese etwas anderes ist, als der Einfluß eines Aufzugs auf eine Kompaßnadel. Aber was darf und soll man ausschließen?

3

WIE HOLT MAN DEN SPUK INS LABOR? – DIE METHODEN DES DR. J. B. RHINE

Analysiert man die oben angesprochene Definitionsproblematik systematisch und vergleicht sie mit dem, was die Parapsychologen mehr oder weniger intuitiv unter echter Psychokinese verstehen, dann kommt man zu einem »gordischen Knoten« aus fünf Bestandteilen, der gelöst oder durchhauen werden muß, wenn man experimentelle Parapsychologie betreiben will. Führen wir uns diese fünf ineinander verknoteten Bestandteile einmal vor Augen: Das »Problem der negativen Definition« haben wir schon oben ausführlich diskutiert. Sollte sich z.b. herausstellen, daß ein behaupteter paranormaler Effekt mit Hilfe unserer gegenwärtigen naturwissenschaftlichen Erkenntnisse erklärt werden kann, heißt dies dann per definitionem, daß er aufhört »paranormal« zu sein, oder gibt es Bedingungen, unter denen es auch dann noch sinnvoll erscheint ihn »paranormal« zu nennen? Es ist eine selbstverständliche Forderung, daß wir bei der Untersuchung von Psi-Phänomenen nach bestem Wissen Tricks und Manipulationen ausschließen müssen, aber welche »Einflüsse« sollten wir im Einzelfall auch noch eliminieren? Sollten wir zum Beispiel unsere Versuchspersonen elektromagnetisch abschirmen? Wir nennen dies das »Problem des Ausschlusses anderer Erklärungsmöglichkeiten«. Damit verwandt, aber noch spezifischer, ist das »Problem der fehlenden Randbedingung«. So ist in der Parapsychologie die Ansicht weit verbreitet, daß Psi-Phänomene unter bestimmten psychologischen und sozialen Bedingungen bevorzugt aufzutreten pflegen, z.B. Spukphänomene in Zusammenhang mit pubertierenden Jugendlichen. Andererseits mag es jedoch Tausende von Jugendlichen mit den gleichen Entwicklungsschwierigkeiten geben, bei denen in paranormaler Hinsicht nichts Auffälliges geschieht. Was also sind notwendige, was hinreichende Bedingungen? Die beiden folgenden Problemgruppen sind mehr von allgemeiner und erkenntnistheoretischer Bedeutung und nicht in erster Linie mit dem Problem der negativen Definition verknüpft.

Als erstes möchte ich das »Problem einer kohärenten Beschreibungssprache« nennen. Wenn wir annehmen, daß Psi-Effekte in dem in der Parapsychologie üblichen Sinne »wirklich« existieren, dann haben wir einmal einen physikalischen Effekt oder Prozeß (z. B. die Verbiegung eines Metallstücks), der – ganz allgemein gesprochen – mit psychologischen Bedingungen oder der Psyche einer Person zusammenhängt. Zur Beschreibung solcher physikalischer Prozesse verwenden wir normalerweise die Sprache der Physik; zur Beschreibung psychologischer Prozesse verwenden wir diejenige der Psychologie. Viele Wissenschaftler sind der Meinung, daß beide Beschreibungssprachen zumindest in der Zukunft einmal vereinigt werden können. Gegenwärtig sind wir jedoch von der erfolgreichen Lösung dieses »Reduktionismus-Programms« weit entfernt. Sogar wenn es uns eines Tages gelingen sollte, sowohl die psychologischen als auch die physikalischen Komponenten eines Psi-Effekts innerhalb ihres jeweiligen Sprachbereichs eindeutig zu beschreiben, ist es äußerst schwierig, den Verlauf der Nahtstelle der beiden Bereiche genau anzugeben. Haben wir z. B. eine Versuchsperson, die ein Stück Metall, das mit einer Goldschicht überzogen ist, »erfolgreich« verbiegen kann, aber keines aus Kupfer, dann wissen wir nicht, ob dafür das unterschiedliche Material verantwortlich ist (was eine physikalische Variable wäre) oder ob psychologische Vorlieben der Versuchsperson ins Spiel gekommen sind (sie bevorzugt Gold und lehnt Kupfer ab).

Hierzu gehört auch der letzte Bestandteil unseres gordischen Knotens: er wird das »Problem der fehlenden phänomenologischen Konsistenz« genannt. Es besagt, daß wir bisher nicht mit Sicherheit wissen, welche Phänomene unter »Psi« einzuordnen sind. Sind z. B. das Zerspringen einer Kristallschale, Klopfgeräusche und Steinregen beim Spuk, Materialisationsphänomene und Metallverbiegungen jeweils Spezialformen der Psychokinese? Sind Außersinnliche Wahrnehmung und Psychokinese wirklich zwei unterschiedliche Seiten der gleichen Medaille Psi? Es ist sicher ganz aussichtslos, daß wir alle diese Fragen in nächster Zeit beantworten können. Andererseits erscheint dies aber unerläßlich, wenn wir uns daran machen wollen, Psi-Effekte im Labor zu untersuchen. Aber – wie gesagt – man kann auch den gordischen Knoten zerschlagen wie J. B. Rhine, indem er eine einfache experimentelle Methode entwickelte, um Psi im Labor unter »aseptischen Bedingungen« zu untersuchen. Die »operationale Definition« war gewissermaßen das Schwert, mit dem er den Knoten zerschlug. Dabei ist es nicht notwendig, im Voraus und endgültig zu definieren, was z. B. Psychokinese wirklich ist. Die Definitionsarbeit überläßt man sozusagen der experimentellen Anordnung selbst, die all das in einer bestimmten Form berücksichtigt, was man intuitiv bei Psychokinese als wesentlich ansieht. Psychokinese wird dann als der Effekt definiert, den man bei der so entworfenen Anordnung messen kann. J. B. Rhine nutzte dabei sowohl die Spielleidenschaft der amerikanischen Bevölkerung aus als auch den weitverbreiteten Glauben, durch Willenskraft das Spielglück erzwingen zu können. Um Taschenspielertricks auszuschalten, konstruierte er eine einfache Apparatur, bei der eine Anzahl von Spielwürfeln, automatisch ausgelöst, eine schiefe Ebene herunter rollten. Die Versuchsperson konnte diesen Vorgang beobachten und hatte die Aufgabe, durch »bloßes Wünschen« die Würfel so zu »beeinflussen«, daß eine vorher festgelegte Augenzahl häufiger nach oben zu liegen kommt als es dem Zufall nach zu erwarten ist. Mit einfachen statistischen Tests kann man ausrechnen, wie groß die Wahrscheinlichkeit dafür ist, daß das im Experiment erzielte Trefferresultat durch Zufall zustande gekommen ist. Man kann Psychokinese nun operational definieren als einen Effekt, bei dem die Zufallswahrscheinlichkeit des erzielten Resultats kleiner als ein Prozent ist; d.h. man müßte das Experiment hundertmal wiederholen, um einmal rein zufällig ein solches Resultat zu bekommen. Natürlich könnte man auch noch strengere Maßstäbe anlegen und von Psychokinese erst dann sprechen, wenn ein Signifikanzniveau – wie es auch genannt wird – von einem Promille erreicht ist. Wie kann man nun bei einer großen Anzahl von Experimenten, die mit möglichst vielen Versuchspersonen durchgeführt werden müssen, um »Begabungen« herauszufinden, sicher sein, daß man nicht gerade statistische Ausreißer sammelt und fälschlicherweise für Psychokinese hält? Die Antwort auf diese Frage können wir in unserer experimentellen Anordnung leicht operationalisieren: Bei Psychokinese muß es einen Zusammenhang zwischen physikalischen und psychologischen Variablen geben; also sind nur solche PK-Experimente als erfolgreich zu bewerten, bei denen eine statistisch signifikante Trefferleistung in einem psychologischen Zusammenhang steht. Bei der Auswertung seiner PK-Experimente aus dem Zeitraum von 1934 bis 1942 fand Rhine – ähnlich wie bei seinen ASW-Experimenten – einen sogenannten »Absinkungs- oder Decline-Effekt«. Darunter versteht man die Beobachtung, daß die Trefferleistungen zwischen der ersten und der zweiten Hälfte der Experimentalsitzung absinken. Rhine interpretierte diesen Effekt als eine Auswirkung der Ermüdung der Versuchsperson während des Experiments und sah darin den gesuchten Zusammenhang zwischen psychologischen Bedingungen und dem physikalischen Prozeß. Nach dieser Entdeckung glaubte er, den Beweis für die Existenz von Psychokinese erbracht zu haben und veröffentlichte 1943 seine Ergebnisse. Er schrieb: »Der Geist besitzt also eine Kraft, die auf die Materie einwirken kann. Was Psychokinese auch sein und wie sie auch wirken kann: sie übt auf die Materie eine statistisch meßbare Einwirkung aus. Sie führt in der physischen Umgebung zu Ergebnissen, die sich durch keinen der Physik bekannten Faktor, keine ihr bekannte Energie, erklären lassen.«

Der Vorteil der Rhineschen Methode ist unübersehbar: es war ihm gelungen die Psychokinese der eigentümlichen »Okkultatmosphäre« zu entreißen, die Thomas Mann, auf Sitzungen mit dem Medium Willi Schneider anspielend, »eine männliche Wochenstube im Rotdunkel, mit Geschwätz, Dideldum-Musik und fröhlichen Zurufen« genannt hatte, sie zu befreien von dem atavistisch-bösartigen Schabernackcharakter des Spukgeschehens und sie ins helle Tageslicht des Laboratoriums der Duke Universität zu bringen und dort quantitativ auszumessen. Aber was – so muß man sich fragen – war von dem Phänomen Psychokinese übriggeblieben?

4

KANN MAN SICH AUF DEN ZUFALL VERLASSEN?

Noch 1960 kam Gaither Pratt, der langjährige Mitarbeiter Rhines, in einer Bilanz »Zum Stand der Psychokinese-Forschung« zum Schluß, daß aufgrund 25jähriger experimenteller Arbeit das Phänomen der Psychokinese zwingend bewiesen sei, und »daß wir jeder Kontroverse begegnen konnten, die wir zu erwarten hatten.« Und in der Tat – die Kontroverse kam. Wenn die Rhinesche Versuchsanordnung auf den ersten Blick auch sehr einfach aussieht, so enthält sie doch bei genauerer Betrachtung eine Anzahl von methodologischen und experimentellen Problemen, die sich natürlich ausschlaggebend auf die Interpretation der Ergebnisse auswirken können. Die entscheidende Neuerung, die Rhine in die Parapsychologie eingebracht hatte, war die konsequente Anwendung der statistischen Methode. Der Vorteil der statistischen Methode besteht vor allem darin, daß hierbei auch sehr kleine Effekte bei einer großen Anzahl von Versuchen akkumuliert werden und schließlich zu einem signifikanten Resultat führen können; dieses kann auch zahlenmäßig angegeben werden und erlaubt somit, den untersuchten Effekt quantitativ zu erfassen. Allerdings »verstärkt« die statistische Methode nicht nur den gesuchten Effekt, sondern auch jedes experimentelle Artefakt, also z.B. systematische Abweichungen der Würfel. Ist ein Würfel nicht absolut gleichmäßig gearbeitet, dann hat er einen sogenannten »Bias«, d.h. eine »Vorliebe« für eine bestimmte Punktzahl, die sich im allgemeinen nur zeigt, wenn man sehr viele Würfe macht, also den Bias statistisch akkumuliert. Natürlich hat Rhine diese Probleme erkannt und seine Versuchsanordnung immer weiter verbessert, um möglichst allen Einwänden zuvorzukommen.

Dennoch ließ sich die »Scientific Community« nicht überzeugen. Die eingehenste und scharfsinnigste Methodenkritik an den PK-Experimenten der Rhineschen Schule veröffentlichte 1962 der amerikanische Psychologe Edward Girden. In seinem chronologischen Überblick über die 200 Experimente umfassende PK-Untersuchung kommt er zur Schlußfolgerung: »Man kann nicht darüber hinwegsehen, daß sich mit der zunehmenden Verbesserung der Kontrolle der Bedingungen in den aufeinanderfolgenden Würfelversuchen die absoluten Unterschiede abschwächten, bis sie bedeutungslos und die Absinkungseffekte geringer wurden. Wenn man auf der Grundlage von Schlußfolgerungen argumentiert, lassen sich die Restbestände wahrscheinlich auf statistische Artefakte zurückführen, die geringfügigen Ungenauigkeiten in den Versuchsbedingungen entsprachen.« Die Quintessenz seiner Kritik lautete somit, daß »Beweise der Psychokinese als psychologisches Phänomen völlig fehlen und daß dieser Mangel solange anhalten wird, bis der Effekt sich bei der Anwesenheit einer bestimmten psychologischen Variablen einstellt und bei ihrer Abwesenheit ausbleibt.« Die Kritik Girdens blieb zwar nicht ohne Gegenkritik der Rhineschen Arbeitsgruppe, aber man hat den Eindruck, als habe sie in der Folgezeit die Parapsychologen davon abgehalten, weiterhin in großem Umfang solche PK-Würfelexperimente durchzuführen.

Hinzu kam noch ein Argument, das wesentlich grundlegender war, als die Auflistung von experimentellen Fehlerquellen wie Protokollierungsfehler, Würfelbias und statistische Artefakte. Es ging dabei um die Frage, ob die statistische Methode überhaupt auf solche Experimente angewendet werden darf. Eine ihrer Voraussetzungen besteht nämlich darin, daß der zugrundeliegende Prozeß, der durch PK beeinflußt werden soll, selbst den Gesetzen der Statistik genügt; d.h. es muß gewährleistet sein, daß Würfel wirklich Zufall produzieren. Vom Standpunkt der klassischen Physik ist diese Frage alles andere als einfach zu beantworten. Kein geringerer als der Physik-Nobelpreisträger P.W. Bridgman vertrat die Ansicht, die Rhineschen Experimente bewiesen nicht das Vorhandensein von Psychokinese, sondern lediglich, daß Würfel keine echten Zufallsgeneratoren seien, und daraus folge, daß die Wahrscheinlichkeitstheorie, auf der die Statistik beruht, nicht generell auf die Physik anwendbar sei. Wenn das Argument von Bridgeman zutreffend wäre, hätte die Parapsychologie in der Tat ein sehr praktisches methodisches Hilfsmittel verloren und wäre gezwungen, sich erneut mit den Problemen von qualitativen PK-Experimenten auseinanderzusetzen.

Man darf sich allerdings die Würfelexperimente nicht als »den Königsweg« der Parapsychologie vorstellen. Vielleicht liegt hier auch der Grund für das allmähliche Versiegen ihres Erfolgs: Wer einmal solche Experimente durchgeführt hat, wird zugeben, daß sie selbst bei dem größten Enthusiasmus recht bald gähnend langweilig werden, sowohl für die Versuchsperson als auch den Experimentator. Die Psi-Phänomene scheinen allerdings bei den Spontanberichten immer mit starken (oft negativen) Emotionen verknüpft zu sein, so darf man sich nicht wundern, daß sich psychokinetische Manifestationen wie beim Spuk nicht auf diese Weise in eine langweilige Laboratmosphäre einfangen lassen.

Glücklicherweise gelang es recht bald nach dieser »Flaute« in der Psychokinese-Forschung einem Wissenschaftler, den sich wieder zusammenschnürenden Knoten von Problemen erneut zu durchschlagen. Die von dem deutsch-amerikanischen Physiker Helmut Schmidt entwickelten Untersuchungsgeräte gehören mittlerweile zum Standard der experimentellen Parapsychologie und werden nach ihm auch als »Schmidt-Maschinen« bezeichnet. Interessanterweise ist der entscheidende Vorteil dieser Schmidt-Maschinen gegenüber den Würfelmaschinen von Rhine zunächst ein rein theoretischer gewesen. Um den Einwand von Bridgman zu entkräften, verwendete Schmidt als Zufallsgenerator nicht Würfel, sondern den radioaktiven Zerfall. Dieser gilt nach Auffassung der heutigen Physik – der Quantentheorie – als »echt zufällig«. Das ist nicht etwa eine mehr oder weniger beliebige Annahme, über die man geteilter Meinung sein kann wie in der klassischen Physik (bei den Würfeln), sondern ein grundlegendes Axiom, auf das wir in Kapitel 7 und 8 noch ausführlicher eingehen werden. Es ist bekannt und bisher niemals widerlegt worden, daß sich der radioaktive Zerfall exakt an die Gesetze der Statistik hält. Der Zerfall eines einzelnen Atoms ist also nicht vorhersagbar – es kann in der nächsten Sekunde zerfallen oder erst in dreihunderttausend Jahren –, lediglich das statistische Verhalten einer großen Anzahl von Atomen kann durch das bekannte (exponentielle) Zerfallsgesetz vorausgesagt werden. Außerdem läßt sich der radioaktive Zerfall durch nichts beeinflussen: Ein radioaktives Material kann also erhitzt, abgekühlt oder chemisch behandelt werden, seine Zerfallsrate ändert sich nicht. Wäre es anders, so gäbe es keine Probleme mit den Bergen von radioaktivem Atommüll. Wenn man dies weiß, ist es natürlich naheliegend, den radioaktiven Zerfall als »Target« (Ziel) für Psychokinese-Versuche zu nehmen. Gelänge es nämlich einer Versuchsperson, den radioaktiven Zerfall zu beeinflussen, so könnte man mit einem Schlag die ganze leidige Diskussion um die Berechtigung der statistischen Methode, um physikalische Artefakte und schließlich um Betrug und Tricktäuschung vergessen. Die psychokinetische Beeinflussung des radioaktiven Zerfalls stellt gewissermaßen eine »unmögliche Aufgabe« (impossible task) dar, die, falls sie bewältigt werden könnte, einem »experimentum crucis« der Parapsychologie gleich käme.

Wie sieht nun also eine solche Schmidt-Maschine im einzelnen aus? Man verwendet meist eine kleine Strontium-90 Quelle in Verbindung mit einem Geiger-Müller-Zählrohr, das die Zufallsereignisse in Form von elektrischen Impulsen liefert. Diese rein zufällig auftretenden elektrischen Impulse werden dann durch eine elektronische Apparatur so umgewandelt, daß daraus elektrische Signale entstehen, die als eine Folge von Zufallszahlen mit den Werten »0« und »1« interpretiert werden können, wobei beide Werte mit exakt der gleichen Wahrscheinlichkeit auftreten, also einer Folge von Münzwürfen »Wappen« oder »Zahl« entsprechen. Diese Zufallsfolge von »0« und »1« wird nun auf einem »Display« (einer Anzeigeeinrichtung) der Versuchsperson sichtbar gemacht. Das Display kann z. B. aus einem Kreis von Lämpchen bestehen, wobei das Licht einen »random walk«, also eine Zufallswanderung vollführt, dergestalt, daß immer bei einer »1« das Licht einen Schritt in Uhrzeigerrichtung und bei einer »0« einen Schritt in Gegenuhrzeigerrichtung weiterspringt. Die Versuchsperson beobachtet nun das Display und hat nichts weiter zu tun, als die Apparatur so zu beeinflussen, daß das Licht hauptsächlich in eine vorgegebene Richtung läuft, z. B. in Uhrzeigerrichtung. Bezüglich der Zufallsverteilung bedeutet das, daß die Versuchsperson eine signifikante Abweichung von der Gleichverteilung erzielen soll. Die Ergebnisse des Versuchs können z. b. auf Lochstreifen gespeichert oder gleich auf einem angeschlossenen Computer ausgewertet und ausgedruckt werden, so daß nicht nur die Ergebnisse gleich vorliegen, sondern auch Protokollierungs- und Auswertungsfehler vermieden werden können. Mit einer solchen Apparatur kann also sehr viel flexibler und zuverlässiger gearbeitet werden, und so ist es möglich, leichter auf den psychologischen Aspekt von Psychokinese einzugehen, der ja nach unserer operationalen Definition ebenso wichtig für den Nachweis von Psychokinese ist wie der physikalische. Physikalisch gesehen ist es irrelevant, wie das Display im einzelnen aufgebaut ist; psychologisch gesehen kann es dagegen von großer Bedeutung sein. Ich habe z. B. Versuchspersonen erlebt, die der Meinung waren, das zufällige Aufleuchten von Lämpchen nicht beeinflussen zu können, dagegen würde es ihnen nicht schwerfallen, auf die Höhe eines zufällig variierten Tons einzuwirken. In diesem Fall verwendete ich als Display einen Tongenerator, der die Tonhöhe durch die Zufallsfolge so bestimmte, daß mit jeder auftretenden »1« die Tonhöhe um eine Note absank und bei einer »0« um eine Note anstieg. Die Aufgabe der Versuchsperson bestand darin, der Tonfolge zu lauschen und sie dahingehend zu beeinflussen, daß die Töne immer tiefer würden. An diesem Beispiel läßt sich auch zeigen, daß es durchaus möglich ist, in bestimmten Fällen psychologische und physikalische Variablen voneinander zu trennen oder – wie man auch sagt – zu »separieren«. Diese Separation von Variablen stellt nämlich ein grundlegendes methodisches Problem dar. Die Ausgestaltung des Displays bei solchen Versuchen hat deswegen eine so große Bedeutung, weil die meisten theoretischen Modelle, mit denen man Psychokinese zu beschreiben versucht, davon ausgehen, daß das Display das notwendige »Feedback« für die Versuchsperson liefert, mit dem sie im Sinne einer Erfolgskontrolle in die Lage versetzt wird, einen Prozeß, den sie normalerweise nicht willentlich steuern kann, »in den Griff« zu bekommen. Diese Modelle sind sehr stark an den Feedbackbegriff psychologischer Lerntheorien angelehnt, die z. B. im sogenannten »Biofeedback« ihre Anwendung finden.

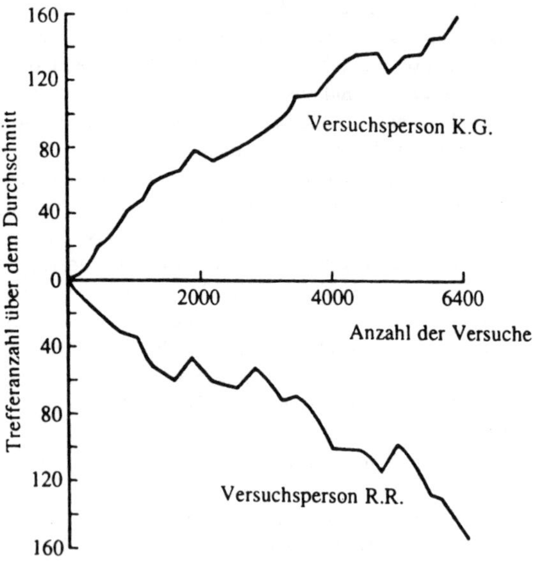

Abb. 1 Ergebnisse eines Psychokinese-Tests mit einer vorgegebenen Zielrichtung und zwei vorher ausgewählten Versuchspersonen.

Abbildung 1 zeigt das Ergebnis eines solchen statistischen Psychokinese-Experiments; es wurde von Helmut Schmidt mit zwei Versuchspersonen durchgeführt. In der Abbildung ist auf der Ordinate (senkrechte Achse) die Abweichung vom Erwartungswert (also vom Mittelwert, der sich bei einer reinen Zufallsfolge ergeben würde) aufgetragen: positive Abweichungen (also solche im Sinne der Versuchsinstruktion) nach oben, und negative Abweichungen nach unten. Die obere Kurve wurde von einer Studentin und die untere von einem Studenten – beides ausgewählte Versuchspersonen – »produziert«. Auf der Abzisse (waagrechte Achse) ist die Anzahl der durchgeführten Einzelversuche aufgetragen. Man sieht nun auch ohne statistische Formeln sehr schön, daß sich die erzielte Abweichung einigermaßen gleichmäßig akkumuliert, und schließlich der Gesamteffekt deutlich ein Vielfaches der zufälligen Schwankungsbreite ausmacht, die etwa so breit wie die Schwankung der Meßkurve ist, wenn man die konstante Abweichung abzieht. Das Verhältnis aus der erzielten Abweichung und der natürlichen Schwankung ist ein Maß für die Signifikanz des Ergebnisses. Daß sich die Apparatur in Abwesenheit der Versuchspersonen »normal« verhält, d. h. wie man es von der Physik her erwarten würde, wurde in Kontrolläufen zusätzlich festgestellt; man verließ sich also nicht blindlings auf die Aussagen der Quantenphysik. Beide Versuchspersonen waren gleichermaßen dahingehend instruiert worden, positive Abweichungen zu erzielen; der Studentin gelang dies offensichtlich, dem Studenten nicht. Interessant war nun, daß die Studentin vor dem Experiment zu Protokoll gegeben hatte, sie selbst glaube, Psychokinese produzieren zu können, während der Student skeptisch eingestellt war und nicht glaubte, daß er so etwas könne. Man kann das Ergebnis nun so interpretieren, daß er in seiner skeptischen Einstellung sogar über sein unbewußtes Ziel, nämlich nichts zu produzieren, hinausgeschossen ist und sogar eine signifikante negative Abweichung erzielt hat. Wenn man diese Interpretation akzeptiert, dann ergibt sich hiermit eine Abhängigkeit des Effekts zu einer psychologischen Variablen, genau so wie es Girden gefordert hatte. In unserem Falle kann man diese psychologische Variable als die Einstellung der Versuchsperson zum Experiment bezeichnen. Durch den Nachweis eines solchen psychologischen Zusammenhangs ist man nun nach unserer operationalen Definition berechtigt, von Psychokinese zu sprechen, zumal es unseren Versuchspersonen offensichtlich gelungen ist, eine unmögliche Aufgabe zu bewältigen.

Die Entdeckung, daß die Einstellung der Versuchsperson auf ihre »Leistung« im Psi-Experiment einen so großen Einfluß hat, wurde zuerst systematisch von der amerikanischen Psychologin Gertrude Schmeidler untersucht, und wird als »Sheep-Goat-Effekt« bezeichnet. Die Sheeps (Schafe) sind diejenigen Versuchspersonen, die an ihre »Psi-Fähigkeiten« glauben, und die Goats (Böcke) sind die ungläubigen Skeptiker. Der Sheep-Goat-Effekt ist bisher die einzige einigermaßen gesicherte Abhängigkeit zu psychologischen Variablen und spielt vor allem bei ASW-Experimenten eine große Rolle. Man muß jedoch darauf achten, daß die psychologischen Variablen vor dem eigentlichen Psi-Experiment erhoben werden, da sonst die Gefahr einer nachträglichen Hineininterpretation, z.B. bei »Psi-Missing«, wie signifikante negative Ergebnisse genannt werden, sehr groß ist. Leider muß man sagen, daß enthusiastische Laien-Psi-Forscher auf solche, zum Teil schwer zu durchschauende Fehlerquellen sehr leicht hereinfallen und oft auch dann von Psi sprechen, wenn in Wirklichkeit nur eine nachträgliche Hineininterpretation in Zufallsschwankungen vorliegt. Man sieht daran, daß sich seit der Erfindung der Schmidt-Maschinen offenbar die experimentellen Probleme von der physikalischen auf die psychologische Ebene verschoben haben.

Es interessiert uns natürlich auch die Einstellung der Kritiker der Parapsychologie zu diesem Experiment von Schmidt, das ja den Anforderungen der Kritik von Girden in allen Punkten entspricht. Zunächst muß man einmal feststellen, daß eine Reihe von Kritikern die Experimente von Schmidt schlichtweg ignorieren. Der Gerichtsmediziner Otto Prokop z.B. erwähnt in seinem Buch »Medizinischer Okkultismus« (4. überarbeitete Auflage 1977) Schmidt und seine Experimente mit keinem Wort; über ein ähnliches Experiment, das der französische Verhaltensphysiologe Professor Remy Chauvin bereits 1965 mit hochsignifikantem Ergebnis durchgeführt hatte, heißt es lapidar: »Ein auch nur mäßig begabter polytechnischer Oberschüler hätte einen solchen Vortrag ausgepfiffen« (S. 68). Auch in »Der moderne Okkultismus« (1. Auflage 1976) von Prokop und Wimmer, oder in »Magie ohne Illusionen« (1982) des Biologen H. J. Bogen – beide Bücher gehen mit der Parapsychologie bös ins Gericht – sucht man vergebens nach einem Hinweis auf diese Experimente. Im Gegensatz zu den deutschen Parapsychologie-Kritikern geht der englische Psychologe C. E. M Hansel in seinem Buch »ESP and Parapsychology – A Critical Re-Evaluation« (1980) direkt auf das oben geschilderte Experiment von Schmidt ein. Sein Hauptargument besteht darin, daß die Versuchsperson mittels eines gewaltsamen Eingriffs in die Apparatur die Zähler hätte manipulieren können. Und selbst wenn sie dazu nicht in der Lage gewesen wäre – wie

Schmidt versichert – so bestünde doch immer noch die Möglichkeit, daß der Experimentator selbst die Daten manipuliert haben könnte. Hansel stellt dies zwar nicht als Tatsache hin, aber es ist eine Eigentümlichkeit seiner Argumentation, die Wahrscheinlichkeit für Psychokinese dermaßen gering anzusetzen, daß man sozusagen sicherheitshalber auf Betrug tippen müsse, wenn auch nur eine theoretische Möglichkeit dazu bestünde. Es ist offensichtlich, daß diese Argumentationsweise jedes wissenschaftliche Experiment betrifft, das unerwartete Resultate zeitigt. Wenn man prinzipiell davon ausgeht, daß Wissenschaftler betrügen, kann keine Wissenschaft mehr betrieben werden. Das heißt allerdings nicht, daß es nicht immer wieder Fälle von Betrug in der Wissenschaft gegeben hätte; aber es zählt zu den ungeschriebenen Gesetzen des wissenschaftlichen Ethos, daß man zwar allen Daten, Interpretationen und Theorien mißtrauen darf und soll, den Betrugsverdacht gegen den Experimentator aber nur ins Spiel bringen darf, wenn man ihn wirklich beweisen kann, sonst kann es im Prinzip keinen wissenschaftlichen Fortschritt mehr geben. Hansels amerikanische Skeptiker-Kollegen haben dies erkannt und daher ist seine Kritik selbst unter den »eingeschriebenen Skeptikern« umstritten. Immerhin gab der Psychologe Ray Hyman im offiziellen Organ der amerikanischen Skeptikerorganisation »Committee for the Investigation of the Claims of the Paranormal«, dem »Skeptical Inquirer«, im Sommer 1979 zu Protokoll, Schmidt sei in vieler Hinsicht der anspruchsvollste Parapsychologe, den er getroffen habe. »Wenn sich in seiner Arbeit Mängel finden lassen, dann sind es nicht die üblichen und offensichtlichen. Sie müssen Subtilitäten oder verborgene Fehlerquellen beinhalten, die in seinen publizierten Daten oder bei einer sorgfältigen Befragung nicht entdeckt werden können.« Das Einzige was Hyman (und übrigens auch Hansel) vollkommen zu Recht fordert, ist, daß diese Experimente auch von anderen unabhängigen Forschungsgruppen wiederholt werden müßten, bevor sie als wissenschaftliche Fakten anerkannt werden könnten.

5

WIEDERHOLBARE WUNDER?

Über die Wiederholbarkeit parapsychologischer Phänomene ist viel nachgedacht und geschrieben worden. Einige Parapsychologen sind mit dem berühmten Schweizer Psychiater Carl Gustav Jung der Meinung, Psi-Effekte seien prinzipiell nicht wiederholbar, weil sie so innig mit der Lebenssituation eines Menschen verflochten seien, daß es unsinnig wäre anzunehmen, man könne sie reproduzieren. Keiner steigt bekanntlich zweimal in denselben Fluß. Im Prinzip würde das der Wissenschaftlichkeit der Parapsychologie keinen Abbruch tun, wie einige Wissenschaftstheoretiker glauben, denn es gibt auch andere Wissenschaften, die »singuläre«, also einmalige Ereignisse untersuchen. In gewisser Weise gilt dies z.B. für die Astronomie, mit Sicherheit aber für alle historischen Wissenschaften. Trotzdem impliziert jede experimentelle Wissenschaft im Grunde wenigstens eine teilweise Wiederholbarkeit ihrer Ergebnisse, sonst wäre es gänzlich sinnlos, ein experimentelles Programm zu entwickeln. Das aber will ja gerade die Parapsychologie und deshalb ist die Frage berechtigt: Wie steht es mit der Wiederholbarkeit ihrer Experimente?

Nun muß man bei dieser Frage zwischen der Wiederholbarkeit – oder genauer Restaurierbarkeit – der experimentellen Anordnung und der Reproduzierbarkeit der Ergebnisse unterscheiden. Auf den ersten Blick mag es einfach erscheinen, eine einfache Versuchsanordnung wie z.B. bei den Schmidt-Experimenten nachzubauen, vor allem, wenn sie gründlich und genau beschrieben wurde. In Wirklichkeit stellt sich aber heraus, daß es fast unmöglich ist, eine identische Replikation der Versuchsanordnung zu erreichen. Es gibt zu viele Details, von denen man nicht weiß, ob sie eine Rolle spielen, und selbst wenn man die gleichen Versuchspersonen bekommen kann, so sind sie nicht dieselben, denn – wie gesagt – keiner steigt zweimal in denselben Fluß. Aus diesem Grunde sind strikte, identische Replikationen eines Experiments in der Wissenschaft selten und in den Sozial- und Humanwissenschaften sogar unmöglich. Darauf kommt es aber nicht so sehr an, wenn man bedenkt, daß in jedem Experiment – und sei es noch so einfach – immer eine theoretische Fragestellung überprüft wird. Im Wesentlichen kommt es also darauf an, die Idee oder das Konzept des Experiments zu wiederholen, daher spricht man auch von einer »konzeptuellen Replikation«. Die meisten Wiederholungsexperimente in der Wissenschaft sind konzeptuelle Replikationen. Da Wissenschaftler meist neugierige und einfallsreiche Leute sind, probieren sie auch bei Wiederholungsexperimenten in der Regel etwas Neues aus; dies macht natürlich ihre Vergleichbarkeit schwierig. Außerdem sind wissenschaftliche Zeitschriften mehr an originellen Beiträgen als an identischen Replikationen interessiert. Nun kommt noch hinzu, daß man – vor allem in den Human- und Sozialwissenschaften, also auch in der Parapsychologie – bei einem Experiment ja keineswegs »alles im Griff« hat, d.h. man kann nicht alle Variablen und Bedingungen kennen und festlegen: Trotz größter Sorgfalt wird man nie das gleiche Resultat bekommen. Die Reproduzierbarkeit der Ergebnisse ist also ganz natürlicherweise immer eingeschränkt. In einem gewissen Maße ist dies selbst in der Physik der Fall: Mißt man z.B. fünfzig Mal die Länge eines Tisches, so erhält man – wenn man es genau genug macht – auch etwa fünfzig verschiedene Resultate, die allerdings um einen Mittelwert »streuen«. Die Breite dieser Streuung wird auch als »Meßfehler« bezeichnet.

Der Mythos von der Reproduzierbarkeit wissenschaftlicher Experimente, wie er in vielen Laienköpfen herumspukt, ist darauf zurückzuführen, daß in der Physik Meßfehler und Reproduzierbarkeit bei einem Experiment im allgemeinen einander umgekehrt proportional sind. Wenn ich also meinen Tisch auf ein Prozent genau ausmessen kann, so folgt daraus, daß meine Messung in 99 Prozent aller Fälle innerhalb dieser Fehlergrenzen liegen wird und damit also auch eine Reproduzierbarkeit der Meßergebnisse von 99 Prozent gegeben ist. In den »weicheren« Wissenschaften fällt aber der Begriff des Meßfehlers und der Reproduzierbarkeit auseinander. Es kann also durchaus sein, daß eine »Messung« in der Psychologie sehr genau ist, sich aber später nur sehr schlecht reproduzieren läßt. Ein Beispiel aus der Biologie mag das vielleicht noch besser verdeutlichen: Es ist sicher kein Problem bei Wachstumsversuchen die Länge einer Pflanze auf ein tausendstel Millimeter genau zu messen. Was hilft das aber, wenn beim Wiederholungsexperiment die Wachstumslänge dieser Pflanze eine Streuung von 20 Prozent aufweist! In der Parapsychologie stellt das Signifikanzniveau eines statistischen Experiments so etwas wie die Meßgenauigkeit dar, entspricht also der Genauigkeit, mit der ich die Länge einer Pflanze messen kann. Die Reproduzierbarkeit meines Experiments dagegen entspricht der Wahrscheinlichkeit, mit der ich bei einer gegebenen Versuchsanordnung die Versuchsperson dazu bringen kann, einen PK-Effekt zu erzeugen, und das ist wahrhaftig etwas ganz anderes. Diese Zusammenhänge sind natürlich vor allem Human- und Sozialwissenschaftlern bekannt. Daher wurden in diesen Disziplinen für die Frage der Reproduzierbarkeit von Experimenten besondere Kriterien und Verfahren entwickelt. Man spricht dabei von der »Robustheit« eines Effekts.

Bevor wir auf die Robustheit des psychokinetischen Effekts zu sprechen kommen, müssen wir noch eine Frage behandeln, die zwar in anderen Wissenschaften auch eine Rolle spielt, aber vor allem in der Parapsychologie immer wieder gestellt wird: Es geht dabei um die Kompetenz des Experimentators. Auch bei den einfachsten Experimenten kann man eine Menge Fehler machen, wenn man nicht über die entsprechende methodische Ausbildung verfügt. Es gibt unzählige »Hobbyforscher«, die ohne bösen Willen, aber mangels wissenschaftlicher Kritikfähigkeit die phantastischsten Dinge »beweisen« – am beliebtesten ist natürlich immer noch das »Perpetuum mobile« und die »Quadratur des Kreises« –, und es erfordert selbst für den Fachmann oft eine Menge Arbeit, den Fehler herauszufinden. Ohne eine gewisse Vorselektion würde die Wissenschaft geradezu überschwemmt mit den Produkten von »Spinnern« und »Möchtegernforschern«. Für außenstehende Wissenschaftler mag es zunächst keinen Unterschied zwischen Parapsychologen und Spinnern geben, denn schließlich kann man ja nicht alles nachprüfen. Daher ist es für die Parapsychologie wichtig, daß ihre Untersuchungen von kompetenten Wissenschaftlern an regulären Forschungsinstituten durchgeführt werden. Bei unserer Frage nach der Replizierbarkeit der Schmidtschen PK-Experimente ist es also nicht nur wichtig zu wissen, wie häufig die Experimente wiederholt wurden, sondern auch wo und von wem. Glücklicherweise gibt es trotz des »Mauerblümchendaseins« der Parapsychologie immer wieder renommierte Wissenschaftler, die es schaffen, meist gegen enorme Widerstände parapsychologische Fragestellungen an ihren Institutionen zu überprüfen. Die Anforderungen sind trotz der scheinbaren Einfachheit der Versuche hoch, da sich die Wissenschaftler nicht nur in Physik, sondern auch in Psychologie auskennen müssen. Am besten erreicht man das in einem Team. Wegen der enormen Komplexität moderner wissenschaftlicher Methoden ist Teamarbeit als interner Kontrollmechanismus fast zur selbstverständlichen Voraussetzung in allen empirischen Wissenschaften geworden.

Abbildung 2 zeigt die Resultate von Psychokinese-Experimenten, die von einem Team an der Princeton University, USA – sie gilt als Eliteuniversität – unter der Leitung des Physikers Robert Jahn und der Psychologin Brenda Dunne durchgeführt wurden; der frühere NASA Forschungsdirektor Jahn ist dort Professor für Luft- und Raumfahrt-Wissenschaften, und war lange Jahre Dekan. Es gelang ihm zusammen mit Brenda Dunne das »Princeton Engineering Anomalies Research Laboratory« aufzubauen, das der »School of Engineering and Applied Science« angegliedert ist und seit kurzem zu einer größeren interdisziplinären Forschungsgruppe der »Human Information Processing Group« an der Princeton University gehört. Bei diesen Experimenten war es hauptsächlich eine Versuchsperson, die in der Lage war, einen Zufallsgenerator, der allerdings etwas anders konstruiert war, als der von Helmut Schmidt, recht zuverlässig zu beeinflussen. Die Ergebnisse (Abbildung 2) sind wie in Abbildung 1 aufgetragen, wobei die Abweichung in die negative Richtung nichts mit dem Sheep-Goat-Effekt zu tun hat. Die Versuchsperson sollte einem vorher festge-

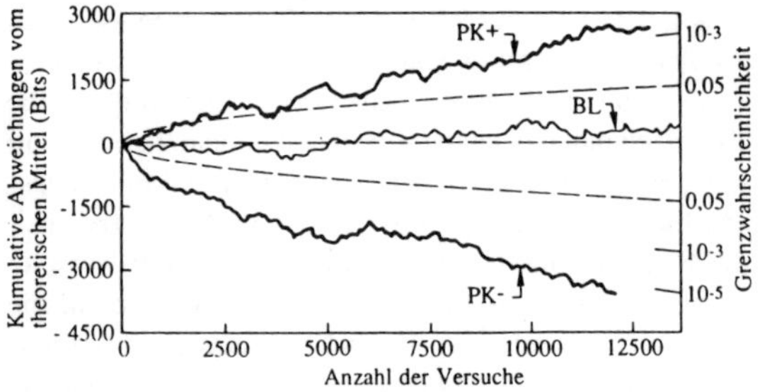
Kumulative Abweichungen vom theoretischen Mittel (Bits)
3000
1500
0
-1500
- 3000
- 4500
0
2500
5000
7500
10000
12500
Anzahl der Versuche
PK+
BL
PK-
10-3
0,05
0,05
10-3
10-5
Grenzwahrscheinlichkeit

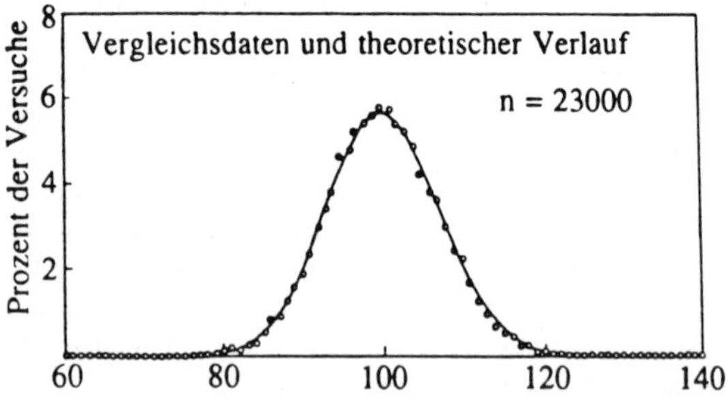
Vergleichsdaten und theoretischer Verlauf
n = 23000
Prozent der Versuche
8
6
4
2
60
80
100
120
140

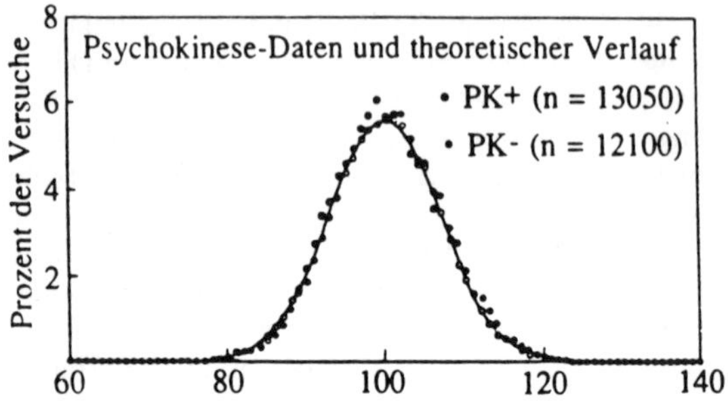
Psychokinese-Daten und theoretischer Verlauf
• PK+ (n = 13050)
• PK- (n = 12100)
Prozent der Versuche
8
6
4
2
60
80
100
120
140

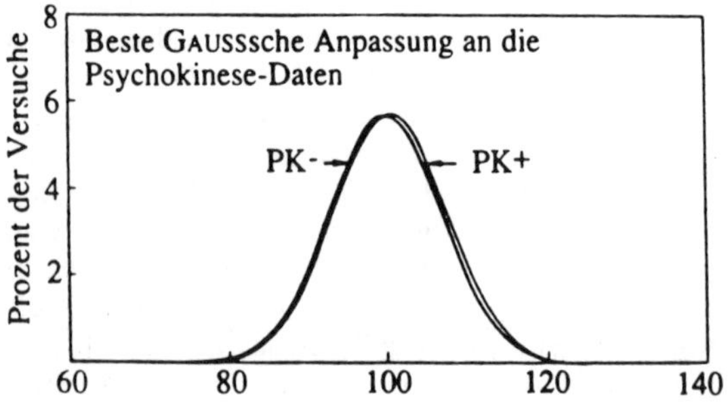
Beste GAUSSsche Anpassung an die Psychokinese-Daten
PK-
PK+
Prozent der Versuche
8
6
4
2
60
80
100
120
140

legten Protokoll folgen und den Zufallsgenerator einmal in die positive (PK+) und einmal in die negative Richtung (PK−) ablenken. Außerdem ist der Verlauf eines Kontrollexperiments eingetragen, bei dem die Versuchsperson keinen Einfluß ausüben sollte. Hier zeigt sich wieder ein sehr signifikanter Effekt, der sich in der Darstellung als Gesamteffekt (positive und negative Richtung zusammengenommen) noch wesentlich deutlicher abzeichnet. Dagegen zeigt das Kontrollexperiment auch keine Abweichung und demonstriert die Funktionstüchtigkeit des Zufallsgenerators. Interessant ist aber auch der Vergleich der beiden differentiellen Häufigkeitsverteilungen bei positiver und negativer Abweichung. Erstens sieht man, daß sie sich von der normalen Zufallsverteilung in ihrer Form nicht unterscheiden, und zweitens ist der Mittelwertunterschied sehr klein, d.h. aber, der relative Effekt ist sehr gering, bzw. muß Psychokinese ein sehr schwacher, wenn auch deutlich meßbarer Effekt sein. Die Meßgenauigkeit der PK-Apparatur ist also sehr groß. Dies hängt hauptsächlich damit zusammen, daß die Princeton-Gruppe sehr lange Versuchsserien verwendet; allerdings zeigt sich auch hier, daß die Ergebnisse verschiedener Versuchspersonen sehr unterschiedlich waren. Jahn glaubt Hinweise dafür gefunden zu haben, daß jede Versuchsperson gewissermaßen ihre eigene »Signatur« hat, die sich in der Verlaufsform des PK-Effekts über einen längeren Zeitraum hinweg zeigt. Wir sehen daran, daß in der Tat die Meßgenauigkeit der Apparatur das geringere Problem darstellt und die Hauptschwierigkeit darin besteht, etwas über die »Psi-Verteilung« bei den Versuchspersonen auszusagen, d.h. darüber, wie zuverlässig es den Versuchspersonen gelingt, PK zu »produzieren«.

Sehen wir uns dazu die Tabelle in Abbildung 3 an. Sie enthält alle Psychokinese-Experimente, die im Zeitraum von 1970 bis 1977 publiziert wurden. Es gibt dabei eine

Abb. 2 Ergebnisse eines Psychokinese-Tests mit einer ausgewählten Versuchsperson und zwei vorgegebenen Zielrichtungen. Obwohl der Effekt in der kummulativen Verteilungskurve deutlich (signifikant) in Erscheinung tritt, zeigt die differentielle Häufigkeitsverteilung, daß es sich nur um einen sehr schwachen Effekt handelt.

Psychokinetische Experimente mit Zufallsgeneratoren (1970-1977)

Autor	Bemerkungen	Signifikanzniveau
SCHMIDT (1970)	Pilotexperiment	nicht signifikant
	Hauptexperiment	0,00087
SCHMIDT (1970)	1.Serie (Katzen)	0,016
	2.Serie (Katzen)	nicht signifikant
	1.Serie (Schaben)	0,0069
	2.Serie (Schaben)	0,00012
SCHMIDT & PANTAS (1972)	Pilotexperiment	0,012
	Serie I	0,000063
	Serie II	0,0093
MATAS & PANTAS (1971)		0,0014
ANDRE (1972)	Experiment I	0,11
	Experiment II	0,009
HONORTON & BARKSDALE (1972)	Gruppenserie	0,034
	Einzelne Versuchspers.	nicht signifikant
	Ausgewählte Versuchsp.	0,0000034
SCHMIDT (1973)	Exploratorisches Exper.	0,0000056
	Bestätigungsexperiment	0,000000021
BIERMAN & HOUTKOOPER (1975)		0,026
SCHMIDT (1976)	Experiment I	
	Serie 1	0,001
	Serie 2	0,001
	Serie 3	0,001
	Experiment II	
	Echtzeit	0,05
	gespeichert	0,00005
	Experiment III	nicht signifikant
STANFORD & FOX (1974)		0,05
STANFORD et al. (1975)		0,0069
BRAUD et al. (1975)	Experiment I	0,002
	Experiment II	0,05
	Experiment III	nicht signifikant
HONORTON & MAY (1975)		0,035
MAY & HONORTON (1975)		0,011
MILLAR & BROUGHTON (1975)		nicht signifikant
MILLAR & MACKENZIE (1976)		nicht signifikant
MILLAR (1977)		nicht signifikant
HONORTON & WINNETT (1976)	Meditierender	0,018
WINNETT & HONORTON (1976)	Meditierende	0,0024
BRAUD & HARTGROVE (1976)	Meditierende	0,034
BROUGHTON ET AL. (1977)		nicht signifikant
BRAUD (1976)	Experiment I	0,028
	Experiment II	0,022
	Experiment III	nicht signifikant
	Experiment IV	0,044
SCHMIDT (1977)	Expt. I (gespeichert)	0,00037
	Expt. II (gespeichert)	nicht signifikant
TERRY & SCHMIDT (1977)	Bedingung A	0,04
	Bedingung B	nicht signifikant
JUNGERMANN & JUNGERMANN (1970)	Experiment I	nicht signifikant
	Experiment II	nicht signifikant
DAVIS & MORRISON (1977)	Experiment I	nicht signifikant
	Experiment II	nicht signifikant
	Neue Prozedur	nicht signifikant
BRAUD & BRAUD (1977)	Experiment I	
	Feedback	nicht signifikant
	kein Feedback	0,05
	Experiment II	
	kein Feedback	0,05

Quelle: Charles Honorton: Replicability, Experimenter Influence and Parapsychology. AAAS Paper, February 17, 1978.

Abb. 3 PK-Experimente mit Zufallsgeneratoren (1970 bis 1977).

Replikationsrate psychologischer Experimente

Persönlichkeits-konstrukt	bestätigte Hypothesen	nicht eindeutig	nicht bestätigte Hypothesen	Anzahl der Studien
Extraversion	9	2	8	19
Locus of control	19	6	14	39
Manifeste Angst	4	4	6	14
Repression - Sensitisation	10	6	18	34
Insgesamt	42	18	46	106

Quelle: Edwards & Abbott: Measurement of Personality Traits – Theory and Technique, 1973.

Abb. 4 Replikationsrate psychologischer Experimente.

große Anzahl erfolgreicher Experimente, die zum Teil hochsignifikante Ergebnisse erbrachten, aber auch solche von kompetenten Wissenschaftlern, bei denen sich kein Psi-Effekt nachweisen ließ. Insgesamt kann man sagen, daß die Replikationsrate von solchen Experimenten ungefähr bei 60 Prozent liegt.

Zum Vergleich betrachten wir eine Übersicht von Experimenten auf dem Gebiet der Persönlichkeitspsychologie (Abbildung 4), die zwischen 1968 und 1972 durchgeführt wurden. Diese sollten theoretische Modelle zu bestimmten Persönlichkeitskonstrukten überprüfen wie z. B. Extraversion oder manifeste Angst usw. Auch bei diesen normalpsychologischen Fragestellungen ist es erstaunlich, daß von 106 Experimenten nur 42 die jeweiligen Hypothesen bestätigten, während 18 keine eindeutigen Ergebnisse lieferten und sogar 46 die Hypothesen nicht bestätigten. Die Replikationsrate ist hier also eher noch schlechter, und man kann sich fragen, ob auf dieser Basis überhaupt ein wissenschaftlicher Fortschritt möglich ist. Wie wir aber schon bemerkt haben, ist dieser Unterschied zwischen Reproduzierbarkeit und Signifikanz in der Psychologie und erst recht der Parapsychologie durchaus verständlich. Der große Erfolg der Princetoner Forschungsgruppe hat nicht nur die Ergebnisse von Schmidt bestätigt, sondern auch gleichzeitig gezeigt, daß die Meinung, PK sei kein robuster Effekt, offensichtlich unbegründet ist. Eine 1986 durchgeführte »Meta-Analyse« von May, Radin und Thomson, die alle 332 publizierten PK-Experimente aus dem Zeitraum von 1970 bis 1985 berücksichtigt, zeigt, daß das in der Psychologie übliche, von dem bekannten Psychologen Rosenthal eingeführte Kriterium für die Robustheit eines Effekts von diesen Experimenten voll und ganz erfüllt wird. Man kann es auch so ausdrücken: Wenn man einmal annimmt, daß der Psychokinese-Effekt lediglich ein statistisches Artefakt darstellte, was dadurch zustande kommt, daß nur die »günstigen« Resultate publiziert werden, während die ungünstigen in den Papierkorb wandern – übrigens das Standardargument uninformierter Parapsychologie-Kritiker –, dann müßten nach dieser Analyse mindestens 4500 solcher Experimente im Papierkorb gelandet sein. Angesichts der Forschungssituation der Parapsychologie ist eine solche Annahme vollkommen unrealistisch, vor allem wenn man bedenkt, daß es mittlerweile zum »guten Ton« in der Parapsychologie gehört, erfolglose Experimente zu publizieren.

6

WARUM HABEN DIE PHYSIKER DEN PK-EFFEKT BISHER NICHT IN IHREN LABORS ENTDECKT?

Die Einschränkungen der Wiederholbarkeit von Experimenten in der (Para-)Psychologie hat aber noch andere Konsequenzen. Oft wird die Meinung vor allem von Physikern vertreten, daß es bei den heutigen Möglichkeiten in der Meßtechnik, wo jede Art von physikalischen Größen nicht nur über Bereiche von astronomischen Größenordnungen, sondern auch noch – wenn nötig – mit mikroskopischer Genauigkeit gemessen werden kann, es doch praktisch ausgeschlossen sei, daß man einen Effekt wie den psychokinetischen schlichtweg übersehen haben soll. Dieses Argument klingt zunächst sehr plausibel, kann aber leicht widerlegt werden. Bei physikalischen Experimenten interessiert man sich im allgemeinen für einen objektiven physikalischen Prozeß und nicht für den Experimentator. Aus diesem Grunde werden in der Physik von Anfang an nur solche experimentellen Ergebnisse akzeptiert, die nicht von einer Person oder deren »Psyche« abhängen. Nur solche Ergebnisse, bei denen die Meßgenauigkeit (oder Signifikanz) auch gleichzeitig ein Maß für ihre Reproduzierbarkeit darstellt, werden überhaupt als objektive Daten angesehen. Man kann sogar sagen, daß gerade erst durch dieses Verfahren der Gegenstandsbereich der Physik definiert wird, denn es ist auch philosophisch gesehen schwierig, ein Kriterium außerhalb der Physik zu finden, das ihren Gegenstandsbereich definiert – etwa in dem Sinne, daß die Physik die Wissenschaft von der unbelebten Materie sei. Jeder experimentell arbeitende Physiker weiß, daß es immer wieder Meßresultate gibt, die nicht reproduzierbar sind und bei denen man sich nicht recht erklären kann, wie sie zustande kommen. Solche »Dreckeffekte«, wie sie im Laborjargon heißen, werden jedoch systematisch eliminiert, bis sich nur noch reproduzierbare Resultate ergeben. Sicher wäre es kurzschlüssig anzunehmen, bei diesen »Dreckeffekten« müsse es sich in jedem Falle um Psi-Effekte handeln; aber wenn es tatsächlich solche wären, so würden sie in der Physik mit Sicherheit systematisch aus dem Fundus gesicherter experimenteller Daten aussortiert werden. Die Parapsychologie ist gerade in der entgegengesetzten Position: sie muß sich mit Effekten abmühen, die definitionsgemäß von psychologischen Faktoren abhängen und daher nur in einem gewissen Rahmen reproduzierbar sind, auch wenn man sie mit großer Genauigkeit nachweisen kann. Physikalische Apparaturen kann man mit entsprechendem Aufwand beliebig gut für ein Experiment präparieren, man sollte dagegen nie versuchen, eine »Versuchsperson« zu »präparieren«. Dies wäre buchstäblich eine »entmenschlichte« Wissenschaft. Man kann lediglich auf ihre wohlwollende Mitwirkung und Kooperation hoffen. Im besten Falle sind Experimentator und Versuchsperson Partner, deren gemeinsames Bestreben darin besteht, etwas über die Geheimnisse der Natur herauszufinden.

Man kann aus dem Dargelegten jedoch auch nicht den Schluß ziehen, daß eine Untersuchung von Psi-Effekten mit physikalischen Methoden nicht möglich sei; es kommt vielmehr auf die richtige Kombination physikalischer und psychologischer Methoden an, auf eine echte interdisziplinäre Zusammenarbeit. Vor übertriebenem Optimismus muß allerdings gewarnt werden: Auch wenn die Meta-Analyse von May, Radin und Thomson nachweist, daß Psychokinese ein, wenn auch schwacher, so doch relativ robuster Effekt ist, so lehrt doch die Erfahrung einer 100jährigen Forschung, daß er keineswegs leicht »in den Griff zu bekommen« ist. In der Parapsychologie wird dieser Umstand als »Elusivität« der Psi-Phänomene bezeichnet; man spricht auch von »Beobachterscheu« oder der »Erosion der Evidenz«, was ausdrücken soll, daß man sich nach einer bestimmten Zeit nicht mehr so sicher ist, ob man wirklich einen Psi-Effekt beobachtet oder gemessen hat. Sie tritt vor allem bei Spukphänomenen in Erscheinung. Die untersuchenden Physiker bei dem erwähnten Rosenheimfall hatten diesen Punkt besonders hervorgehoben, da das Phänomen der

»Beobachterscheu« weder in der Physik noch in der Psychologie vorzukommen scheint. In der Physik kennt man keine Phänomene, die »die Tendenz haben, sich der Untersuchung zu entziehen«; man beobachtet entweder einen Effekt oder man kann ihn eben nicht beobachten, und dann muß es Gründe dafür geben. So sieht es jedenfalls auf den ersten Blick aus. Dies scheint auch in der Psychologie zu gelten, wenn man einmal davon absieht, daß es natürlich auch Versuchspersonen geben mag, die es darauf absehen, den Experimentator hinters Licht zu führen. Aus diesem Grunde erntet man natürlich meistens nur Spott und Hohn, wenn man darauf hinweist, daß der Spuk »beobachterscheu« sei. Aber auch bei Laborexperimenten zeigt sich dieses eigentümliche Verhalten. Zunächst einmal ist auffällig, daß es in der Parapsychologie eigenartigerweise zwei Typen von Experimentatoren zu geben scheint: erstens die erfolgreichen, und zweitens diejenigen, bei denen sich kein Psi zeigt. Man kann diesen »Experimentator-Effekt« schlecht damit erklären, daß die erfolglosen weniger enthusiastische Experimentatoren seien. Manche haben sich ein Leben lang abgemüht. So schreibt John Beloff in einem Nachruf auf Dr. George Medhurst: »Nach einer erfolgreichen Karriere als Elektroingenieur widmete Dr. Medhurst praktisch seine ganze Freizeit der Parapsychologie. Im Laufe der Jahre testete er buchstäblich Tausende von Personen, immer in der Hoffnung, daß ein neuer Shackleton erscheinen würde und er letztendlich wenigstens einige sichere Hinweise für die Existenz der ASW erhalten würde. Er starb jedoch als enttäuschter Mann.« Basil Shackleton war die »Star-Versuchsperson«, mit der der englische Mathematiker S.G. Soal experimentiert hatte. Diese Experimente galten lange Zeit als der überzeugendste ASW-Beweis in der Parapsychologie. Es ist eine Ironie oder eher eine Tragik der Geschichte der Parapsychologie, daß sich schließlich nach 35 Jahren durch eine Computeranalyse von Betty Markwick herausstellte, daß Soal seine Ergebnisse höchstwahrscheinlich manipuliert hatte.

Selbst wenn man diesen »Experimentator-Effekt« auf »unbewußte Erwartungen und Antriebe« des Experimentators schieben möchte, so bleibt immer noch die Frage offen, weshalb sich auch bei erfolgreichen Experimentatoren Psi so elusiv verhält. Der holländische Physiker Joop Houtkooper schreibt: »Meine eigene Forschung hat ergeben, daß die Inkonsistenz der Ergebnisse ein Hauptmerkmal ist. Eine direkte Replikation war das beste Rezept dafür, daß sich die signifikanten Resultate umgekehrt haben.« Die Elusivität der Psi-Phänomene ist offenbar für alle ein »Stein des Anstoßes«: Für die Kritiker der Parapsychologie ist sie ein Argumentationstrick, mit dem Psi-Gläubige ihr »Wahnsystem immunisieren« wollen; für manche Parapsychologen ist sie ein Hinweis dafür, daß unkontrollierbare unbewußte Antriebe das Psi-Geschehen dominieren; für viele Experimentatoren ist sie eine »ärgerliche« Begleiterscheinung, bedingt durch unbekannte psychologische Störvariablen, die es gilt, »in den Griff zu bekommen« und für manche schließlich der Beweis, daß der experimentelle Zugang die falsche Methode ist, sich dem Paranormalen zu nähern. Inkonsistenz der experimentellen Ergebnisse ist aber – das weiß man aus der Physik – auch meist ein Zeichen dafür, daß eine fundamentale theoretische Annahme, die den Experimenten zugrunde liegt, falsch sein muß.

7
WIDERSPRICHT PSYCHO-KINESE DEN NATUR-GESETZEN?

Auf die Frage, ob denn parapsychologische Phänomene erklärt werden können, bekommt man häufig den gutgemeinten Rat, doch erst einmal zweifelsfrei die Existenz dieser Phänomene nachzuweisen; es wird dann meist darauf verwiesen, daß die Empirie vorrangig sei. Zunächst klingt das sehr plausibel, aber man erkennt recht bald, daß ohne theoretische Grundannahmen keine Experimente gemacht werden können. Oft sind diese Grundannahmen den Experimentatoren gar nicht bewußt, und zwar aus dem einfachen Grund, weil sie so selbstverständlich erscheinen, daß man nicht bemerkt, daß es sich dabei eigentlich um unbewiesene Hypothesen handelt. Wir wollen diese scheinbar selbstverständlichen Grundannahmen »implizite Modelle« nennen. Die Entwicklung der speziellen Relativitätstheorie ist ein sehr schönes Beispiel dafür, wie implizite Modelle die Sicht auf die eigentlichen Zusammenhänge versperren können. Die wesentliche Entdeckung Einsteins bestand nämlich nicht darin, daß er einige neue Formeln fand – diese waren zum Teil schon bekannt –, sondern daß er erkannte, daß die uns allen so natürlich und selbstverständlich erscheinende Annahme (der Newtonschen Physik) eines absoluten Raumes und einer absoluten Zeit implizite Modelle darstellen, die unter gewissen Umständen, wie z. B. bei hohen Geschwindigkeiten, falsch sind. Es ist nicht ganz leicht, solche impliziten Modelle zu erkennen, und gewöhnlich denkt man erst an sie, wenn man theoretisch nicht weiter kommt. Ein Experimentator sollte sich ihrer immer bewußt sein – nicht etwa, weil sie notwendigerweise falsch sein müssen, sondern weil er seine experimentellen Daten nach ihnen interpretiert.

Man kann dies sehr schön am »Rhineschen Paradigma« verdeutlichen:

1. Rhine verstand unter Psychokinese einen »Einfluß«, also eine Art Energie oder Kraft, die von einer Person ausgeht, auf einen physikalischen Prozeß übertragen wird und diesen verändert. Er hat das so ausgedrückt: »Mind has a real force« (Der Geist besitzt eine reale Kraft). Genauer gesagt wird dem physikalischen Prozeß dabei ein zusätzliches »PK-Signal« aufgeprägt. Es muß also auch eine typische »Spur« hinterlassen, die sich eindeutig von den »normalen« physikalischen Vorgängen unterscheidet. Zunächst erscheint uns diese Annahme über Psychokinese so selbstverständlich, daß wir uns kaum eine Alternative dazu vorstellen können.

2. Wie wir schon in Kapitel 3 dargelegt haben, besteht der Nutzen der statistischen Methode darin, daß sie sehr kleine Effekte aufsummieren oder akkumulieren kann. Es ist aber auch vorstellbar, daß es Prozesse gibt, bei denen das nicht der Fall ist. Selbst wenn PK ein Signal darstellt, kann man sich Situationen ausdenken, wobei »mehr« in Wirklichkeit »weniger« darstellt: wenn z.B. der Erfolg bei einem PK-Experiment die Versuchsperson so erschreckt, daß sie bei Fortsetzung des Experimentes genau das Gegenteil produziert, also anstatt einer »Verstärkung« eine »Abschwächung« erreicht. Allerdings kann man diesem relativ »harmlosen« Einwand durch eine entsprechende Verfeinerung der statistischen Methode begegnen, aber es sind auch Situationen denkbar, wo das nichts nützt. Empfindungen wie z.B. »schön« oder »überraschend« kann man nicht durch statistische Aufsummierung »verstärken«, obwohl dies bei anderen Empfindungen wie »laut«, »hell« oder »deutlich« durchaus möglich ist und in der Technik auch angewandt wird.

3. Insbesondere in bezug auf Experimente herrscht die Annahme vor, daß das Versuchsergebnis im Prinzip nicht von Ort und Zeit des entsprechenden Experiments abhängen sollte. Lediglich die physikalischen und psychologischen Bedingungen der aktuellen Situation sollten eine Rolle spielen, wobei man weiter annimmt, daß diese Bedingungen zumindest in einem gewissen Ausmaß wiederholt werden können, wie wir bereits diskutiert haben. Aber vielleicht hat der Ausspruch von Heraklit: »Keiner steigt zweimal in denselben Fluß« noch eine

tiefere Bedeutung, die mit dem Ablauf der Zeit selbst zusammenhängt. Man kann sich in der Physik durchaus Vorgänge vorstellen, die direkt (explizit) von der Zeit abhängen und deshalb nicht »ergodisch« sind, wie man sagt. Hypothetisch könnte man z.B. annehmen, daß PK vom Alter der Welt abhängt. Zugegebenermaßen eine kühne Hypothese, aber so selbstverständlich sollte man auch nicht annehmen, daß PK nicht direkt von der Zeit abhängt.

4. Rhine ging bei seinen Experimenten weiterhin davon aus, daß ein Psi-Effekt im Prinzip von seiner inhaltlichen Bedeutung getrennt werden kann; d.h. eigentlich spielt es für den PK-Effekt keine Rolle, welche Bedeutung das Display hat, ob man z.B. Lämpchen oder Töne verwendet. Es wird natürlich nicht bestritten, daß verschiedene Displayformen unterschiedliche psychologische Wirkungen bei einer Versuchsperson hervorrufen können, aber Rhine nahm an, daß diese psychologischen Faktoren im Prinzip von der »reinen« Psychokinese unterschieden werden können. Dagegen scheint jedoch vor allem das Spontanmaterial zu sprechen. Hierbei zeigt sich sehr häufig, daß Psychokinese geradezu mit symbolhafter Bedeutung aufgeladen ist, und man kann sich des Eindrucks nicht erwehren, daß diese zum Phänomen selbst dazugehört und nicht davon abgelöst werden kann. Wir werden noch sehen, daß diese Feststellung in einem theoretischen Modell eine wichtige Rolle spielt.

Sollten sich nun einige dieser impliziten Modelle als falsch herausstellen, dann müßte man sie nicht in jedem Falle vollständig aufgeben. Sehr häufig kann eine solche falsche Annahme immer noch als vereinfachende Näherung verwendet werden, die für spezielle Fragestellungen ihren Wert behält. Die Erfindung der Relativitätstheorie machte die klassische Mechanik keineswegs überflüssig, sondern zeigte nur ihre Grenzen auf. Bei der Diskussion, ob Psychokinese der Physik widerspricht, haben wir es ebenfalls mit der Frage nach der Grenze von Theorien zu tun. Es wäre sicher unsinnig, anzunehmen, daß die Psi- Phänomene die heutige Physik widerlegen könnten. Dazu sind die Ergebnisse der Physik viel zu gut experimentell und theoretisch abgesichert und die der Parapsychologie viel zu inkonsistent und vage. Die Physik wird nach wie vor ihre Gültigkeit behalten, was immer die

Parapsychologie herausfinden wird. Man könnte sich allerdings vorstellen, daß gewisse Modifikationen in solchen Bereichen der Physik eingeführt werden müssen, wo sie bisher keine Aussagen macht. Es ist nichts anderes als ein weitverbreiteter Glaube, dem vor allem Physiker anhängen, daß im Prinzip alles mit physikalischen Gesetzen erklärt werden kann. Dieser sogenannte »Reduktionismus« gehört eigentlich schon lange in die Mottenkiste der Wissenschaftstheorie. Schon jeder normale Heimcomputer stellt ein schlagendes Gegenbeispiel dar: Es ist gar keine Frage, daß die »Hardware« des Computers, also die elektronischen Bausteine, ganz präzise nach den Gesetzen der Physik funktionieren, aber das Computerprogramm, die »Software«, braucht mit Physik nicht das geringste zu tun haben. Man denke nur an die Fantasy-Computerspiele, dem »modernen Steckenpferd« der »Computerkids«.

Aber auch im Selbstverständnis der Physik hat sich in den letzten Jahren etwas geändert. Während noch vor einigen Jahren die »heroischen Dimensionen« des Größten und Kleinsten, der Astro- und Mikrophysik und die gewaltigen Energien der Hochenergiephysik im Vordergrund standen, beginnt man sich heute einer neuen Dimension zuzuwenden: der Dimension der Komplexität. Obwohl die Physik als Wissenschaft alles andere als einfach ist, hat sie sich bisher doch hauptsächlich mit relativ simplen Objekten befaßt; ein Elementarteilchen, ein Atom oder ein Sonnensystem ist einfach im Vergleich zu einer lebenden Zelle. Die Objekte der traditionellen Physik mögen kompliziert sein, sie sind aber nicht komplex. Der Begriff der Komplexität ist etwas Neues in der Physik und stammt eigentlich aus der Systemtheorie. So ist z. B. ein Haufen Sand – genau betrachtet – ein kompliziertes Gebilde, jedes Sandkorn hat eine andere Form, Größe und Zusammensetzung, und es ist sicher schwierig vorauszuberechnen, was im Detail passiert, wenn ich ein einzelnes Sandkorn entferne. Natürlich wird niemand eine solche Untersuchung in Angriff nehmen, weil es vollkommen uninteressant ist, wie sich Sandkörner in einem Sandhaufen im einzelnen verhalten. Es genügt also eine globale Beschreibung, die z. B. die Dichte des Sandes, seine Zusammensetzung, die Größe des Haufens und vielleicht seinen Böschungswinkel wiedergibt. Ein komplexes Gebilde dagegen kann durchaus aus einfachen Standard-Elementen zusammengesetzt sein – man denke z. B. an die Schaltelemente eines Computers. Was das Gebilde komplex macht, ist das Zusammenspiel der Elemente, seine Organisation. Wie gesagt, für die Beschreibung komplexer Systeme ist in erster Linie die Systemtheorie zuständig. Aber auch die Physik hat sich dieser Fragestellungen angenommen. Sie befaßt sich hauptsächlich mit Systemen, deren Komplexität noch relativ gering ist, die also nicht allzu weit von der traditionellen Physik entfernt sind. Es handelt sich dabei vor allem um »rückgekoppelte« oder »rückbezügliche« Systeme, bei denen die Parameter, die einen Prozeß kontrollieren, von diesem Prozeß selbst verändert werden. Ein sehr einfaches Beispiel dafür ist ein Kind auf einer Schaukel, die es ohne äußere Hilfe in Schwung versetzt – ein sogenannter parametrischer Verstärker; andere Beispiele sind chemische Reaktionen, bei denen die Reaktionsprodukte den Verlauf der Reaktion steuern, oder die sogenannte »Nichtgleichgewichts-Thermodynamik«, die Laserphysik usw. Es hat sich mittlerweile eine eigenständige theoretische Disziplin innerhalb der Physik gebildet, die diese »selbstreferentiellen« Systeme und ihre Phänomene beschreibt: sie wird – je nach Gesichtspunkt – »Synergetik« oder »Chaostheorie« genannt.

Der erstaunte Leser wird sich fragen, was dies alles mit Parapsychologie zu tun haben soll. Zunächst einmal recht wenig, aber wir werden sehen, daß schon in diesem Bereich relativ niedriger Komplexität Phänomene auftreten, die auf den uninformierten Betrachter geradezu »parapsychologisch« wirken. Nehmen wir als Beispiel die berühmte »Brüsselator-Reaktion«. Es handelt sich dabei um eine komplizierte (crosskatalytische) chemische Reaktion, die in mehreren Stufen abläuft; ihren Namen verdankt sie der »Brüsseler Schule« um den Physikochemiker Ilya Prigogine, der sie theoretisch beschrieben hat. Bei dieser Reaktion kann man im Reagenzglas einen Farbumschlag beobachten. Wenn das Ausgangsgemisch rot und das Gemisch der Reaktionsprodukte blau gefärbt ist, würde man normalerweise erwarten, daß sich beim Ablauf der Reaktion eine langsame Verfärbung von rot über violett nach blau ergibt, wie man es bei den üblichen chemischen Reaktionen gewohnt ist. In Wirklichkeit beobachtet man aber einen periodischen Farbumschlag von rot nach blau und wieder zurück, der solange anhält, bis die Ausgangsstoffe verbraucht sind. Dieser Farbumschlag erfolgt »in Phase«, also überall gleichzeitig. Dieses Verhalten kann man ohne die Chaostheorie nicht verstehen. Man könnte sich fragen, woher ein einzelnes Molekül im Reagenzglas »weiß«, daß es sich »im Gleichschritt« mit allen anderen befindet. Die klassische Thermodynamik sagt nämlich, daß sich in einem solchen Reagenzglas ein unglaubliches Chaos abspielt, wo die Moleküle der Ausgangssubstanzen rein zufällig aufeinander stoßen, reagieren und so die Reaktionsprodukte erzeugen. Dabei »weiß« kein Molekül, was die anderen tun, jedes »sieht« nur seine unmittelbare Umgebung. Müssen wir jetzt annehmen, daß die Moleküle sich untereinander »telepathisch« verständigen können? Nach der klassischen Thermodynamik sähe es wirklich danach aus. Zur großen Überraschung vieler Physiker konnte man mit der Chaostheorie zeigen, daß Chaos nicht in jedem Falle totale Unordnung bedeutet, sondern daß aus totaler Unordnung »von selbst« wieder Ordnung entstehen kann; von selbst heißt »ohne äußeren Einfluß«. Man muß also nicht annehmen, daß die einzelnen Moleküle eine Information von außen bekommen, die sie zum Gleichschritt zwingt; das System ändert sich von selbst. Diese »Ordnung aus dem Chaos« wird auch als »dissipative Struktur« bezeichnet.

Die Beschreibung dieser selbständigen oder »autonomen« Systeme ist in der Tat ein faszinierendes Gebiet; den Nobelpreisträger Prigogine veranlaßte es zu der enthusiastischen Prognose: »daß wir in einer Zeit leben, in der sich eine wissenschaftliche Revolution vollzieht, bei der die Stellung und Bedeutung der wissenschaftlichen Betrachtungsweise eine grundlegende Neubewertung erfährt, einer Zeit, die den Griechen oder der Renaissance des wissenschaftlichen Denkens zu Zeiten Galileis nicht unähnlich ist«. Da man noch ziemlich am Anfang steht, ist nicht vorherzusagen, welche »Wunder« uns diese Disziplin noch bescheren wird. Es wäre aber sicher verfrüht, schon jetzt behaupten zu wollen, auch Psi-Phänomene seien nichts anderes als »dissipative Strukturen eines komplexen selbstreferentiellen Systems« – nur ausschließen können wir es wohl nicht so ohne weiteres. Das

Argument der Parapsychologie-Gegner, die Psi im Widerspruch zu den Naturgesetzen und daher als nicht existent ansehen, ist also vorerst ein reines Glaubensbekenntnis. Der bekannte polnische Schriftsteller Stanislaw Lem schrieb bereits 1974: »Ich halte es für möglich, daß wir immer noch falsch an die parapsychologischen Dinge herangehen... Vielleicht muß man sich daher ganz von ihm (dem parapsychologischen Phänomen) abwenden, um sich mit der allgemeinen Systemtheorie zu befassen, und zwar mit dem Bereich, der Systeme behandelt, die teilweise von der Umgebung isoliert, aber zu informatorischen Kopplungen fähig sind. Vielleicht muß man sich mit den Grundbegriffen der Spieltheorie befassen, vor allem den Begriffen des Zufalls, der Stochastik und der Ergodik, denn aus diesem Bereich stammen schließlich auch die statistischen Maße zur Eichung und Feststellung parapsychologischer Erscheinungen. Vielleicht wird man erst von jener Computergeneration auf Hilfe rechnen können, die imstande sein wird, die Funktionen des menschlichen Gehirns multidimensional darzustellen. Vielleicht werden im Laufe solcher Untersuchungen heute noch für uns grundlegende Begriffe und unumstößliche Gegensätze wie der Gegensatz zwischen vollständiger Zufälligkeit und deterministischer Kausalität brüchig und hinfällig werden. Vielleicht werden wir auf diesem Wege zu einer Ebene von Erscheinungen vordringen, auf der jene Begriffe durch völlig andere ersetzt werden müssen, welche die genannte gegenseitige Ausschließung (von Ordnung und Zufall) nicht zulassen. Ähnliches geschah (wenn auch in geringerem Umfang) schließlich in der Physik, als man von der klassischen zur Quantenphysik überging.«

8

PARADOXIEN DER QUANTENPHYSIK

Der Übergang von der klassischen zur Quantenphysik liegt bereits ein Menschenalter zurück, aber gerade heute wird so viel darüber geschrieben und gesprochen, daß man den Eindruck hat, als sei die Zeit zurückgedreht. Es wurde sogar der Begriff »Neue Physik« geprägt und man findet in den Bestsellerlisten eine beträchtliche Anzahl – meist nicht schlecht geschriebener – Sachbücher zu diesem Thema. Was weiter erstaunlich ist: Diese Physiklehrbücher mit publikumswirksamem Layout finden sich recht häufig in den Katalogen für Esoterik und Lebenshilfe einschlägiger Versandhäuser, sozusagen in friedlicher Koexistenz mit Hexenbüchern, Glaspyramiden, Pendeln und Kräutertee.

Natürlich beruht das plötzliche Interesse an der Quantenphysik nicht darauf, daß diese Theorie heute als die fundamentale Theorie der Materie angesehen und von keinem ernst zu nehmenden Physiker mehr in Frage gestellt wird; außerdem ist sie für den Publikumsgeschmack viel zu abstrakt, unanschaulich und mathematisch zu schwierig. Was sie für die Allgemeinheit so anziehend macht, sind die philosophischen und weltanschaulichen Implikationen, die sie mit sich bringen soll. Vor allem von den Protagonisten des »New Age« wurde die »Neue Physik« in Beschlag genommen und als »neues Denken« gepriesen. Davon wollen allerdings die meisten Physiker nichts wissen; einige prominente Quantenphysiker halten gar nicht viel von diesem Modetrend. So sagte John Bell in einem Interview: »Ich glaube nicht, daß uns das Bellsche Theorem näher zu Gott bringt«. Es gab daher auch nur eine kleine Anzahl von Physikern, die es wagten, sich experimentell und theoretisch mit den

Grundlagenproblemen der Quantenphysik auseinanderzusetzen. Zu Beginn dieses Jahrhunderts war es allerdings durchaus üblich, daß sich führende Physiker über philosophische Fragen der Quantentheorie den Kopf zerbrachen und auch darüber publizieren. Philosophen haben sich dagegen schon immer für die Ergebnisse der Naturwissenschaft interessiert. Was aber ist das Besondere an der Quantentheorie in philosophischer Hinsicht? Da wir hier dieses Thema nicht allzusehr ausbreiten können, wollen wir in medias res beginnen: Es gibt in der Quantenphysik eine Reihe von Aussagen, die unserem »gesunden Menschenverstand« dermaßen zuwiderlaufen, daß man sie als »Paradoxien« bezeichnet, obwohl sie streng genommen gar keine sind. Die logische und mathematische Struktur der Quantentheorie ist vollkommen widerspruchsfrei, wir können sie uns bloß nicht begreiflich machen; John Bell drückte dies so aus: »Wir haben die Formeln und diese funktionieren extrem gut, aber wir haben sie nicht verdaut.« Es ist natürlich eine andere Frage, ob man auf solchen »Verdauungsbeschwerden« eine Philosophie oder eine Weltanschauung aufbauen soll.

Eine der berühmtesten Paradoxien ist das »Einstein-Podolsky-Rosen-Paradox« (EPR). Einstein war zeit seines Lebens unzufrieden mit der Quantentheorie, obwohl er selbst bedeutende Beiträge zu ihrer Entwicklung geliefert hatte. 1935 publizierte er zusammen mit seinen Mitarbeitern Podolsky und Rosen eine Arbeit, in der er mit Hilfe eines »Gedankenexperiments« nachzuweisen versuchte, daß die Quantentheorie unvollständig sein müsse. Um die Sache für physikalische Laien zu vereinfachen, möchte ich die mikrophysikalischen Begriffe in anschauliche Vorstellungen übersetzen, wovon aber die Idee des Experiments und der Gedankengang der Schlußfolgerungen nicht berührt wird. Stellen wir uns also einen kleinen schwarzen Kasten – die berühmte »black box« – vor, mit zwei Tischtennisbällen darin – einem roten und einem grünen. Der Kasten soll so gebaut sein, daß man ihn in zwei Hälften teilen kann, wodurch zwei kleinere »black boxes« entstehen, ohne daß man dabei hineinsehen kann. In jedem dieser beiden kleineren Kästchen ist nur Platz für jeweils einen Ball. Wenn wir die beiden trennen, wissen wir also nicht, welcher Ball sich auf welcher Seite befindet. Wir können nun eines der Kästchen z. B. zu einem Freund nach Amerika schicken und wissen dabei nicht, ob er den roten oder den grünen Ball erhält; erst wenn wir unser eigenes Kästchen öffnen, können wir auch ohne Rückfrage sagen, welcher Ball dort angekommen sein muß. Falls wir den roten Ball haben, muß dort der grüne sein, und umgekehrt. Dies wird sicher jedermann einleuchten. In der Physik nennt man das einen »Erhaltungssatz« oder eine »Symmetrie«. Dies können wir für die Farbe unserer Tischtennisbälle natürlich auch experimentell überprüfen, indem wir in Amerika anfragen und das dortige »Meßergebnis« mit dem unsrigen vergleichen. Nach mehreren Wiederholungen dieses Experiments werden wir sehr bald herausfinden, daß die beiden Meßergebnisse hundertprozentig miteinander »korrelieren«. Einen Erhaltungssatz kann man also durch eine »Korrelationsmessung« feststellen; weiß man – wie wir bei den Tennisbällen –, daß ein Erhaltungssatz gilt, dann kann man die experimentelle Korrelation auch vorhersagen. Man kann dagegen nicht vorhersagen, ob der grüne oder der rote Ball nach Amerika geschickt wird. Bis hierher gibt es wohl kaum Probleme. Vielleicht wird es der eine oder andere Leser übertrieben finden, über eine solche Trivialität so viele Worte zu verlieren. Auch die Quantentheorie sagt in diesem Fall nichts anderes als unser gesunder Menschenverstand.

Ganz selbstverständlich gehen wir davon aus, daß die Korrelation zwischen den beiden Messungen dadurch zustande kommt, daß in jedem Kasten jeweils nur ein Ball sein kann, entweder der grüne oder der rote, und daß bei der Trennung der beiden Kästchen festgelegt wird, welcher Ball sich in welchem Kästchen befindet. Im Grunde ist es vollkommen bedeutungslos, daß wir den einen Kasten nach Amerika geschickt haben – es kann sich dabei ja nichts mehr ändern. Es ist auch bedeutungslos, ob unser Freund oder wir selbst in den Kasten schauen. Der entscheidende Moment ist die Trennung der Kästchen; dies wird in der Physik auch als »Separation« des Systems bezeichnet. Sie bewirkt in unserem Falle, daß von zwei Möglichkeiten eine ausgewählt wird, daß z. B. der rote Ball nach Amerika geschickt wird. Der wesentliche Unterschied zwischen der klassischen Physik (deren Resultate weitgehend mit dem übereinstimmen, was wir intuitiv erwarten) und der Quantenphysik besteht nun darin, daß in der Quantenphysik die Separation des Systems erst im Moment der Messung geschieht, also in unserem Falle, wenn wir in den Kasten hineinschauen. Solange man keine Messung vornimmt, ist das System nicht wirklich separiert, auch wenn das eine Kästchen bereits nach Amerika verschickt ist. Man sagt auch, das System befindet sich vor der Messung in einer »Superposition von Zuständen«, und erst die Messung führt eine »Reduktion der Superposition« auf einen Endzustand herbei. Nun ist dieses »Superpositionsprinzip« der Quantenphysik nicht etwa eine relativ unwichtige Zusatzannahme, auf die man zur Not verzichten könnte, sondern ein zentrales Axiom, daß sehr wesentlich die gesamte mathematische Struktur der Quantentheorie bestimmt.

Wie sollen wir uns aber eine solche Superposition vorstellen? Die Superposition eines grünen und eines roten Tischtennisballs könnten wir uns beispielsweise als »grauen« Tischtennisball veranschaulichen. Die Quantentheorie sagt also im Gegensatz zur klassischen Physik aus, daß sich in unseren beiden Kästchen nicht ein roter bzw. ein grüner Ball befindet, sondern zwei »graue« – allerdings nur so lange, wie wir nicht hineinschauen. Im Moment der Messung »verwandelt« sich der »graue« Ball in einen grünen oder einen roten; den »grauen« Ball können wir also niemals sehen und außerdem auch nicht voraussagen, in welche der beiden Farben sich der »graue« Ball verwandeln wird. Wir wissen dagegen mit Sicherheit, wenn sich unser »grauer« Ball in einen roten verwandelt, muß sich der in Amerika im gleichen Moment in einen grünen verwandeln, ganz gleich, ob dort eine Messung vorgenommen wird oder nicht. Hier ist natürlich die Frage berechtigt, woher der »graue« Ball in Amerika weiß, welche Farbe unser »grauer« Ball bei der Messung annimmt. Gibt es etwa Telepathie zwischen Tennisbällen? Einstein hat diese Frage etwas vorsichtiger und präziser formuliert, indem er schrieb: »Wenn wir bei einem System den Wert einer physikalischen Größe mit Sicherheit voraussagen können, ohne es im geringsten zu stören, dann existiert ein Element physikalischer Realität, das dieser physikalischen Größe entspricht.« Auf unseren Fall angewendet heißt das: wenn wir mit Sicherheit die Farbe des Tischtennisballes in Amerika voraussagen können, ohne dort das Kästchen zu öffnen, einfach dadurch, daß wir in unser eigenes schauen, dann muß es einen realen physikalischen Prozeß geben, der dafür verantwortlich ist. Man sieht daran, daß Einstein die Quantentheorie nicht etwa für falsch hielt, aber er glaubte, daß sie unvollständig sei und es ein »Element physikalischer Realität« geben müsse, das die scheinbare »Telepathie« zwischen den beiden Teilsystemen erklärt. Für viele Physiker stellen diese Überlegungen übertriebene Spitzfindigkeiten dar, vor allem deswegen, weil die Superposition selbst physikalisch gar nicht gemessen werden kann. Wie gesagt, den »grauen« Ball kann man niemals sehen. Die Redeweise von der Superposition schien schon vielen so sinnvoll wie die bekannte philosophische Frage, ob ein Baum, der im Wald umstürzt, auch dann Lärm macht, wenn ihn niemand hört. Es gab zwar auch Physiker, die sich noch nach dem goldenen Zeitalter der Quantentheorie mit solchen philosophischen Fragen befaßten; so entwickelte z. B. David Bohm eine Theorie der »verborgenen Parameter«, die zwar auch nicht meßbar sind, aber die »Telepathie« zwischen unseren beiden Tennisbällen erklären können. Die meisten Physiker glaubten jedoch, die Superposition wäre in Wirklichkeit nur ein mathematischer Trick, um die Quantentheorie einfach darstellen zu können, daß ihr also keine physikalische Realität zugrunde läge. Eine andere »Lösung« des Problems bestand darin, daß man ein »Verbot« ausspracht und festlegte, daß man die quantenphysikalischen Begriffe wie z. B. die Superposition nicht auf makroskopische Körper wie Tischtennisbälle anwenden dürfe; dies ist ganz grob die Kernaussage der berühmten »Kopenhagener Interpretation« der Quantentheorie.

Erst 1964 stellte sich heraus, daß es sich beim »Meßproblem« der Quantenphysik nicht nur um einen akademischen Streit handelte, sondern daß beim EPR-Gedankenexperiment die Voraussage der Quantentheorie im Vergleich zur klassischen Physik tatsächlich einen experimentell meßbaren Unterschied ergibt. Den Beweis hierfür erbrachte John Bell, den wir schon erwähnt haben, und er wird in der Literatur als »Bellsches Theorem« bzw. als »Bellsche Ungleichung« bezeichnet. Allerdings dauerte es fast weitere 20 Jahre bis das Theorem auch experimentell so gründlich untersucht war, daß man eine endgültige Entscheidung für oder gegen die Quantentheorie wagen konnte. Es stellte sich dabei heraus – für die meisten Physiker keineswegs überraschend –, daß die Voraussagen der Quantenphysik richtig waren; d. h. die grundlegende Annahme der Quantenphysik, daß erst bei der Messung der Zustand eines Systems festgelegt wird, muß richtig sein, und die Annahme der klassischen Physik falsch, die besagt, daß die Festlegung des Endzustands schon bei der Trennung der Teilsysteme passiert. Die »geisterhafte« Superposition, also unsere grauen Tennisbälle, scheint tatsächlich zu existieren, und die Frage, wie sie sich auch bei noch so großer Entfernung untereinander ohne Zeitverzögerung quasi telepathisch verständigen können, bleibt eine legitime Frage. Bell konnte darüberhinaus zeigen, daß die verborgenen Parameter, die Bohm eingeführt hatte, um die Reduktion der Superposition zu beschreiben, die äußerst merkwürdige Eigenschaft besitzen, weder von räumlichen noch von zeitlichen Distanzen abzuhängen; sie werden daher als »nichtlokal« bezeichnet. Die Korrelation zwischen den Meßergebnissen an den (weit voneinander entfernten) Teilsystemen beim EPR-Experiment wird daher auch als »nichtlokale Korrelation« bezeichnet. Solange es nur um Elementarteilchen (unsere Tischtennisbälle waren ja nur eine bildliche Übersetzung) geht, mag das alles ja noch relativ harmlos sein; es gibt aber auch Gedankenexperimente, die das erkenntnistheoretische Dilemma der Quantenphysik noch dramatischer illustrieren. Vielleicht wird dabei deutlich, weshalb wir hier in solcher Ausführlichkeit über abstrakte Probleme der modernen Physik diskutieren.

Um den »Widersinn« des Superpositionsprinzips besonders drastisch zu demonstrieren, hatte sich der Physiknobelpreisträger Erwin Schrödinger bereits 1935 folgendes ausgedacht: »Eine Katze wird in eine Stahlkammer gesperrt, zusammen mit folgender Höllenmaschine (die man gegen den direkten Zugriff der Katze sichern muß): in einem Geigerschen Zählrohr befindet sich eine winzige Menge radioaktiver Substanz, so wenig, daß im Laufe einer Stunde vielleicht eines von den Atomen zerfällt, ebenso wahrscheinlich aber auch keines; geschieht es, so spricht das Zählrohr an und betätigt über ein Relais ein Hämmerchen, das ein Kölbchen mit Blausäure zertrümmert. Hat man dieses ganze System eine Stunde lang sich selbst überlassen, so wird man sich sagen, daß die Katze noch lebt, wenn inzwischen kein Atom zerfallen ist. Der erste Atomzerfall würde sie vergiftet haben. Die Psi-Funktion des ganzen Systems würde das so zum Ausdruck bringen, daß in ihr die lebende und die tote Katze zu gleichen Teilen gemischt oder verschmiert sind.« Wie aber soll man sich eine Superposition einer lebendigen und einer toten Katze vorstellen? Die Psi-Funktion, von der Schrödinger hier spricht, hat zunächst gar nichts mit dem Psi der Parapsychologie zu tun, sondern stellt die Zustandsfunktion des physikalischen Systems dar, also gerade die Superposition, in der sich das System befindet. Die Sache wird aber noch unglaublicher, wenn man die Katze in ihrem Kasten zusammen mit dem Experimentator in eine große »black box« bringt, und die Frage stellt, was sich nun eigentlich hierbei abspielt. Wendet man die Axiome der Quantentheorie konsequent an, dann kann man nur sagen, daß sich, solange man nicht hineinschaut, darin eine Superposition eines Experimentators befindet, der in seinem Kasten eine lebendige Katze beobachtet und einem solchen, der eine tote Katze beobachtet. Dieses Spiel mit »Wigners Freund« – wie es auch genannt wird – läßt sich beliebig fortsetzen, indem man immer neue schwarze Kästen ineinanderschachtelt und fragt, was sich darin befindet, bevor man hineinschaut. Die Quantenphysik wird immer nur eine Superposition annehmen und kommt damit nie an ein Ende. Dieser bekannte »regress ad infinitum« des quantenphysikalischen Meßprozesses kommt daher, daß die Axiome der Quantenphysik nichts darüber aussagen, wann genau eine Messung zu Ende ist. Wenn erst die Messung oder Beobachtung gemacht ist, dann verhält sich ja wieder alles normal, d.h. der Tennisball ist wirklich rot, die Katze wirklich tot und Wigners Freund hat sie wirklich beobachtet. Wer aber ist der entscheidende Beobachter, der das System aus dem Zwischenbereich der Superposition in die Realität zurückbringt? Ist es Wigners Freund, Schrödingers Katze oder gar der Hammer, der die Glasampulle zerschlägt? Denn auch der Hammer ist ein makroskopisches Objekt, das den radioaktiven Zerfall »beobachtet« und darauf »reagiert«. Kein Physiker kann angeben, wo genau die Trennungslinie oder der »Schnitt« verläuft zwischen der quantenphysikalischen Superposition und der realen makroskopischen Welt, in der wir zu leben glauben. Man sagt auch, der Schnitt sei »verschieblich« und würde mehr nach praktischen als nach theoretischen Erwägungen verlaufen. In den meisten makrophysikalischen Systemen ist in der Tat der Unterschied zwischen den Aussagen der Quantenphysik und der klassischen Physik dermaßen gering, daß man die Frage nach den geisterhaften Superpositionen praktisch vergessen kann. Hieraus darf man allerdings nicht schließen, daß dies immer der Fall sein muß.

Eugen Wigner (ebenfalls Nobelpreisträger der Physik) hat daher eine andere Lösungsmöglichkeit für das Schrödingersche »Katzenparadoxon« angeboten. Er fragte sich, was es eigentlich für Unterschiede zwischen den verschiedenen »Beobachtern« bei diesem Gedankenexperiment geben könnte, also zwischen dem Experimentator (Wigners Freund), der Katze und dem Hammer. Zumindest der Experimentator hat normalerweise ja nicht den Eindruck, sich in einer Superposition zu befinden. Ganz offensichtlich kann es kein rein physikalischer Unterschied sein, denn alle drei »Beobachter« bestehen im Prinzip aus der gleichen Materie, lediglich die Zusammensetzung unterscheidet sich. Da aber die Quantenphysik die Gesetze der Chemie mit einschließt, kann dieser Unterschied nicht ausschlaggebend sein. Man könnte auf die Idee kommen, daß die Katze und Wigners Freund Lebewesen sind, während der Hammer unbelebt ist, ebenso wie das radioaktive Präparat selbst. Wigner nahm an, daß der entscheidende Unterschied zwischen den verschiedenen Beobachtern darin bestünde, daß der Experimentator die Beobachtung »bewußt« macht, während die anderen »Systemkomponenten« über kein Bewußtsein verfügen. Von da aus ist es nur noch ein kleiner Schritt anzunehmen, daß der Beobachter mit seinem »Bewußtsein« auch einen aktiven Part bei der Messung spielen könne. Wenn der Beobachter tatsächlich über »nichtlokale Korrelationen« mit dem physikalischen Objekt, das er beobachtet, verknüpft ist, dann könnte er vielleicht auch einen Einfluß darauf ausüben. Zumindest während der Beobachtung muß sich der Beobachter in einer Wechselwirkung mit dem Gesamtsystem, also auch mit dem radioaktiven Präparat befinden, da er sonst nichts wahrnehmen könnte. Die Superposition des Systems enthält definitionsgemäß alle möglichen Endzustände des Systems, also alle Zustände, die zu einer toten Katze führen, genauso wie alle Zustände, die die Katze am Leben lassen. Dies sind natürlich jeweils sehr viele (vielleicht sogar unendlich viele) mögliche Zustände, weil alleine das radioaktive Präparat viele verschiedene Möglichkeiten hat, im Laufe einer Stunde zu zerfallen, ganz zu schweigen von den Abermillionen von (Mikro-) Zuständen, mit denen die Katze ihr Leben beenden kann oder nicht. Das Resultat der Beobachtung wird aber genau ein einziger aller dieser Zustände sein. Damit ist aber noch nicht alles berücksichtigt, was diese Superposition enthält, denn der Beobachter gehört – zumindest solange er in Wechselwirkung mit dem System steht – zum System dazu und deshalb müssen auch seine Myriaden von möglichen Körper- und Bewußtseinszustände mit in die Superposition eingehen. Daraus ergibt sich eine »Verschränktheit« des Beobachters mit dem beobachteten System. Nehmen wir zusätzlich an, daß der Experimentator eine solche Bewußtseinskontrolle besitzt, daß er bestimmten Bewußtseinszuständen und damit bestimmten Zuständen des verschränkten Gesamtsystems ein größeres Gewicht verleiht, dann kann man sich zumindest theoretisch auch einen Einfluß auf das Ergebnis der (bewußten) Messung oder Beobachtung vorstellen; denn schließlich sind Bewußtseinszustände physikalische Zustände des Gehirns, ohne daß damit eine reduktionistische Position vertreten würde. Man kann sich denken, daß diese Vorstellungen von Wigner keineswegs Zustimmung bei allen Physikern fanden; es gibt noch andere, aber genauso umstrittene Lösungsversuche für das Beobachterproblem in der Quantenphysik. Jeder dieser »Interpretationen« der Quantentheorie hat dabei seine Vor- und Nachteile, die wir hier nicht im einzelnen darstellen wollen. Genau genommen lassen sie alle den Formalismus und die physikalischen Aussagen der Quantenphysik unberührt. Dafür gäbe es auch keinen Grund, da es ja gar keine Widersprüche zu irgendwelchen Experimenten gibt. Welche Interpretation die richtige ist, kann daher mit den Mitteln der Physik alleine nicht entschieden werden. Das hängt vor allem damit zusammen, daß sich diese Interpretationen nur auf die formalen Axiome, aber nicht auf die inhaltlich physikalischen Eigenschaften der Theorie beziehen. Sie sagen daher mehr darüber aus, wie und auf welche Weise wir bei einem Experiment Informationen über die Natur gewinnen, als über die Ergebnisse und Fragestellungen des Experiments selbst.

Der Beobachter gehört auch eigentlich nicht in die Physik, die ihn ja durch ihre Methoden systematisch auszuklammern versucht. Die Quantenphysik hat nun allerdings gezeigt, daß das nur bis zu einem gewissen Grade möglich ist. Dort wo der Beobachter nicht mehr vernachlässigt werden kann, treten die Axiome der Quantentheorie in Funktion, und es ist daher nicht unvernünftig zu erwarten, daß eine Entscheidung über die Interpretationen der Quantentheorie nur auf einer interdisziplinären Basis möglich ist . Vielleicht kann hier die Parapsychologie nützlich sein, denn ihre »Spezialität« sind gerade die Phänomene, bei denen der Beobachter eine große Rolle spielt und eben nicht ausgeklammert wird. Daher ist es nicht an den Haaren herbeigezogen, die Schmidtschen Psychokinese-Experimente als experimentelle Untersuchungen über die Interpretation der Quantenphysik aufzufassen. Das Gedankenexperiment von Schrödingers Katze ist ja schließlich ganz ähnlich wie ein PK-Experiment aufgebaut, und Schmidt hat sogar ein Experiment mit einer Katze durchgeführt, das allerdings »humaner« aufgebaut war. Der Käfig war keine Stahlkammer, sondern ein Gartenhäuschen, und das radioaktive Präparat steuerte keine »Höllenmaschine«, sondern eine Wärmelampe. Da es Katzen bekanntlich gerne warm haben, vermutete Schmidt, daß die Katze den Zufallsgenerator durch Psychokinese so beeinflussen würde, daß die Wärmelampe häufiger eingeschaltet würde, als es ohne »Beobachter« der Fall sei. Tatsächlich wurde diese Hypothese im Experiment bestätigt und wirft somit die interessante Frage auf, ob nach Wigners operationaler Definition des Bewußtseins Katzen nicht auch ein solches zugebilligt werden muß. Es bestünde also durchaus die Möglichkeit, daß die Physik wieder einmal der Psychologie »auf die Sprünge helfen könnte«, denn die Psychologie tut sich schwer mit dem Begriff »Bewußtsein« und meidet ihn – vor allem in der behavioristischen Psychologie – wie der Teufel das Weihwasser.

9

KANN DIE QUANTENPHYSIK DIE PSI-PHÄNOMENE ERKLÄREN?

Im August 1974 fand in Genf eine denkwürdige Konferenz statt, die von der »Parapsychology Foundation« veranstaltet wurde, und zu der der bekannte Publizist Arthur Koestler eine Reihe prominenter Physiker und Parapsychologen an einen Tisch geholt hatte, um über die Probleme von »Quantenphysik und Parapsychologie« zu diskutieren. Bei dieser Tagung wurden von dem amerikanischen Physiker Evan Harris Walker und dem uns schon bekannten Physiker Helmut Schmidt zwei theoretische Modelle für Psychokinese vorgeschlagen, die vier Jahre später, zusammen mit einigen weiteren Modellvorschlägen, von dem Parapsychologen Brian Millar als »Observational Theories« bezeichnet wurden. Der Namen spielt natürlich auf die Rolle des Beobachters in der Quantenphysik an und man kann sagen, daß die »Observational Theories« mehr oder weniger detailliert ausgearbeitete Versionen der Idee von Wigner darstellen, das Meßproblem zu lösen.

Bevor wir jedoch auf diese Theorien eingehen, wollen wir uns kurz überlegen, was eigentlich Ziel und Zweck einer Theorie sein sollte. Für den Laien erscheint die Antwort zunächst ganz einfach: Eine Theorie soll die Phänomene »erklären«! Die nächste Frage, die sich daran anschließt, ist: Was heißt »erklären«? Hier bereits scheiden sich die Geister. Die einen verstehen unter erklären »anschaulich plausibel machen«, während es für die anderen bedeutet: »auf Bekanntes zurückführen«. Keine der beiden Forderungen können offensichtlich durch eine »quantenphysikalische Theorie der Parapsychologie« vollkommen erfüllt werden; denn die Quantenphysik ist alles andere als anschaulich, ja sie führt sogar zu Ergebnissen, die unserer Anschauung widersprechen, und man kann auch nicht behaupten, daß das Beobachterproblem der Quantenphysik etwas »Bekanntes« sei, man kann höchstens sagen, daß es ein bekanntes Problem sei. Es ist daher in der Naturwissenschaft üblich geworden, auf diese beiden Forderungen an eine Theorie zu verzichten; dagegen verlangt man von einer Theorie oder – wie man dann genauer sagt – von einem Modell, daß es 1. logisch widerspruchsfrei, 2. falsifizierbar und 3. in der Lage sein muß, empirische Resultate wenigstens qualitativ wiederzugeben (zu reproduzieren). Das Wort »Modell« soll dabei zum Ausdruck bringen, daß man sich von vorne herein darüber im klaren ist, daß das Modell keine universelle Gültigkeit hat, sondern nur auf einen bestimmten Ausschnitt oder Aspekt der Realität angewendet werden soll – aber schließlich haben wir es praktisch immer nur mit Ausschnitten aus der Realität zu tun. Es handelt sich bei diesen drei Forderungen allerdings um »Minimalforderungen«, denn ein gutes Modell sollte auch Vorhersagen – möglichst in quantitativer Form – erlauben. Die Forderung nach Vorhersagen setzt jedoch die praktische »Präparierbarkeit« des beschriebenen Systems voraus und das ist keine Frage der Theorie, sondern der experimentellen Möglichkeiten. So folgt aus der Ungenauigkeit der Wettervoraussage nicht unbedingt, daß die Metereologen keine vernünftige Theorie hätten. Die Chaostheorie, deren Grundlagen übrigens der Metereologie entstammen, zeigt z. B., daß es Systeme gibt, für die selbst ein exaktes Modell in der Praxis keine Voraussagen erlaubt. Daß ein Modell logisch widerspruchsfrei sein muß, ist sofort einzusehen, weil man mit einem Axiomensystem, das nicht widerspruchsfrei ist, jeden (also auch jeden falschen) Satz »beweisen« kann. Beispielsweise ist der Satz: »Wenn zwei mal zwei fünf ist, dann ist der Mond viereckig« ein logisch und faktisch richtiger Satz. Die wichtigste Forderung an eine Theorie oder ein Modell stellt die Falsifizierbarkeit dar. Es wird verlangt, daß man wenigstens theoretisch in der Lage sein muß, mit der Theorie oder dem Modell eine Situation oder ein Experiment zu konstruieren, bei dem festgestellt werden kann, ob das Modell richtig oder falsch ist. Aus diesem Grunde brauchen wir z. B. die »Theorie«, daß allmächtige Dämonen für Psychokinese verantwortlich sind, nicht weiter zu diskutieren, denn kein Experiment und keine spontane Erfahrung könnte je das Gegenteil beweisen. Eine Theorie, die aber jedes Ergebnis, also auch falsche Aussagen beinhaltet oder erklären kann, ist gerade so viel wert, wie eine widerspruchsvolle Theorie, nämlich gar nichts. Das wird oft von Hobbyforschern nicht beherzigt, wenn sie Theorien erfinden, die einfach alles erklären können. Angenommen, ich wollte das Dämonenmodell widerlegen und hätte mir dazu ein raffiniertes Experiment ausgedacht, dann wird sich ein Vertreter der »Dämonenhypothese« nicht so leicht geschlagen geben. Er wird behaupten, daß die Dämonen, da sie ja »übernatürliche Fähigkeiten« besitzen, meinen »jämmerlichen« Versuchsplan längst durchschaut haben, und ihre Existenz gerade dadurch beweisen, daß sie ihn ignorieren. Es muß allerdings gesagt werden, daß die »Dämonen nichtfalsifizierbarer Theorien« keineswegs vollkommen aus der Wissenschaft vertrieben und exorziert werden konnten. So schreibt kein geringerer als Sigmund Freud: »Die Menschen benahmen sich gegen die Psychoanalyse als Masse genau wie der einzelne Neurotiker, den man wegen seiner Beschwerden in Behandlung genommen hatte. Diese Situation hatte gleichzeitig etwas Schreckhaftes und etwas Tröstliches; das Erstere, weil es keine Kleinigkeit war, das ganze Menschengeschlecht zum Patienten zu haben, das Andere, weil schließlich sich alles so abspielte, wie es nach den Voraussagen der Psychoanalyse geschehen mußte.« (Gesammelte Werke Bd. X, S. 62).

Wendet man diese Forderungen der modernen Wissenschaftstheorie auf die Parapsychologie an, dann liegt es natürlich nahe, mit erhobenem Zeigefinger auf die »Spiritistische Hypothese« zu verweisen, als dem Paradebeispiel für eine nicht falsifizierbare Theorie. Bei genauerer Betrachtung zeigt sich jedoch, daß dies nur dann der Fall ist, wenn man den verstorbenen »Spirits« zuviel Freiheit und Omnipotenz einräumt. So leicht kann man also diese Hypothese nicht »loswerden«, aber wir werden sehen, daß auch naturwissenschaftliche Modelle diesem Mangel der Nichtfalsifizierbarkeit unterliegen können. Die spiritistische Hypothese hat auch noch einen anderen Nachteil, der zwar nicht direkt zum strengen Forderungskatalog der Wissenschaftstheorie gehört, aber realiter doch sehr stark ins Gewicht fällt: Bei einem guten Modell sollte es möglich sein, ein »Korrespondenzprinzip« anzugeben, was soviel besagt wie die Angabe, wo das Modell gilt und wo nicht, und wie man von dem einen in den anderen Bereich gelangt. So kann man ungefähr angeben, wo man die klassische Physik als Näherung für die Quantenphysik verwenden kann. Solange die »Spirits« unter sich bleiben, ist nichts gegen den Spiritismus als Glaubenssystem einzuwenden, nur wie sie eine Wirkung auf die physikalische Welt ausüben sollen, dafür gibt es jedenfalls bisher noch kein Korrespondenzprinzip.

Bei den »Observational Theories« ist dagegen die Frage des Korrespondenzprinzips elegant gelöst: Für »Systeme mit Bewußtsein« gelten die Observational Theories, und für alle anderen die übliche Quantenphysik. Obwohl die Observational Theories verschiedene konkurrierende Modellvorschläge darstellen, weisen sie noch eine Reihe anderer Gemeinsamkeiten gegenüber mehr philosophisch orientierten Theorien der Parapsychologie auf: Die Modelle sind alle naturwissenschaftlich orientiert und können in der Sprache der Mathematik formuliert werden. Sie erlauben im Prinzip quantitative Aussagen über die Psi-Phänomene, d.h. über die Größe eines möglichen PK-Effekts oder das Verhältnis von Meßresultaten bei verschiedenen Versuchsbedingungen. Weiter können die Aussagen der Modelle gezielt in Experimenten überprüft werden. Sie haben aber auch inhaltliche Gemeinsamkeiten: Alle setzen im Prinzip bei dem Beobachterproblem der Quantenphysik an und gehen 1. davon aus, daß ASW auf PK zurückgeführt werden kann. Ferner wird angenommen, daß die »wichtigen« Naturgesetze wie Erhaltungssätze und Symmetrien nicht verletzt, sondern nur statistische Erwartungswerte verändert werden. Das bedeutet konkret, daß 2. nur echt zufällige quantenphysikalische Prozesse wie z.B. der radioaktive Zerfall durch Psychokinese verändert werden können. Damit würde Psychokinese nur eine »schwache Verletzung« der normalen Physik bedeuten. Ebenfalls mit den Eigenschaften der Quantenphysik verwandt ist die Annahme, daß 3. Psychokinese nichtlokal wirkt, also in einem gewissen Umfang weder vom Raum noch von der Zeit abhängt. Die wichtigste Annahme der Observational Theories bezieht sich auf die Verknüpfung zwischen Beobachter und Beobachtetem: Nur solche Prozesse, die ein Beobachter wirklich wahrnimmt, können durch Psychokinese »beeinflußt« werden. Der Beobachter benötigt also eine Information über den beobachteten Prozeß. Diese muß er über einen »normalen Sinneskanal«, also z.B. durch Sehen oder Hören bekommen. Man nennt sie auch Feedbackinformation. Ohne Feedback ist 4. nach den Observational Theories Psychokinese nicht möglich. Feedbackprozesse haben in der Psychologie und Psychophysiologie eine große Bedeutung. Sie begleiten uns durch unser Leben, ohne daß wir davon Notiz nehmen. Wir könnten kein Glas zum Munde führen und keinen Schritt tun, wenn unser Gehirn nicht laufend durch bestimmte Nervenbahnen (Propriorezeptoren), aber auch durch Augen und Ohren über den Bewegungszustand unseres Körpers informiert werden würde. Durch den »Kunstgriff« des Feedback werden wir davon befreit, im einzelsten über die komplizierten psychophysiologischen Prozesse, die unsere Bewegungen steuern, Bescheid zu wissen. Feedbackprozesse funktionieren nach dem »Trial and Error«-Prinzip, d.h. das Gehirn lernt am Erfolg oder Mißerfolg die Bewegungen des Körpers zu koordinieren. Man kann das sehr schön beobachten, wenn ein Kleinkind laufen lernt. Seit etwa einem Jahrzehnt hat vor allem die medizinische Anwendung des Feedbackprinzips im sogenannten »Biofeedback« eine praktische Bedeutung erlangt. Man konnte nachweisen, daß es mit Hilfe von Biofeedback-Geräten möglich ist, auch »autonome« Körperprozesse wie Pulsfrequenz, EEG-Muster oder elektrischen Hautwiderstand usw. »willentlich« zu beeinflussen, was früher als unmöglich galt oder allenfalls als »Wundertat« indischer Yogis angesehen wurde. Biofeedback-Geräte sind elektronische Verstärker, die die zu beeinflussenden Körpersignale einer Person aufnehmen, verstärken und sie auf einem geeigneten Display der Person als Feedbackinformation zur Verfügung stellen. Der einzige Unterschied zwischen einer solchen Biofeedback-Apparatur und der Schmidt-Maschine besteht darin, daß die Schmidt-Maschine keine Körpersignale, sondern PK-Signale als Feedbackinformationen anbietet. Die Observational Theories gehen also davon aus, daß der Psychokinese-Effekt wie beim Biofeedback durch einen (unbewußten) »Trial and Error«-Prozeß zustande kommt. Abgesehen von diesen Gemeinsamkeiten unterscheiden sich die verschiedenen Versionen der Observational Theories in vielen technischen Einzelheiten und machen somit auch unterschiedliche (quantitative) Aussagen über den Ausgang von Experimenten. Es ist daher im Prinzip möglich, empirisch herauszufinden, welches Modell das richtige ist, wenn überhaupt eines zutreffen sollte.

Es gibt allerdings auch einen gemeinsamen Schwachpunkt der Observational Theories, der als »Divergenzproblem« bezeichnet wird. Es gleicht in vielen Punkten dem Problem von Wigners Freund. Die Frage ist auch hier, welche Rolle zusätzliche Beobachter spielen. Denn wenn angenommen wird, daß Psychokinese raum- und zeitunabhängig ist, dann kann man sich auch vorstellen, daß ein zweiter oder weiterer Beobachter, der eine Feedbackinformation über das quantenphysikalische System erhält, schließlich auch die Möglichkeit hätte, dieses psychokinetisch zu verändern. Berücksichtigt man dann noch, daß auch das (bewußte) Lesen der ausgedruckten Trefferzahlen konsequenterweise ebenfalls als Beobachtung des Zufallsprozesses angesehen werden muß, dann steigt die Zahl der Beobachter beträchtlich; und alle hätten die Möglichkeit mittels Psychokinese den physikalischen Prozeß zu verändern. Tatsächlich haben einige »progressive« Parapsychologen schon die Meinung geäußert, all die zukünftigen skeptischen Leser ihrer Veröffentlichungen seien dafür verantwortlich, daß bei ihren Experimenten nichts herauskam. Einige besonders »clevere« haben sogar ihre Originaldaten vernichtet, um zu verhindern, daß skeptische Kollegen »ihre schönen Psi-Resultate« gefährden. Wie gesagt – auch bei naturwissenschaftlichen Modellen muß man sich vor den Dämonen der Nichtfalsifizierbarkeit in Acht nehmen!

Obwohl die mögliche Bedeutung der Quantentheorie für die parapsychologische Modellbildung schon früh erkannt und von so bedeutenden Physikern wie Pascual Jordan und Wolfgang Pauli diskutiert worden war, konnte Walker als erster ein mathematisch ausgearbeitetes und experimentell überprüfbares Modell für PK vorlegen. Im Prinzip greift er Wigners Idee auf, dem Bewußtsein des Beobachters eine zentrale Rolle bei der

Messung einzuräumen; aber er geht dabei von einer Darstellung der Quantentheorie aus, die verborgene Parameter verwendet. In seinem Modell repräsentieren die verborgenen Parameter selbst das Bewußtsein. Da diese nichtlokal sind, ergibt sich nach Walker die Möglichkeit, neurophysiologische Prozesse im Gehirn des Beobachters mit »externen« quantenphysikalischen zu verknüpfen. Walker weist darauf hin, daß die physikalischen Bedingungen der synaptischen Übertragungsmechanismen von Neuronen bereits in der Größenordnung von quantenphysikalischen Prozessen liegen, so daß hier das eigentliche Bindeglied zwischen dem durch die verborgenen Parametern repräsentierten Bewußtsein und den informationsverarbeitenden Prozessen im Gehirn des Beobachters zu finden sei. Diese Vorstellung hat eine gewisse Ähnlichkeit mit dem von dem Neurophysiologen John Eccles entwickelten Bewußtseinsmodell, bei dem »die freie Psyche« auf dem neuronalen Netz des Gehirns wie ein Pianist auf einer Klaviatur spielt und dadurch körperliche Reaktionen hervorruft wie z.B., daß wir aus freiem Willen die Hand heben können. Ausgehend von einer groben Abschätzung über den Informationsfluß im Nervus Opticus – dem Sehnerv –, ordnet Walker dem Bewußtsein des Menschen einen bestimmten Informationsfluß zu. Es handelt sich dabei um die Feedbackinformation, die die Versuchsperson durch Betrachten des physikalischen Prozesses (z.B. eines rollenden Würfels) erhält, der durch Psychokinese beeinflußt werden soll. Ein kleiner Teil dieser Informationsrate (ca. 10000 Bit pro Sekunde) steht mit den »externen« quantenphysikalischen Prozessen über die nichtlokalen verborgenen Parameter in Verbindung. Man könnte auch sagen, daß diese Informationsmenge in der Superposition von Zuständen steckt, die Objekt und Beobachter während der Beobachtung eingehen. Allerdings können mit Walkers Modell wegen der sehr geringen Informationsrate nur relativ schwache Effekte erklärt werden – also keine Spuk-Phänomene oder Makro-PK, soweit man deren Existenz überhaupt akzeptieren will. Der amerikanische Physiker Richard D. Mattuck konnte immerhin zeigen, daß man die »Stärke« des PK-Effekts in diesem Modell dadurch erhöhen kann, indem man von einem gepulsten Informationsfluß ausgeht. Dennoch bleiben die modellmäßig errechneten Effekte ziemlich weit hinter den bei Spontanfällen berichteten zurück. Das Hauptproblem beim Walkerschen Modell ist jedoch, daß nicht klar ist, wie psychologische Variablen, die ja bei Psychokinese so wichtig sind, in das Modell mit eingebunden werden können. Da es ausschließlich auf die physikalische bzw. neurophysiologische Ebene Bezug nimmt, müßte erst das »Reduktionismusproblem« gelöst werden, um hier weiter zu kommen. Ein weiteres theoretisches Problem besteht in dem von Walker verwendeten Informationsbegriff. Er bezieht sich nur auf die Kapazität des Feedbackkanals – also z. B. des Nervus Opticus –, sagt aber nichts über die Bedeutung dieser Information aus, und gerade diese scheint bei Psychokinese eine so wichtige Rolle zu spielen. Für die Bedeutung einer Information ist aber die bloße Kanalkapazität von sekundärer Bedeutung; so wie ein Telephongespräch nicht nach dem Gebührenzähler bewertet werden kann. Immerhin kann man Walkers Modell als eine erste Näherung ansehen und sicher ohne Übertreibung behaupten, daß es den meisten in der Normal-Psychologie üblichen Modellen in nichts nachsteht. Trotz der oben aufgezählten Gemeinsamkeiten ist das Modell von Schmidt viel weniger mit der Physik verknüpft als das von Walker. Es versucht vielmehr, die in Experimenten gefundenen Gesetzmäßigkeiten in die Form von mathematischen Ausdrücken (Axiomen) zu fassen und daraus Aussagen über eine konkrete experimentelle Situation abzuleiten. Man bezeichnet ein solches Modell auch als »phänomenologisches Modell«, weil es sich nicht auf eine bestimmte Interpretation der Quantentheorie oder die Reduktionismusproblematik festlegt, sondern sich lediglich an der Struktur der Phänomene selbst orientiert, und die Frage, wie diese mit anderen Theorien verbunden ist, hintan stellt. Auch über eine mögliche Einbindung von psychologischen Variablen sagt das Modell nichts aus. Dennoch hat es sich in der bisherigen Entwicklung als sehr fruchtbar erwiesen.

Beim Schmidtschen Modell wird jedem Beobachter bzw. jeder Versuchsperson eine »Psi-Quelle« zugeordnet, die in erster Näherung als zeitlich konstant angenommen wird. Diese Psi-Quelle beeinflußt die Wahrscheinlichkeiten von »Welt-Geschichten« (world histories) im Sinne eines teleologischen Ansatzes, d. h. daß es dabei nur auf das zu erreichende »Ziel« ankommt, die Mechanismen aber, die dazu führen, nicht bekannt sein müssen. Er spricht auch von der »Komplexitätsunabhängigkeit« von Psi, was nicht mit dem Komplexitätsbegriff, den wir in Kapitel 7 eingeführt haben, verwechselt werden darf. So hängt in diesem Modell der Erwartungswert eines echten Zufallsgenerators von seinem späteren (zukünftigen) Kontakt mit einer Psi-Quelle ab. Dies ist die phänomenologische Formulierung für das, was wir die Raum-Zeitunabhängigkeit oder Nichtlokalität von Psi genannt haben. Einen Einfluß der Psi-Quelle auf deterministische Vorgänge kann es also nach diesem Modell nicht geben. Nach Auffassung der Quantentheorie sind aber quantenphysikalische Prozesse nicht deterministisch. Hierin liegt für das Schmidtsche Modell der einzige Anknüpfungspunkt zur Physik. Er konnte zeigen, daß die Annahmen des Modells logisch konsistent sind und nicht zu einem »Interventionsparadox« führen können. Auf den ersten Blick erscheint es unsinnig annehmen zu wollen, daß ein zukünftiges Ereignis ein gegenwärtiges beeinflussen kann, denn es ließe sich – so glaubte man – dann sofort eine widersprüchliche Situation konstruieren, eben das besagte Interventionsparadox. Man bräuchte nur gewissermaßen im letzten Augenblick zu intervenieren, wenn das beeinflußte Ereignis schon vergangen, aber die zukünftige Beobachtung noch nicht passiert ist. Wenn man also gerade den Einfluß der Psi-Quelle rechtzeitig verhindern könnte, dann hätte man doch einen Widerspruch erzeugt, insofern als das vergangene Ereignis nicht mehr zurückgenommen werden kann. So könnte sich ein späterer Beobachter nach Abschluß des Experiments entschließen, die Ergebnisse schließlich nicht anzusehen und damit seinen »Beitrag« zu dieser speziellen »Weltgeschichte« ungeschehen machen. Schmidt wies aber mathematisch nach, daß dieses Argument für sein Modell nicht zutrifft. Er konnte außerdem zeigen, wie ASW mathematisch auf PK zurückgeführt werden kann. Das Feedback spielt hierbei eine so zentrale Rolle, weil es den einzigen »Kontakt« zwischen der Psi-Quelle des Beobachters bzw. der Versuchsperson und dem Zufallsprozeß herstellt. Dabei kommen natürlich auch psychologische Variablen ins Spiel. Aus diesem Grunde legt Schmidt bei seinen Versuchen auch so viel Wert auf die Ausgestaltung des Displays. Der Anknüpfungspunkt zur Psychologie liegt vor allem bei der Psi-Quelle. Ihre Stärke und Ausrichtung – man denke an die Schafe und Böcke – hängt in erster Linie von psychologischen Faktoren ab und erlaubt damit eine Einbeziehung psychologischer Begriffe und Meßdaten, ohne daß man gezwungen wäre, im Sinne des Reduktionismus anzugeben, was dabei physikalisch geschieht.

Allerdings tritt beim Schmidtschen Modell das Divergenzproblem viel schärfer in Erscheinung als beim Walkerschen, bei dem es durch das Reduktionismusproblem gewissermaßen verschleiert wird. Es ist nämlich weder praktisch noch theoretisch zu entscheiden, welchen Einfluß ein späterer Beobachter auf die quantenphysikalischen Prozesse im Gehirn des ersten Beobachters haben könnte. Beim Schmidtschen Modell trägt dagegen jede zukünftige Psi-Quelle zum gegenwärtigen Verlauf der Weltgeschichte bei. Da man über die Aktivität zukünftiger Psi-Quellen nichts weiß, ist nie klar, wann ein Experiment wirklich abgeschlossen ist. Schmidt schlägt zwar vor, den Einfluß späterer Beobachter auf die Ergebnisse eines Experiments (z.B. wenn diese die Publikation des Experiments lesen) durch eine statistische Hochrechnung zu berücksichtigen. Es besteht aber durchaus die Gefahr der Immunisierung des Modells, weil schließlich jedes experimentelle Resultat durch nachträgliche Annahmen über die Psi-Quellen erklärt werden könnte.

Um diesem Verhängnis zu entrinnen, hat Houtkooper eine Erweiterung des Schmidtschen Modells vorgeschlagen, das er »Hierarchisches Modell« nannte. Dabei wird angenommen, daß jede zukünftige Psi-Quelle ihre Einwirkung auf den Zufallsprozeß zwischen diesem und den vorherigen Psi-Quellen aufteilen muß und daher natürlich nur noch verhältnismäßig wenig zum PK-Effekt beitragen kann. Schließlich ist der Einfluß späterer Beobachter so »verdünnt«, daß er nichts mehr ändert. Mathematisch drückt sich das in einer konvergierenden Folge mit einem endlichen Grenzwert aus. So weit, so gut – die Frage ist nur: was heißt eigentlich »späterer« Beobachter, wenn doch die Psi-Quelle zeitunabhängig funktioniert. Houtkooper, dem dieses Problem natürlich nicht verborgen geblieben war, äußerte dabei den Verdacht, daß sich frühere und spätere Beobachter wohl auch in ihrer »Bedeutung« unterscheiden. 1984 versuchte Schmidt schließlich mit einem Ansatz das Divergenzproblem zu entschärfen. Er modifizierte sein ursprüngliches Modell dahingehend, daß er die Zeitunabhängigkeit der Psi-Quelle wieder etwas einschränkte. Er nahm an, daß der »geisterhafte« Zustand, bei dem das Resultat des Zufallsprozesses von den Psi-Quellen verändert werden kann, mit der Zeit (langsam) verschwindet, daß er – gewissermaßen wie eine Glocke – ausklingt. Die Dauer des Ausklingens soll dabei von psychologischen Faktoren abhängen, die die »Bedeutung« des Geschehens widerspiegeln. Bedeutende Ereignisse klingen ja bekanntlich – wie große Glocken – länger nach. Wie aber soll man die Bedeutung eines Ereignisses in Zahlen messen?

In Kapitel 12 werden wir eine Weiterentwicklung dieser mittlerweile klassischen Observational Theories vorstellen, bei dem es in erster Linie um die Bedeutung von Information geht. Es scheint, als könne das »Modell der Pragmatischen Information« alle bisher angesprochenen Probleme im Prinzip bewältigen, indem es alles von einer »höheren Warte« aus betrachtet. Bevor wir aber versuchen dies nachzuvollziehen, ist es vielleicht angebracht, einen Blick auf die empirische Seite dieser Modelle zu werfen, und zu schauen, wie erfolgreich sie eigentlich bisher bei Experimenten angewendet werden konnten.

10

EXPERIMENTELLE TESTS DER OBSERVATIONAL THEORIES

Natürlich könnte man viele ältere PK-Experimente mit Zufallsgeneratoren auch nachträglich in Hinblick auf die Aussagen der Observational Theories untersuchen, aber es ist sehr schwierig, all diese Experimente miteinander zu vergleichen, um daraus ein klares Bild zu gewinnen. Die älteren Experimente waren eher »beweisorientiert«, d. h. der Nachweis eines anomalen Effekts stand im Vordergrund, und inneren Zusammenhängen wurde relativ wenig Aufmerksamkeit geschenkt. Die vereinzelten frühen »prozeßorientierten« Experimente bezogen sich in erster Linie auf den Einfluß von psychologischen Variablen und erlauben wegen ihrer geringen Anzahl kaum verallgemeinerbare Aussagen. Erst mit der Entwicklung der Observational Theories war es möglich geworden, auch im Hinblick auf physikalische Variablen gezielt prozeßorientierte PK-Experimente durchzuführen. Dabei wurden folgende Einflüsse auf die PK-»Leistung« untersucht:

1. Generierungsart der Zufallsfolgen, z.B. durch radioaktive Quelle oder thermisches Rauschen;
2. Generierungsgeschwindigkeit der Zufallsfolgen;
3. Auftretenswahrscheinlichkeit des gewünschten Zufallsereignisses (Trefferwahrscheinlichkeit);
4. interne Verschaltung der Versuchsanordnung (Komplexität);
5. Zeitintervall zwischen Erzeugung und Präsentation der Zufallsfolgen;
6. mehrfache »Beeinflussung« einer gespeicherten Zufallsfolge (prerecorded targets, PRT);
7. Experimente mit und ohne Feedback;

8. unterschiedliche Feedbackarten oder »falsches« Feedback;
9. unterschiedliche Anzahl von Versuchspersonen, Einzel- oder Gruppenexperimente;
10. unterschiedliche Instruktion für die Versuchsperson bzw. unterschiedliche Information über den Versuchsablauf, z. B. die unwissentliche Teilnahme an einem PK-Experiment u. s. w.

Viele dieser Experimente erlauben nur eine quantitative Überprüfung der Observational Theories, die natürlich angesichts der Kleinheit und Unzuverlässigkeit des PK-Effekts sehr schwierig und daher meist nicht sehr aussagekräftig sind. Es gibt aber auch Fragestellungen, die es erlauben, die Aussagen der Observational Theories zu überprüfen. Hierbei verdient ein Experiment von Schmidt mit »prerecorded targets« (PRT), das 1976 zum erstenmal durchgeführt wurde, besondere Erwähnung, weil es zu den einfallsreichsten und ausbaufähigsten Ansätzen in der Psychokinese-Forschung gehört. Sein Prinzip besteht – kurz gesagt – in folgendem: Der Versuchsperson wird auf dem Display eine Zufallsfolge präsentiert, die – ohne ihr Wissen und ohne Wissen des Versuchsleiters, also unter »Doppelblindbedingung« – einige Zeit vor Beginn des Experiments durch einen Zufallsgenerator erzeugt und fest gespeichert worden ist. Durch mehrfache und verschiedenartige Abspeicherung der Zufallsfolge kann eine »direkte« Beeinflussung des Speicherinhaltes (z. B. eines Lochstreifens) beliebig unwahrscheinlich gemacht werden. Um die Doppelblindbedingung zu realisieren, werden die vorher gespeicherten Folgen so mit gleichzeitig generierten Zufallsfolgen gemischt, daß weder die Versuchsperson noch der Experimentator über die Herkunft des Targets Bescheid weiß. Das Experiment zeigte, daß unter beiden Bedingungen signifikante PK-Effekte erzielt wurden, während Kontrolläufe, die im Laufe des Experiments durchgeführt wurden, keine signifikanten Abweichungen ergaben. Wurde die vorher abgespeicherte Zufallsfolge der Versuchsperson (wiederum ohne deren Wissen) mehrfach präsentiert, dann war die Trefferabweichung sogar signifikant stärker. Hierin kann man eine direkte Bestätigung der in den Observational Theories angenommenen

Raum-Zeitunabhängigkeit von PK sehen und eine Falsifizierung der Rhineschen Vorstellung, daß eine Kraft von einer Versuchsperson ausgeht und in den Prozeß eingreift. Denn wie soll eine Kraft rückwärts in der Zeit wirken? Die »retroaktive« Psychokinese wird auch als »backward causation«, also »rückwärts wirkende Verursachung« bezeichnet, ein zugegebenermaßen irreführender Begriff.

In anderen Experimenten konnte Schmidt die Bedeutung des Feedback und die Komplexitätsunabhängigkeit von PK bestätigen. Obwohl diese Experimente im großen und ganzen die Annahme der Observational Theories rechtfertigten, reichen sie nicht aus, um ein endgültiges Urteil zu ermöglichen. Zum einen hängt das damit zusammen, daß immer noch viel zu wenige solcher theoriengeleiteten Experimente durchgeführt werden konnten (mangels Forschungsmittel), zum anderen damit, daß die Unterschiede der einzelnen konkurrierenden Modelle der Observational Theories bei der Kleinheit des PK-Effekts zu wenig ins Gewicht fallen. Schließlich wurde in den meisten Fällen nur eine einzige experimentelle Bedingung systematisch variiert, so daß wegen der schlechten Vergleichbarkeit verschiedener Experimente die empirischen Aussagen nicht so ohne weiteres verallgemeinert werden können; man nennt dies ein »univariates Versuchsdesign«. In der modernen experimentellen Psychologie hat sich herausgestellt, daß solche univariaten Versuchspläne im allgemeinen nicht sehr aussagekräftig sind; das hängt mit der Komplexität des Untersuchungsgegenstands zusammen. Heute versucht man daher mit »multivariaten« Methoden die Aussagekraft von psychologischen Untersuchungen zu erhöhen. »Multivariat« bedeutet, daß in einem einzigen Experiment gleichzeitig sehr viele Variablen berücksichtigt werden, die sich natürlich auf die komplizierteste Weise gegenseitig beeinflussen können. Trotzdem hofft man, daß sich schließlich aus den vielfältigen Abhängigkeiten eine Art »Muster« abzeichnet, das sich mit statistischen Methoden »herausdestillieren« läßt. Man geht also davon aus, daß aus dem Chaos der unüberschaubaren Verflechtungen eines komplexen Systems auf einer höheren Ebene der Betrachtung wieder Ordnung entsteht – ein Gedanke, den wir auch schon von der Chaostheorie her kennen. Solche Experimente sind allerdings sehr aufwendig und zeitraubend, und es verwundert daher nicht, daß es in der Psychokinese-Forschung kaum solche Untersuchungen gibt. Bei einem multivariaten Psychokinese-Experiment werden die methodischen Probleme dadurch noch potenziert, daß man psychologische und physikalische Variablen gleichermaßen berücksichtigen muß, obwohl über deren Zusammenhang so gut wie gar nichts bekannt ist.

Es ist daher ein besonderer Glücksfall, daß es an der Universität Freiburg möglich war, zwischen September 1979 und April 1985 ein umfangreiches Forschungsprojekt mit einem solchen multivariaten Psychokinese-Experiment durchzuführen. Sein Ziel war, die noch weitgehend unbekannten Beziehungszusammenhänge zwischen Persönlichkeitsfaktoren der Versuchsperson und der physikalischen Ausprägung des psychokinetischen Effekts zu untersuchen und gleichzeitig die zentralen Aussagen der Observational Theories zu überprüfen. Zusätzlich wurden für einige neue experimentelle Fragestellungen geeignete Methoden entwickelt. Ein weiteres wesentliches Merkmal dieses Psychokinese-Experiments bestand darin, daß die Teilnehmer keine in Vortests ausgelesene Versuchspersonen oder gar »Psi-Stars« waren, sondern etwa 300 »normale Zeitgenossen« – meist Studenten, die sich auf eine Annonce in der Zeitung gemeldet hatten. Es wurden ausdrücklich auch skeptisch eingestellte Versuchsteilnehmer gesucht. Arbeitet man mit einer solchen unausgewählten Versuchspersonenpopulation, so muß man methodisch anders als bei einer Einzeluntersuchung vorgehen. Wenn man nämlich einmal annimmt, daß ebenso viele »Sheeps« wie »Goats« als Versuchspersonen teilnehmen, die im Experiment positive bzw. negative Trefferabweichungen erzielen, dann würde sich am Ende der PK-Effekt selbst aufheben, wenn wir die Ergebnisse aller Personen zusammennehmen. Aus diesem Grunde müssen wir die erzielte Trefferleistung jeder Versuchsperson mit ihrer »Persönlichkeitsvariablen« vergleichen bzw. »korrelieren«. Psychokinese wird hier also als Korrelation zwischen den psychologischen und den physikalischen Variablen operational definiert.

Während also traditionellerweise PK als anomaler physikalischer Effekt angesehen wird, der zwar von einer Person abhängt, aber auch unabhängig von dieser (physikalisch) festgestellt werden kann, wird hier PK als eine Korrelation zwischen unabhängig gemessenen psychologischen und physikalischen Variablen verstanden. Dabei kommt es nicht in erster Linie darauf an, daß der physikalische Effekt selbst anomal ist (ein Klopfen in der Wand, wie es in Spukberichten vorkommt, ist ja »an sich« noch nichts Anomales!). Man sieht sofort, daß dies eine wesentlich allgemeinere operationale Definition von PK ist, weil sie sich alleine auf den Zusammenhang von psychologischen und physikalischen Variablen bezieht, jedoch nicht auf den psychologischen oder physikalischen Effekt an sich. Also könnte auch ein PK-Experiment, dessen Gesamttrefferverteilung keinerlei Abweichung von der Zufallserwartung zeigt, einen PK-Effekt beinhalten, wenn die Verteilung eine (signifikante) Korrelation zu der (vielleicht ebenfalls »normalen«) Verteilung bestimmter psychologischer Variablen aufweist. Wichtig ist lediglich, daß die psychologischen und physikalischen Variablen ohne Psychokinese voneinander unabhängig sind. Außerdem sagt der Begriff der Korrelation nichts über die kausalen Zusammenhänge aus. Das ist vor allem aus theoretischen Gründen sehr wichtig. Wenn sich im Experiment herausstellt, daß z. B. die Trefferrate T mit einer psychologischen Variablen P korreliert, heißt das nicht notwendigerweise, daß P die Ursache für die Änderung von T ist. Dies ist nicht nur im Hinblick auf die impliziten Modelle der PK-Definition wichtig, sondern auch wegen der Möglichkeit von Artefakten. Als Beispiel mag eine sogenannte »partielle« Korrelation dienen: Wenn der Zufallsgenerator z. B. morgens einen Bias (Abweichung) in die eine und nachmittags in die andere Richtung hätte (z. B. aufgrund von Temperaturunterschieden), so könnte dadurch leicht eine Korrelation zu persönlichkeitspsychologischen Variablen entstehen, weil bestimmte Versuchspersonen vielleicht lieber morgens an einem solchen Experiment teilnehmen als nachmittags. Natürlich stellt eine solche partielle Korrelation kein PK dar und muß als Artefakt im Versuchsdesign ausgeschlossen werden. Für die Annahme der PK-Hypothese ist es also erforderlich, eine Korrelation zwischen psychologischen und physikalischen Variablen nachzuweisen, aber partielle Korrelationen im obigen Sinne auszuschließen. Alle weiteren Hypothesen,

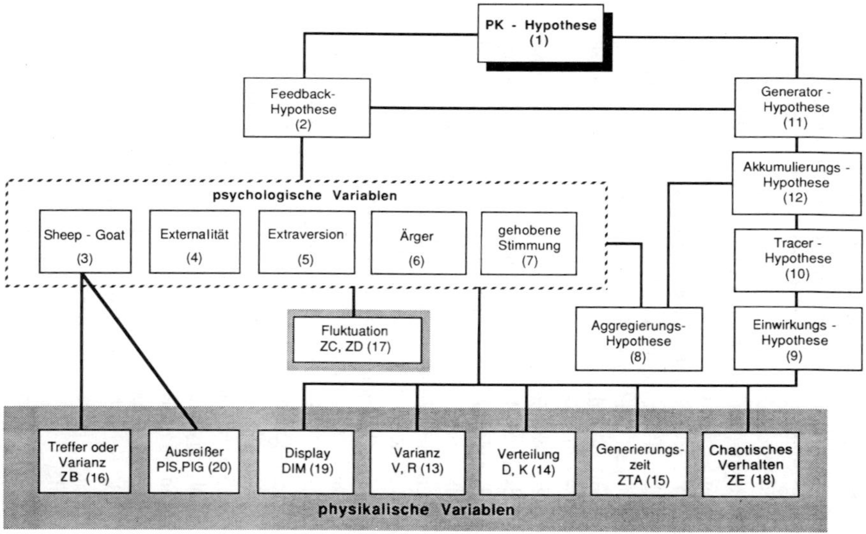

Abb. 5 Das hierarchische Hypothesen-Schema zeigt alle im Experiment getesteten Hypothesen. Die drei wichtigsten Hypothesen sind: 1. die PK-Hypothese, die einen Zusammenhang zwischen den psychologischen und physikalischen Variablen behauptet; 2. die Feedback-Hypothese, der zufolge PK nur bei Feedback möglich sei; 3. die Tracer-Hypothese, nach der ein spezifisches PK-Signal existiere.

die bei diesem Experiment untersucht wurden, beziehen sich mehr oder weniger direkt auf die Observational Theories. Sie sind in Abbildung 5 in einem hierarchisch gegliederten Hypothesenschema dargestellt, bei dem die PK-Hypothese an oberster Stelle steht. Auf den darunter liegenden Ebenen werden nun bestimmte Eigenschaften von PK spezifiziert, die, wenn die jeweiligen Hypothesen akzeptiert werden, natürlich auch die PK-Hypothese unterstützen. Im Folgenden sollen aber nur die wichtigsten Hypothesen, die in diesem Experiment getestet wurden, dargestellt werden:

1. Die Feedback-Hypothese, die wir bereits ausführlich diskutiert haben, läßt sich experimentell recht leicht überprüfen. Das Display wird lediglich ausgeschaltet, aber sonst alles wie bei der Feedbacksituation belassen. Bei ausgeschaltetem Display müßten dann die (PK-)Korrelationen zwischen den psychologischen und physikalischen Meßgrößen verschwinden.
2. Die Generator-Hypothese bezieht sich auf die Annahme, daß Psychokinese nur quantenphysikalische Prozesse (echten Zufall) verändern kann. Allerdings ist diese Annahme nicht sehr spezifisch, weil man heute davon ausgeht, daß die Quantentheorie im Prinzip alle physikalischen Phänomene beschreibt. Damit ist ein quantitativer Aspekt verbunden, der beinhaltet, daß verschiedene Prozesse unterschiedlich stark von PK betroffen sein können, je nachdem, ob der betrachtete Prozeß mehr oder weniger indeterministisch oder – wie man auch sagt – »divergent« ist. So sollte ein fallender Würfel leichter durch PK zu beeinflussen sein als eine rollende Kugel. Hierin zeigen sich übrigens die wesentlichen Unterschiede zwischen den Modellen von Walker und Schmidt. Im Gegensatz zu Walkers Modell, in dem die Stärke des PK-Effekts auch von physikalischen Größen abhängt, wird die Stärke der Psi-Quelle nur von psychologischen Variablen bestimmt. Es ist offensichtlich, daß sich die Richtigkeit dieser Annahmen experimentell relativ leicht entscheiden läßt, indem man mit zwei verschiedenen Zufallsgeneratoren, aber dem gleichen Display arbeitet. Im Hypothesenschema wird die Generator-Hypothese und die Feedback-Hypothese gleichrangig behandelt, denn es könnte sein, daß PK auch ohne

Feedback auftreten könnte und trotzdem von der Art des Zufallsgenerators abhängt.
3. Die Display-Hypothese bezieht sich auf das Divergenzproblem, das wir bereits diskutiert haben. Vor allem im Schmidtschen aber auch im Walkerschen Modell kann man kein Kriterium dafür angeben, wann eine Beobachtung wirklich abgeschlossen ist. Schließlich beobachtet ja auch der Experimentator die Ergebnisse und auch er mag eine Psi-Quelle oder ein Bewußtsein besitzen. Das Divergenzproblem wird allerdings durch das Modell der Pragmatischen Information vermieden. Danach liefert die Bedeutung der Feedbackinformation ein Kriterium für die Beendigung einer Beobachtung. Wenn man also die Bedeutung dessen, was die Versuchsperson auf dem Display sieht, im Kontext der ihr gegebenen Instruktion quantitativ erfassen könnte (Pragmatische Information des Displays), so könnte man damit das Modell der Pragmatischen Information direkt experimentell testen. Das Modell sagt nämlich voraus, daß die PK-Korrelationen (falls es sie geben sollte) zwischen den psychologischen Variablen und der Pragmatischen Information des Displays in jedem Falle größer sein sollte als zu allen übrigen physikalischen Variablen. Die Display-Hypothese stellt somit eine Spezifizierung der Feedback-Hypothese dar. Eine Widerlegung der Display-Hypothese bei gleichzeitiger Annahme der Feedback-Hypothese wäre allerdings ein schwerwiegender Einwand gegen dieses Modell und würde dann vor allem das Schmidtsche, aber auch das Walkersche Modell stützen. Eine Entscheidung zwischen diesen beiden könnte dann über die Generator-Hypothese erfolgen.
4. Bei der Tracer-Hypothese wird schließlich das »klassische« Rhinesche Modell der Psychokinese getestet, das keine so »kapriziösen« Annahmen wie einen Beobachtereffekt benötigt und Psychokinese als eine reale – wenn auch bisher unverstandene – Kraft oder Energieeinwirkung ansieht, die von der Versuchsperson ausgeht und auf den Zufallsprozeß einwirkt. Da dieses Modell eigentlich das plausibelste ist, muß man sich wundern, warum es – von wenigen Ausnahmen abgesehen – bisher nicht im Zentrum des Interesses

stand, wobei die erwähnten Schwierigkeiten, psychologische von physikalischen Bedingungen zu unterscheiden, die Sache nicht ganz einfach macht. Es erhebt sich natürlich in erster Linie die Frage, worauf PK im einzelnen einwirkt und wie ein PK-Signal nun »wirklich« aussieht. Es würde doch viele Probleme der parapsychologischen Forschung lösen, wenn man eine spezifische Größe finden könnte, die einen echten PK-Effekt anzeigt, mit deren Hilfe man »echtes PK« von den übrigen Zufallsereignissen aussondern könnte und man somit über so etwas wie einen Fingerabdruck oder eine Spur (Tracer) von Psi verfügen würde. Eine besondere Spur von PK wäre natürlich ein Einfluß auf die Zerfallsrate eines radioaktiven Präparats, wie es üblicherweise bei den Schmidtschen Zufallsgeneratoren verwendet wird. Es wäre eine besondere Spur deshalb, weil normalerweise der radioaktive Zerfall durch kein Mittel beeinflußt werden kann und somit ein echt »unmöglicher« Effekt vorliegen würde und damit auch eindeutig von den »normalen« Zufallsereignissen zu unterscheiden wäre. Es ist offensichtlich, daß eine solche Spur von PK dann einen viel deutlicheren Zusammenhang zu den gemessenen psychologischen Variablen aufzeigen müßte als die stochastischen Variablen der Observational Theories, weil dieser »Königsweg zur Psyche der Versuchsperson« – nun von allem Ballast befreit – nur noch von den »wahren« psychologischen und situativen Variablen abhinge. Damit aber stellt sich die Frage, wie es mit der Aussagekraft psychologischer »Messungen« bestellt ist.

Der Mensch hält sich im allgemeinen für ein ziemlich komplexes System (wenn er das überhaupt so sehen will), dessen Verhalten jedenfalls nicht so einfach vorhergesagt werden kann (und möglicherweise auch nicht soll!). Häufig wird das so formuliert, daß man betont, der Mensch sei keine Maschine, die man beliebig präparieren könne. Für unsere experimentelle Fragestellung ist das insofern interessant, als man darin einen plausiblen Grund für die schlechte Reproduzierbarkeit parapsychologischer Experimente sehen kann. Wenn man den Einfluß psychologischer Variablen auf Psi untersuchen will, dann ergibt sich die Notwendigkeit, mit einem parallelen Versuchsdesign zu arbeiten, also eine große Population zu untersuchen. Dabei hofft man, daß die Variablen genügend »natürliche Schwankung« (Variabilität) aufweisen, um aus dieser Verteilung Schlüsse ziehen zu können. Man ändert also im Experiment die entsprechende Größe nicht systematisch, sondern überläßt das dem Zufall. Daher muß man möglichst viele und unterschiedliche Versuchspersonen am Experiment teilnehmen lassen. Außerdem soll die Verteilung der Variablen genügend repräsentativ sein, um sie mit anderen Untersuchungen vergleichen zu können. Es ist klar, daß das Verfahren sehr aufwendig wird, weil man sehr viele Versuchspersonen braucht, wenn man, wie in der Parapsychologie, nur sehr schwache Abhängigkeiten erwarten kann. Daher wurde es – wie gesagt – auch bisher bei PK-Experimenten kaum angewendet. Damit ist aber immer noch nicht geklärt, wie aussagekräftig psychologische Meßmethoden sind. Es sieht so aus, als sei – entgegen der verbreiteten Furcht vor psychologischen Tests – die Aussagekraft (vor allem von Persönlichkeitsfragebogen) nicht allzu groß und als ginge sie nicht über das hinaus, was die natürliche Menschenkenntnis zu liefern in der Lage ist. Wir haben das auch bei der Diskussion der Reproduzierbarkeit persönlichkeitspsychologischer Fragestellungen gesehen. Der Vorteil von Fragebogen besteht allerdings darin, daß sie ein objektives Verfahren darstellen und nicht von subjektiven Eindrücken, z.B. eines Interviewers, abhängen. Es ist aber nicht ohne weiteres möglich, das Verhalten eines Menschen aufgrund von Fragebogenerhebungen zuverlässig vorauszusagen. Wenn das schon für normales Verhalten gilt, um so viel mehr wird es auch für die Vorhersage von paranormalen »Leistungen« gelten, die selbst die Versuchsperson nicht zuverlässig vorauszusagen vermag.

In der Persönlichkeitspsychologie hat sich in den vergangenen Jahren herausgestellt, daß man die Voraussagbarkeit von Verhaltensweisen auf der Basis von Fragebogenuntersuchungen erhöhen kann, wenn man sowohl auf der Seite der unabhängigen (Persönlichkeits-) Variablen als auch auf der Seite des Verhaltens (den abhängigen Variablen) einer Person viele Einzeldaten zusammenfaßt und diese hierarchisch strukturiert. Dadurch entstehen auf der Seite der Charaktermerkmale und auf der Seite

Kriterienseite

WMVKs 2. Ordnung

WMVK-Extraversion

Klasse asymmetrischer Beziehungen
(unitäre Validitätstests)

WMVKs 1. Ordnung

WMVK-Geselligkeit
WMVK-Impulsivität
WMVK-Aktivität
WMVK-Lebhaftigkeit
WMVK-Erregbarkeit

BWK-Niveau (Habituelles Reaktionsniveau)

BWKa, BWKb, BWKc, BWKd, ..., BWKx, BWKy, BWKz

S : R Niveau

Prädiktorenseite

HRa, HRb, HRc, HRd, ..., HRy, HRz

Faktoren 1. Ordnung

Geselligkeit
Impulsivität
Aktivität
Lebhaftigkeit
Erregbarkeit

Faktoren 2. Ordnung (Typenniveau nach Eysenck)

Extraversion

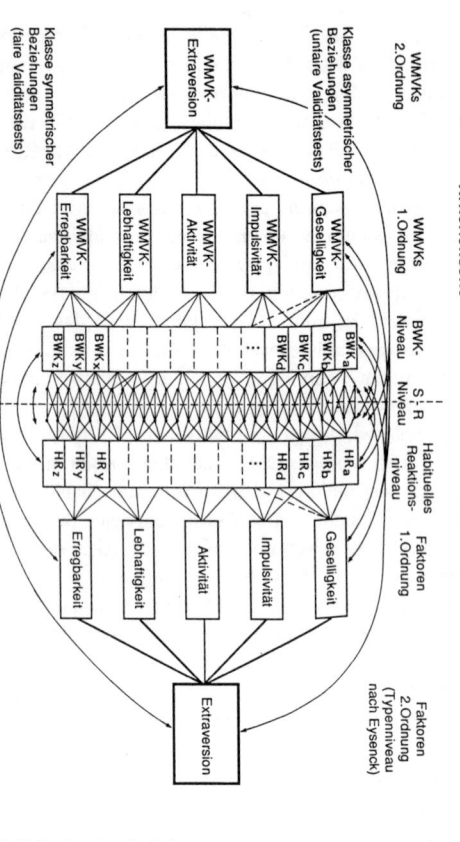

Klasse symmetrischer Beziehungen
(faire Validitätstests)

Hierarchisches Brunswiksches Linsenmodell zur Veranschaulichung der Symmetriebeziehungen von Prädiktoren und Kriterien in Eysenck's Extraversionstheorie.

Abb. 6 Das Hierarchische Brunswiksche Linsenmodell veranschaulicht am Beispiel der Eysenckschen Extraversionstheorie, wie meßbare Verhaltensgrößen (Kriterien) und theoretische Beschreibungsbegriffe (Prädiktoren) einander spiegelbildlich gegenüberstehen, und wie sie sich aus Unterbegriffen hierarchisch geordnet zu den beiden Oberbegriffen »gemessenes extravertiertes Verhalten« (WMVK-Extraversion) und »Extraversion« als Klassifikationsmerkmal zusammenfügen.

des Verhaltens einander symmetrisch zugeordnete Oberbegriffe, die dann einen stärkeren Zusammenhang aufweisen, der sich in Korrelationskoeffizienten ausdrücken läßt. Nach dem Psychologen Werner Wittmann nennt man dies das »Brunswiksche Linsenmodell«; in Abbildung 6 ist es zur Veranschaulichung dargestellt. Anschaulich spiegelt es den jedem bekannten Sachverhalt wider, daß man über einen Menschen umso mehr aussagen kann, je länger man ihn kennt und je häufiger man ihn in verschiedenen Situationen erlebt hat.

Bei der Planung eines multivariaten Psychokinese-Experiments steht man also vor der Frage, welche psychologischen Variablen man berücksichtigen soll. Aus der ASW-Forschung gibt es zwar einige Hinweise, aber man sollte sehr vorsichtig damit sein, ASW und PK einfach gleichzusetzen. Vor allem der amerikanische Parapsychologe William G. Roll hat auf die Unterschiede zwischen beiden Psi-Formen hingewiesen. Trotzdem erscheint es plausibel, die Sheep-Goat-Variable (die Einstellung zum Paranormalen) und Persönlichkeitsmerkmale wie Extraversion oder Depressivität usw. einzubeziehen, und zwar sowohl in bezug auf überdauernde Persönlichkeitszüge (traits) sowie momentane Stimmungslagen (states). Die psychologischen Hypothesen sollen hier nicht ausführlicher dargestellt werden, weil sie lediglich Tendenzen wiedergeben und nicht sehr spezifisch sind. Allgemein kann man sagen, daß man aufgrund des vorhandenen empirischen Materials erwartet, daß extravertierte, nicht-depressive und angstfreie Personen im PK-Experiment mehr Treffer erzielen sollten als diejenigen, die nach den gegenteiligen Merkmalen klassifiziert werden. Parapsychologische Experimente sollen einfach und überschaubar sein; einmal, um die Versuchsperson nicht zu verwirren – die übliche Instruktion bei einem PK-Experiment, etwas »durch Wünschen oder Wollen zu beeinflussen«, ist schon verwirrend genug –, zum anderen aber auch, um eine eindeutige Interpretation der als anomal anzusehenden Effekte zu ermöglichen und wirksam Artefakte ausschließen zu können. Im Freiburger Psychokinese-Experiment wurde die Situation für die Versuchsperson möglichst überschaubar gehalten. Abbildung 7 zeigt die Versuchsanordnung für die Versuchsperson und Abbildung 8 die Versuchsappara-

Abb. 7 Anordnung für die Versuchsperson: Tisch mit Displaykästchen (rechts im Bild vergrößert).

Abb. 8 Ansicht der Versuchsapparatur: Prozeßrechner mit Zufallsgenerator (links neben dem Bildschirm).

tur, die aus Prozeßrechner und Zufallsgenerator sowie sonstigen Computerperipheriegeräten besteht, und in einem getrennten Raum beim Experimentator untergebracht war. Der Zufallsgenerator befand sich also nicht im selben Raum wie die Versuchsperson, was diese aber nicht wußte. Um eine »kalte« Laboratmosphäre zu vermeiden, war der Versuchsraum gemütlich eingerichtet. Der einzige technische Apparat war ein schwarzes pultförmiges Displaykästchen (siehe Abbildung 7), auf dem 17 rote Lämpchen (LEDs) in einer Reihe angebracht waren und darunter fünf Drucktasten. Die Lämpchen waren so geschaltet, daß entsprechend der vom Zufallsgenerator erzeugten Zufallsfolge das Licht wie eine Thermometersäule auf und abwärts schwankte. Dabei diente die unterste Lampe lediglich als Funktionskontrolle und war immer eingeschaltet. Die Versuchsperson bekam die Instruktion, die »Lichtsäule« durch »Wünschen und Wollen« so zu beeinflussen, daß sie möglichst weit nach oben steigen und dort so lange als möglich verharren sollte.

In Abbildung 9 ist das experimentelle Design schematisch dargestellt. Links sind die psychologischen Fragestellungen aufgeführt, in der Mitte die Abfolge der Versuchsbedingungen und rechts die physikalischen Fragestellungen – entsprechend dem Brunswikschen Linsenmodell. Die psychologischen Variablen wurden vor dem Experiment durch Fragebogen erfaßt. Zuhause hatten die Versuchspersonen drei Fragebogen auszufüllen: 1. Einen Sheep-Goat-Fragebogen, der die Einstellung zu parapsychologischen Fragen ermittelt; 2. den IPC-Fragebogen, der sogenannte Kontrollüberzeugungen der Versuchspersonen erfaßt. Dabei handelt es sich um die Frage, ob die Versuchsperson ihr Leben hauptsächlich von äußeren Faktoren (andere mächtige Personen, Umweltbedingungen etc.) bestimmt sieht (Externalität), oder ob sie davon ausgeht, »ihres eigenen Glückes Schmied zu sein«, also selbst glaubt bestimmen zu können, was geschieht (Internalität); 3. den Freiburger Persönlichkeitsfragebogen FPI-K, der eine Reihe von Persönlichkeitskonstrukten wie Extraversion, Depressivität, Nervosität usw. erfaßt. (Dabei ist darauf hinzuweisen, daß sich diese Persönlichkeitskonstrukte deutlich auf psychosomatische Störungen beziehen.) Unmittelbar vor dem Expe-

Vpn

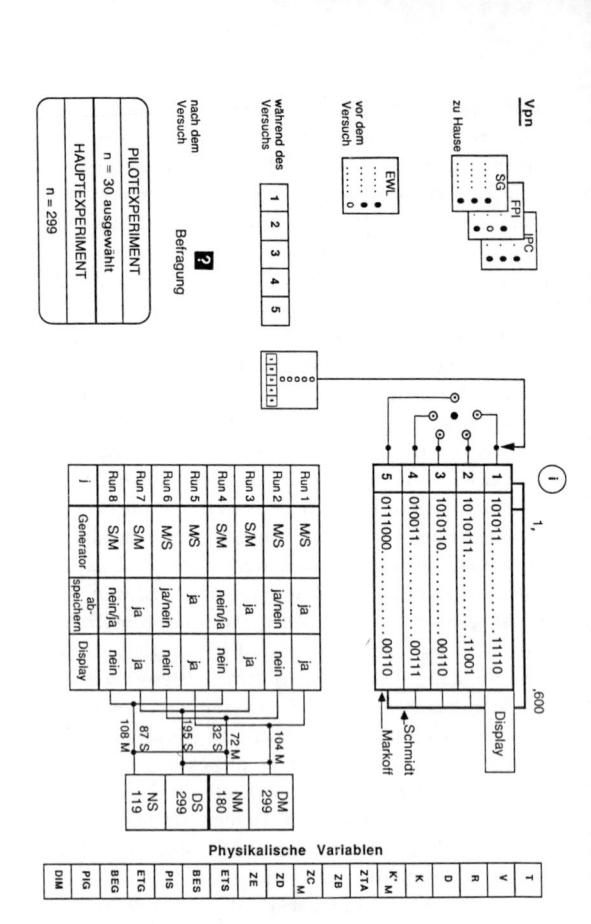

zu Hause: SG, FPI, IPC

vor dem Versuch: EWL

während des Versuchs: 1 2 3 4 5

nach dem Versuch: Befragung

PILOTEXPERIMENT
n = 30 ausgewählt

HAUPTEXPERIMENT
n = 299

1	101011..............11110
2	10 10111..............11001
3	101010110..............00110
4	010011..............00111
5	0111000..............00110

j	Generator	ab-speichern	Display
Run 1	M/S	ja/nein	nein
Run 2	M/S	ja/nein	nein
Run 3	S/M	ja/nein	nein
Run 4	S/M	nein/ja	nein
Run 5	M/S	ja	ja
Run 6	M/S	ja/nein	ja
Run 7	S/M	ja	ja
Run 8	S/M	nein/ja	ja

104 M
72 M — DM 299
32 S — NM 180
195 S — DS 299
87 S — NS 119
108 M

Markoff / Schmidt

Physikalische Variablen

T	V	R	D	K	K.M	ZTA	ZB	ZC.M	ZD	ZE	ETS	BES	PIS	ETG	BEG	PIG	DIM

Abb. 9 Der Versuchsplan stellt alle wichtigen Details des Experiments schematisch dar. Dabei stehen den psychologischen »Meßgrößen«, die durch Fragebogen vor dem Experiment erfaßt werden, die physikalischen Variablen gegenüber, die im Experiment gemessen werden. Während des Versuchs werden in acht Runs automatisch vier Bedingungen gewechselt: Nach jedem Run, der auf dem Display dargestellt wird, folgt ein »Non-Displayrun«, bei dem das Display ausgeschaltet ist, sonst aber alles gleich bleibt. Außerdem werden zwei verschiedene Zufallsgeneratoren systematisch gegeneinander ausgetauscht.

riment mußten die Versuchspersonen eine Befindlichkeitsskala (EWL) ausfüllen, die dazu dient, die momentane Stimmung zu erfassen. Schließlich mußten sie vor und nach jedem Versuchsdurchgang (Run) ihre Selbsteinschätzung durch Drücken einer der fünf Tasten abgeben, und zwar vor dem Run die momentane Disposition, PK »erzeugen« zu können, und nach dem Run die Einschätzung ihres gerade erzielten Erfolgs. Nach dem Experiment wurden sie vom Versuchsleiter über ihre Eindrücke befragt. Der Ablauf des Experiments wurde vollautomatisch durch den Prozeßrechner gesteuert, so daß der Experimentator weder einzugreifen brauchte, noch von den Resultaten Kenntnis nehmen mußte. Insgesamt wurden in acht Runs vier Versuchsbedingungen im Blind- bzw. Doppelblindverfahren systematisch variiert: Nach jeder Zufallsfolge (Run), die auf dem Display dargestellt wurde (Feedbackrun), wurde – ohne Wissen der Versuchsperson – ein Nonfeedbackrun gestartet, der aber auf die gleiche Weise erzeugt wurde, lediglich das Display war ausgeschaltet. Außerdem wurden zwei Arten von Zufallsgeneratoren systematisch abgewechselt, ohne daß der Versuchsleiter oder die Versuchsperson davon wußten. Die beiden Zufallsgeneratoren werden »Markoffscher-« und »Schmidtscher Generator« genannt. Ein Run wurde jeweils durch die Eingabe der Selbsteinschätzung (Tastendruck) der Versuchsperson gestartet. Die Runlänge war in allen Fällen 600 »Trials« (Zufallsereignisse) und dauerte etwa eine Minute. In der Pause, während die Nondisplayruns liefen, sollte sich die Versuchsperson ausruhen. Sie bekam außerdem auf dem Display durch aufleuchtende Lämpchen eine realistische Rückmeldung über ihren Erfolg im vergangenen Run. Da insgesamt 299 unausgewählte Personen an dem Experiment teilnahmen, ergab sich folgende Gruppenhäufigkeit pro Versuchsbedingung:

Bedingung	Anzahl der Versuchspersonen
Feedbackrun Markoff (DM)	299
Nonfeedbackrun Markoff (NM)	180
Feedbackrun Schmidt (DS)	299
Nonfeedbackrun Schmidt (NS)	119

Die geringere Häufigkeit bei den Nonfeedbackruns hängt damit zusammen, daß hier – um Speicherplatz zu sparen – nur die Hälfte der Runs für die weitere Auswertung abgespeichert wurde. In allen Fällen wurde jedoch die Trefferrate aufgezeichnet. Um die rechte Seite des Schemas in Abbildung 9 mit den physikalischen Variablen zu verstehen, muß man mehr über die Zufallsgeneratoren wissen. Sie dienen vor allem dazu, eine spezifische Spur der Psychokinesewirkung zu finden. Die Spurensuche wurde vor allem in einem unabhängigen Experiment, dem »Pilotexperiment«, aufgenommen, das parallel zum eigentlichen »Hauptexperiment« ablief. Hierbei wurden im Gegensatz zum Hauptexperiment keine allzu strikten Bedingungen eingehalten, und es wurde hauptsächlich mit ausgewählten (möglichst »begabten«) Versuchspersonen experimentiert. Auch die Displaybedingungen konnten geändert werden. In einigen Fällen wurde mit einem akustischen Display gearbeitet. Beim Pilotexperiment wurden keine psychologischen Fragebogen verwendet. Es diente in erster Linie dazu, unter qualitativen Kriterien möglichst erfolgreiche PK-Experimente durchzuführen; diese – zum Teil sehr eindrucksvollen Experimente – wurden danach vom Versuchsleiter ausgewählt, um in den Daten eine »Spur« von Psychokinese zu finden. Diese Spur sollte bei der Auswertung des Hauptexperiments sozusagen als »prominente« Variable verwendet werden. Es ist zu bemerken, daß einige der erfolgreichen PK-Experimente durchaus den üblichen methodischen Kriterien an ein PK-Experiment genügten und für sich genommen durchaus als beweisorientiertes PK-Experiment angesehen werden können. Wie bereits erwähnt, könnte sich eine Spur von PK auf verschiedene Weise zeigen. Zunächst muß man einmal feststellen, daß die üblicherweise verwendete Trefferrate als Maß für den Erfolg in einem statistischen PK-Experiment – zumindest theoretisch – eine relativ unsensible Variable darstellt, die lediglich den Vorteil hat, statistisch sehr leicht und effektiv überprüft werden zu können. Man kann sich leicht vorstellen, daß eine Versuchsperson am Anfang eines Runs sehr erfolgreich ist, davon aber so irritiert wird, daß sich anschließend der Erfolg in sein Gegenteil verkehrt und dadurch überhaupt keine Abweichung vom Treffererwartungswert auftritt, obwohl eine starke Abweichung vom Zufall vorliegt. Schon Rhine hat auf solche – seiner Meinung nach psychologisch bedingten – Effekte hingewiesen. Um sie zu erfassen, muß man andere statistische Testgrößen verwenden. Daher wurde bei unseren Experimenten eine ganze Batterie von verschiedenen Testgrößen untersucht. Außerdem wurde versucht, durch Kombination von verschiedenen Testgrößen eine Art Zustandsraumdarstellung der Zufallsfolgen zu erreichen in der Hoffnung, darin Bereiche zu finden, die nur von den »PK-Runs« besetzt werden können. In der Physik und vor allem in der Chaostheorie werden solche Zustandsraumdarstellungen verwendet, um das Verhalten von Systemen voll-

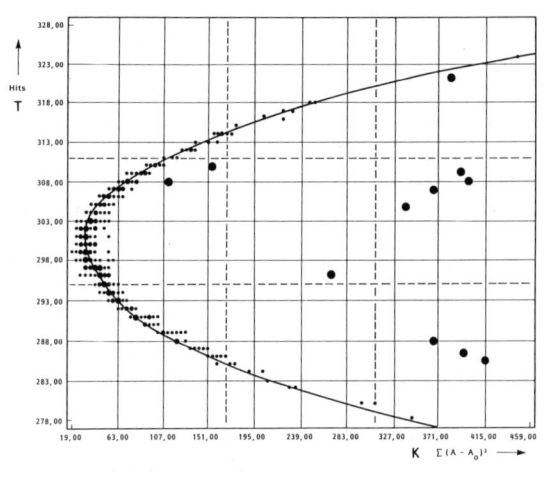

Abb. 10 Statistischer Zustandsraum (T, K), der den Zusammenhang zwischen Trefferrate T und Autokorrelationstestwert K zeigt.

ständig darzustellen. Abbildung 10 zeigt einen statistischen Zustandsraum, wobei die Ordinate die Anzahl der Treffer T im Run angibt und die Abzisse einen speziellen Autokorrelationstestwert K. Es zeigt sich, daß alle Zufallsfolgen auf einer Kurve (Parabel) liegen, wohingegen die Wertepaare (T, K) von solchen Runs, bei denen ein beliebiges unregelmäßiges Signal aufgeprägt wurde, außerhalb der Kurve liegen (in der Abbildung als schwarze Punkte eingetragen). Dieses Verfahren gestattet es offensichtlich, auch dann ein Signal oder eine Spur einer Einwirkung auf die Zufallsfolgen nachzuweisen, wenn die einzelnen Testwerte T und K oder sogar beide gar nicht signifikant von ihrem statistischen Erwartungswert abweichen. Man kann das Verfahren auch so interpretieren, daß solche Runs, deren Wertepaare (T, K) im Bereich der Kurve liegen, auch dann als Zufallsfluktuationen aufgefaßt werden müssen, wenn einer der Testwerte oder gar beide statistisch hochsignifikant von ihrem Erwartungswert abweichen. Allerdings bedarf es noch weiterer Forschung, um herauszufinden, wie sensibel diese Methode im einzelnen ist. Die Methode scheint aber bei Trefferabweichungen, wie sie bei erfolgreichen PK-Experimenten vorkommen, schon recht sensibel auf nichtzufällige Signale anzusprechen. Ein rein »zufälliges Signal« wäre in diesem Sinne ein Widerspruch in sich.

Neben dieser sehr allgemeinen Methode der »Spurensicherung« wurde auch die sehr spezifische Frage gestellt, ob das radioaktive Präparat, das als Zufallsquelle diente, tatsächlich durch PK in seiner Zerfallsrate beeinflußt werden könnte. Beim Schmidtschen Generator wird im allgemeinen der elektrische Impuls des Geiger-Müller-Zählrohrs verwendet, der anzeigt, daß das radioaktive Präparat gerade zufällig ein Teilchen emittiert hat, um eine schnell laufende Uhr anzuhalten. Diese Uhr ist meist ein schneller Schalter (Flip-Flop), der zwei Zustände einnehmen kann, die als »0« und »1« bezeichnet werden. Dieser ist dann das jeweilige Zufallsereignis, und man kann zeigen, daß bei reinem Zufall (kein PK) die Nullen und Einsen gleich häufig auftreten müssen. Erreicht nun eine Versuchsperson mittels PK eine Abweichung, dann kann man leider immer noch nicht sagen, worauf PK eigentlich eingewirkt hat, weil kein eindeutiger Zusammenhang zwischen der Zerfallsrate des Präparats und dem einzelnen Trial (»0« oder »1«) besteht. Deshalb wurde ein neuer Zufallsgenerator (Markoffscher Generator) konstruiert, bei dem ein eindeutiger Zusammenhang zwischen Treffern und der Zerfallsrate besteht: je mehr Treffer in einem Zeitintervall auftreten, umso stärker muß die Zerfallsrate in dieser Zeit abgesunken sein. Um herauszufinden, ob PK tatsächlich auf das Präparat einwirkt, wurde nicht nur ein Zählrohr, sondern deren fünf verwendet. Diese waren im Kreis um die radioaktive Quelle angeordnet, und für jedes Zählrohr wurde eine solche Markoffsche Zufallsfolge erzeugt. Nur eine dieser

Zufallsfolgen wurde jedoch auf dem Display der Versuchsperson als PK-Run präsentiert, die anderen wurden abgespeichert, ohne daß sie jemand zu Gesicht bekam. Wenn die Versuchsperson die Zählrate des Präparats »beeinflussen« könnte, so müßten auch die anderen vier Zählrohre diesen Einfluß »sehen« und ebenfalls eine Abweichung registrieren. In Simulationsexperimenten, in denen die Quelle unregelmäßig bewegt wurde, um einen solchen Einfluß auf die Zerfallsrate nachzuahmen, konnte die Tauglichkeit der Methode demonstriert werden. Allerdings ist auch hier weitere Forschung nötig, um die Sensitivität der Methode zu bestimmen.

Das Wesentliche an der Spurensuche nach PK ist, daß sich eine solche Spur zeigen müßte, ohne daß man dabei die psychologischen Variablen in Betracht ziehen muß. Das heißt natürlich nicht, daß PK nicht von psychologischen Faktoren abhinge, aber trotzdem sollte sich eine physikalische Spur zeigen, die sich vom »normalen« Verhalten – also von reinem Zufall – unterscheidet. Allerdings wäre die ganze Spurensuche sinnlos, wenn man nicht sicher sein könnte, daß man bei den Experimenten tatsächlich Psychokinese nachgewiesen hätte. Das kann man natürlich am besten durch signifikante PK-Korrelationen zwischen psychologischen und physikalischen Variablen zeigen.

In Abbildung 11 und 12 sind zwei Korrelationstabellen gezeigt, die den Zusammenhang zwischen den psychologischen und physikalischen Variablen wiedergeben. Die Zeilen stellen die psychologischen Variablen dar. Sie entsprechen den Skalen oder Faktoren (bzw. den Oberbegriffen aus dem Brunswikschen Linsenmodell) der verwendeten Fragebogen. Auf ihre Bedeutung kommen wir zurück. Die Spalten stellen die physikalischen oder statistischen Testgrößen dar, die die unterschiedlichsten Abweichungen vom Zufall messen sollen. Ist nun ein Kästchen, das durch Spalte und Zeile gebildet wird, ausgefüllt, so bedeutet das einen Zusammenhang (signifikante Korrelation) zwischen der entsprechenden psychologischen und physikalischen Variablen. Die hell schraffierten Kästchen bedeuten dabei eine Signifikanz im 5%-Niveau und die dunkel schraffierten Kästchen eine im 1%-Niveau (der Meßfehler beträgt also 5 bzw. 1 Prozent). Weist eine Zeile viele solcher Kästchen auf,

Psycho-logische Variablen	Versuchsbedingung: Physikalische Variablen												Nondisplay Markoff									
	F1	T	ZC	ZD	DIM	F2	ETC	BEG	PIG	F3	ETS	BES	PIS	F4	D	K	ZE	F5	V	R	F6	ZTA	ZB	H1/T	IND2
PRIOR1																	▨						?	?
SGFAK1															▨								?	?
SGFAK2													▨									?	?
SGFAK3													▨									?	?
IPCFAK1																						?	?
IPCFAK2																						?	?
IPCFAK3													▨	▨	▨	▨						?	?
FPISK1		▨																				?	?
FPISK2																						?	?
FPISK3																						?	?
FPISK4																					▨	?	?
FPISK5																						?	?
FPISK6						▨																?	?
FPISK7						▨											▨					?	?
FPISK8	▨					▨																?	?
FPISK9																						?	?
FPISK10								▨														?	?
FPISK11																						?	?
FPISK12																						?	?
EWLFAK1														▨	▨	▨						?	?
EWLFAK2																						?	?
EWLFAK3														▨								?	?
EWLFAK4					▨																	?	?
EWLFAK5		▨									▨										▨		
Anzahl n	180	299	180	180	180	180	180	180	180	180	180	180	180	180	180	180	180	180	180	180	180	180	180

Abb. 11 Bei der Zusammenhangsmatrix stehen die psychologischen Variablen in den Zeilen, die physikalischen Variablen in den Spalten. Ein signifikanter Zusammenhang zwischen beiden wird durch ein schraffiertes Kästchen dargestellt. Bei den dunkel schraffierten Kästchen zeigt sich ein deutlicherer Zusammenhang. Je mehr Kästchen in einer Linie vorkommen, um so wichtiger ist die dazugehörige Variable für den PK-Prozeß. Unter Nondisplay-Bedingung erwartet man allerdings nur zufällige Zusammenhänge.

Zusammenhangsmatrix der psychologischen und physikalischen Variablen

Psycho-logische Variablen	Versuchsbedingung: Physikalische Variablen				Display Markoff																
	F1	T	ZC	ZD	DIM	F2	ETG	BEG	PIG	F3	ETS	BES	PIS	F4	D	K	ZE	F5	V	R	F6	ZTA	ZB	H1/T	IND2
PRIOR1																								+	+
SGFAK1																								+	?
SGFAK2																						▨		+	?
SGFAK3																								+	?
IPCFAK1																								+	-
IPCFAK2																								+	?
IPCFAK3																								+	?
FPISK1	▨							▨			▨													-	-
FPISK2					▨																			-	?
FPISK3			▨																					-	?
FPISK4					▨						▨													-	-
FPISK5					▨																			-	-
FPISK6			▨									▨												+	+
FPISK7												▨												+	+
FPISK8																▨								?	?
FPISK9																				▨				-	-
FPISK10																								?	?
FPISK11											▨													?	?
FPISK12								▨																+	+
EWLFAK1																						▨		-	-
EWLFAK2																								-	-
EWLFAK3																								+	?
EWLFAK4																				▨				-	-
EWLFAK5																								+	+
Anzahl n	299	299	299	299	299	299	299	299	299	299	299	299	299	299	299	299	299	299	299	299	299	299	299		

Zusammenhangsmatrix der psychologischen und physikalischen Variablen

Abb. 12 Bei der Zusammenhangsmatrix unter Display-Bedingung zeigen sich deutlich mehr Zusammenhänge als unter Nondisplay-Bedingung; außerdem sind die Zusammenhänge deutlicher. Besonders hervorzuheben ist die Variable DIM, die die pragmatische Information des Displays für die Versuchsperson wiedergibt. Sie zeigt in Übereinstimmung mit dem Modell der Pragmatischen Information den stärksten Zusammenhang mit den psychologischen Variablen. Außerdem entspricht die Richtung der Korrelation in den meisten Fällen der erwarteten Tendenz. Daraus ergibt sich eine starke Unterstützung der PK-Hypothese.

so bedeutet das, daß diese psychologische Variable wichtig für den PK-Prozeß – also eine gute Prädiktorvariable – ist. Kommen in einer Spalte viele ausgefüllte Kästchen vor, so bedeutet das, daß die entsprechende physikalische Variable sensibel auf PK anspricht. Das heißt natürlich noch nicht, daß es sich dabei schon um eine Spur (Tracer) handelt, denn es ist ja nicht gesagt, daß man dieser Variablen den PK-Effekt auch ohne Korrelation zur jeweiligen psychologischen Variablen »ansehen« kann! Wir müßten jetzt die Korrelationstabellen für alle vier Versuchsbedingungen miteinander vergleichen; der Einfachheit halber und der Kürze wegen wollen wir uns aber auf die zwei Bedingungen des Markoffschen Generators beschränken, weil dabei die Ergebnisse am deutlichsten zutage treten. Insgesamt hat sich herausgestellt, daß der Markoffsche Generator um etwa das dreifache effektiver für den Nachweis von PK ist als der Schmidtsche. Hiermit ist auch gleich die Generator-Hypothese entschieden, die davon ausging, daß es keinen Unterschied zwischen beiden Generatoren geben sollte. Vergleicht man die Ergebnisse unter der Feedbackbedingung DM (Abbildung 12) mit denen unter der Nonfeedbackbedingung NM (Abbildung 11), so fällt auf, daß in der Nonfeedbacksituation insgesamt ein wesentlich geringerer Zusammenhang zwischen den psychologischen und physikalischen Variablen besteht. Nun sind allerdings die psychologischen und die physikalischen Variablen jeweils nicht ganz unabhängig voneinander, und daher läßt sich die Anzahl der rein zufälligen Korrelationen nicht genau abschätzen. So würde man bei einem Signifikanzniveau von 5 % auch 5 % zufällige Korrelationen erwarten. Eine grobe Abschätzung zeigt, daß unter der Nonfeedbackbedingung nicht mehr Korrelationen auftreten, als man zufälligerweise erwarten würde. Daraus kann man mit einigen Einschränkungen schließen, daß unter dieser Bedingung kein PK-Effekt aufgetreten ist. In jedem Fall zeigt aber der deutliche Unterschied zwischen der Feedback- und der Nonfeedbackbedingung, daß die Feedback-Hypothese akzeptiert werden kann. Noch deutlicher wird diese Aussage, wenn wir die Variable »DIM« betrachten. Diese spielt insofern eine Sonderrolle, als sie keine rein physikalische Variable darstellt, sondern die pragmatische Information des Displays wiedergibt. DIM ist eine Variable, die dasjenige, was die Versuchsperson tatsächlich auf ihrem Display sieht, im Kontext der gegebenen Versuchsinstruktion berücksichtigt. Hat z.B. die Lichtsäule ihren obersten Punkt erreicht, dann kann die Versuchsperson nicht mehr feststellen, ob sie noch weitere Treffer erzielt. Umgekehrt ist der »Aufforderungscharakter« viel größer, wenn die Lichtsäule ganz unten angelangt ist, weil dann keine »Mißerfolge« von der Versuchsperson mehr festgestellt werden können. Entsprechend dem Modell der Pragmatischen Information zeigte nun gerade diese Variable nicht nur den größten Unterschied zwischen der Feedback- und der Nonfeedbackbedingung, sondern auch die stärksten Korrelationen zu den psychologischen Variablen. Für die Nondisplaybedingung wurde DIM so berechnet, als wäre das Display angeschaltet gewesen. Die Bestätigung der Display-Hypothese stellt natürlich auch eine inhaltliche Bestätigung der Feedback-Hypothese dar. Angesichts dieses für den Theoretiker erfreulichen Ergebnisses ist es vielleicht erwähnenswert, daß die Hypothesen und alle Auswerteverfahren vor der Auswertung und ohne Kenntnis der Daten festgelegt worden waren, so daß das Argument ausscheidet, die Ergebnisse seien nachträglich in die Daten hineininterpretiert worden.

Was nun den inhaltlichen Aspekt der Korrelationen betrifft, so betrachtet man am besten die Korrelationen zwischen der Variablen DIM und den psychologischen Variablen. Die wichtigsten Zusammenhänge sind in den letzten beiden Spalten der Korrelationstabellen dargestellt. Ein »+« in der Spalte H1/T bedeutet, daß man einen positiven, und ein »−«, daß man einen negativen Zusammenhang zwischen der betreffenden psychologischen Variablen und dem Psychokineseerfolg erwartet. Wenn keine Hypothese formuliert werden konnte, wird ein »?« angegeben. In der Spalte TNDZ wird die experimentell gefundene Tendenz der Korrelation angegeben. Die Formulierung dieser psychologischen Hypothesen entstammt dem qualitativen Erfahrungsschatz der parapsychologischen Forschung und einem früheren PK-Experiment, das 1972 von Rüdiger Weis durchgeführt worden war, und bei dem ebenfalls der FPI-Fragebogen verwendet wurde. Natürlich wurden auch hier die Hypothesen vor der Auswertung schriftlich fixiert. Die Übereinstimmung der experimentellen Ergebnisse mit den erwarteten Tendenzen ist geradezu verblüffend, wenn man die Verhältnisse in der Parapsychologie kennt. Im einzigen Fall, bei dem die Daten der Hypothese widersprechen – nämlich beim IPC-Fragebogen – war die Hypothese auf einer sehr fragwürdigen Erfahrungsbasis formuliert worden, und nach Aussage verschiedener Parapsychologen ist die tatsächlich gefundene Tendenz wesentlich plausibler. Überraschend scheint vielleicht auch, daß gerade die Sheep-Goat-Variable, die durch einen speziellen Fragebogen operationalisiert war, praktisch keinen Zusammenhang zu den physikalischen Variablen aufweist, zumal sie bei ASW eine so große Rolle spielt. Allerdings wurde dieses Ergebnis, das auf einen Unterschied zwischen ASW und PK hinweisen könnte, auch von anderen Experimentatoren gefunden. Sehr interessant ist der relativ starke Zusammenhang zum FPI-Konstrukt »Maskulinität«. Der schon erwähnte Parapsychologe Roll stellt dies in einer noch nicht publizierten Arbeit – und ohne Kenntnis der hier vorliegenden Ergebnisse – als den wichtigsten psychologischen Zusammenhang bei Psychokinese dar. Die anderen psychologischen Zusammenhänge entsprechen ebenfalls den in der Parapsychologie bekannten Charakteristiken: Nichtnervöse, nicht-depressive und wenig gehemmte, aber gesellige und gelassene Personen erreichen im PK-Experiment relativ mehr Treffer als die entsprechenden gegensätzlich zu klassifizierenden Versuchspersonen. Aufgrund der inhaltlichen Übereinstimmung der gefundenen Korrelationen mit dem Erfahrungsmaterial der Parapsychologie und der Akzeptierung der Feedback-Hypothese ist es auch gerechtfertigt, die PK-Hypothese zu akzeptieren. Daß die Gesamtverteilung aller Feedback- (und Nonfeedback-) Runs dabei keine signifikante Abweichung vom Treffererwartungswert aufweist, ist nicht erstaunlich, weil insgesamt etwa gleich viele Versuchspersonen positive wie negative Abweichungen erzielten.

Da wir uns nunmehr durch die gefundenen PK-Korrelationen davon überzeugt haben, daß bei den Zufallsfolgen, die die Versuchspersonen auf ihrem Display beobachten konnten, ein psychokinetischer »Einfluß« eine Rolle gespielt haben muß, können wir die Zufallsfolgen, die ja vollständig abgespeichert wurden, auf die »Fingerabdrücke von Psi« hin untersuchen. Das Ergebnis der Spurensuche ist allerdings in einem Satz gesagt: Auch bei den Runs mit den höchsten Trefferraten, also den erfolgreichsten PK-Runs, gab es weder im Pilot- noch im Hauptexperiment einen Hinweis für eine solche Spur! Kein Anzeichen für eine Änderung der Zerfallsrate des radioaktiven Präparats war festzustellen, aber auch kein Anzeichen für ein nichtzufälliges Signal (ein Tracer) in den Zufallsfolgen. Alle Wertpaare (T,K) der Runs liegen (innerhalb der Verteilung) auf der Kurve in unserem Zustandsraumdiagramm (Abbildung 10). Die Trefferabweichungen dieser Runs können somit nur als reine Zufallsfluktuationen angesehen werden, nicht aber als ein aufgeprägtes Signal. Wir haben also ein scheinbar paradoxes Ergebnis: Auf der einen Seite zeigen die Korrelationen einen Zusammenhang zwischen vorher festgestellten Persönlichkeitsmerkmalen des Beobachters und den von ihm beobachteten Zufallsfolgen – auf der anderen Seite gibt es aber kein physikalisch meßbares Zeichen für einen wirklichen »Einfluß«. Die PK-Runs sind von »natürlichen« Zufallsfolgen durch nichts zu unterscheiden. Wie soll man das aber verstehen? Wenn man sich die Ergebnisse genauer anschaut, bekommt man den Eindruck, als würde der Zufallsgenerator, sozusagen von sich aus, immer gerade dann eine Zufallsfluktuation produzieren, wenn sich ein Beobachter dies wünscht, ohne aber dabei den »Rahmen des Zulässigen« zu überschreiten. In der Zwischenzeit haben die amerikanischen Parapsychologen May, Hubbard, Humphrey und Radin das gesamte Datenmaterial der zwischen 1970 und 1975 veröffentlichten PK-Experimente nach spezifischen Merkmalen durchsucht. Nach der in Kapitel 5 beschriebenen Meta-Analyse zeigte dieses Material einen unübersehbaren (robusten) Psychokinese-Effekt. Die Forschergruppe fahndete auch nach einer physikalischen Spur von PK – allerdings mit einer ganz anderen statistischen Methode als im Freiburger Experiment. Zu ihrer Überraschung konnten auch sie keine solche Spur ausmachen. Das Resultat der »fehlenden Spur« ist insofern bemerkenswert, weil es gleichzeitig durch zwei ganz unabhängige Forschungsgruppen und mit verschiedenen Methoden gefunden wurde und eigentlich nicht erwartet worden war.

11

DAS IDS-MODELL

Wie soll man sich das vorstellen: Personen verändern erfolgreich die Trefferwahrscheinlichkeit eines Zufallsgenerators; die Trefferrate zeigt einen Zusammenhang in Persönlichkeitsmerkmalen, aber ein physikalisches Signal läßt sich nicht finden. Muß man vielleicht annehmen, daß die Versuchsperson die Fluktuationen der Zufallsreihe »intuitiv« vorausahnt und gerade zu dem Zeitpunkt, an dem sie zu erwarten sind, auf den Startknopf drückt? Obwohl mit dieser Annahme das Problem lediglich auf das Problem der Präkognition verschoben wäre, wurde diese Hypothese von May unter dem Namen »IDS-Modell« (Intuitive Data Selection) vorgeschlagen, und gilt zur Zeit in Amerika als »letzter Schrei« unter den Psychokinese-Modellen. Dabei geht man davon aus, daß es in Wirklichkeit keine Psychokinese gibt, sondern nur so etwas wie eine intuitive Vorausschau. Das Wort intuitiv soll dabei die Fähigkeit mancher Menschen beschreiben, auch sehr komplizierte Zusammenhänge, die man normalerweise nicht durchschauen kann, qualitativ so abzuschätzen, daß sie anderen in der Beurteilung der Dinge »um eine Nasenlänge« voraus sind. Soweit klingt das Modell sehr plausibel, aber es setzt voraus, daß die Zukunft im Prinzip aus der Gegenwart erschlossen werden kann, daß also die Gegenwart die Zukunft weitgehend determiniert. Im Alltagsleben mag dies noch angehen, aber wir haben bereits im Kapitel 4 gesagt, daß dies beim quantenmechanischen Zufall gerade nicht der Fall ist. Er läßt sich nicht vorausberechnen, es sei denn, man läßt Präkognition zu. So betrachtet ist mit dem IDS-Modell nicht viel gewonnen, man hat den »Teufel« Psychokinese nur mit dem »Belzebub« Präkognition vertrieben. Es kann also fast nichts erklären, sondern ist lediglich eine andere Formulierung für die Tatsache, daß man kein Psychokinese-Signal finden konnte. Eine genaue Betrachtung zeigt jedoch, daß die experimentellen Ergebnisse des Freiburger Experiments im Widerspruch zum IDS-Modell stehen. Nach dem IDS-Modell müßte nämlich der Schmidtsche Generator den stärkeren PK-Effekt zeigen, da er stärkere Fluktuationen produziert; das war allerdings nicht der Fall. Man kann aber auch nicht davon ausgehen, daß es sich bei den gefundenen PK-Korrelationen um Artefakte handelt, weil ja jedes technische Artefakt (z. B. ein thermischer oder elektrischer Einfluß) ein Signal darstellt, und man dann zumindest die »Spur« dieses Artefakts hätte herausfiltern können. Aber nichts dergleichen wurde gefunden. Wie also soll man sich nun PK vorstellen, wenn es sich dabei nicht um eine »Einwirkung« oder ein reales Signal handelt?

Offensichtlich kann man nur sagen, daß es sich um eine Korrelation handelt, die auf eine »Verschränktheit« des Systems, das »Beobachter« und »beobachteten Prozeß« umschließt, hindeutet. Wie aber soll man sich eine Korrelation vorstellen, bei der weder eine Größe auf eine andere einwirkt und beide auch nicht von einer dritten beeinflußt werden? In Kapitel 8 haben wir ein Beispiel für eine solche »geisterhafte« Korrelation in der Physik kennengelernt: die EPR-Korrelation, von der wir gesagt haben, daß sie nichtlokal sei. Wieso können wir aber jetzt behaupten, daß die EPR-Korrelation auch keine Signalübertragung beinhaltet? In unserem Beispiel mit den Tischtennisbällen muß es doch ein Signal geben, das dem grauen Ball in Amerika sagt, ob er grün oder rot zu werden hat! Tatsächlich glauben einige Physiker, daß man ein solches nichtlokales Signal zur Erklärung des EPR-Effekts annehmen muß; daher kommen auch ihre Schwierigkeiten, das EPR-Paradox zu verstehen. Denn ein solches nichtlokales oder instantanes Signal kann es nach der speziellen Relativitätstheorie nicht geben. An ihr möchte man aber auch nicht rütteln, weil sie wie die Quantentheorie empirisch sehr gut abgesichert ist. Die Observational Theories haben in diesem Punkt freilich das gleiche Problem: Auch bei ihnen wird ein PK-Signal angenommen. Beim Modell von Schmidt stellt die Psi-Quelle nichts anderes als eine Signalquelle dar, die die

Ausgabewahrscheinlichkeit eines Zufallsgenerators ändert. Der Signalbegriff wird nämlich gerade dadurch definiert, daß sich durch das Signal die Auftretenswahrscheinlichkeit von Systemzuständen ändert. Das übliche, nach dem amerikanischen Mathematiker Claude Shannon benannte Informationsmaß drückt die Information eines Signals gerade als Verhältnis von solchen Wahrscheinlichkeiten aus. Im Modell von Walker wird dieses Informationsmaß direkt in der »Psychokinese-Gleichung« verwendet, so daß auch hier ein PK-Signal definiert wird, das von der Versuchsperson ausgeht und den physikalischen Prozeß beeinflußt. Stellt also das fehlende PK-Signal eine Falsifikation der Observational Theories dar?

12

DAS MODELL DER PRAGMATISCHEN INFORMATION

Die bisher diskutierten Modelle haben uns zwar gezeigt, daß es durchaus möglich ist, die Psi-Phänomene mit naturwissenschaftlichen Begriffen anzugehen und daraus sinnvolle experimentelle Fragestellungen zu entwickeln, aber wir haben uns damit eine Menge von begrifflichen Problemen eingehandelt. Um die offenen Fragen nach dem Divergenzproblem, dem fehlenden PK-Signal und dem Zustandekommen nichtlokaler Korrelationen beantworten zu können, müssen wir allerdings etwas ausholen – wir müssen gewissermaßen einen Schritt zurück machen, um die Dinge mit Abstand betrachten zu können. In Kapitel 8 haben wir verschiedene Interpretationen der Quantenphysik diskutiert, und uns über den Unterschied zwischen einem Hammer und einer Person Gedanken gemacht. Wir haben auf die enorme Komplexität des materiellen Systems »Mensch« verwiesen und auf mögliche physikalische Auswirkungen seines Bewußtseins. In Kapitel 7 haben wir berichtet, daß auch relativ einfache Systeme ein komplexes Verhalten zeigen können, wenn sie selbstreferentiell sind, und daß aus Chaos durchaus Ordnung entstehen kann. Bei all diesen Überlegungen haben wir über Eigenschaften von Objekten gesprochen, und dabei so getan, als könne man zwischen Eigenschaften und Objekten eine klare Trennungslinie ziehen: Ein Ball ist grau; der Mensch hat ein Bewußtsein. Bei vielen Objekten scheint es unproblematisch, ihnen Eigenschaften zuzuordnen, bei anderen ist man sich nicht ganz sicher: Ist das Bewußtsein eine Eigenschaft oder ein Objekt? In der klassischen Ontologie werden Eigenschaften durch das »Prinzip der vollständigen Distinktion« charakterisiert: Ein Objekt besitzt eine bestimmte Eigenschaft oder besitzt sie nicht. Ein Ball ist grau oder nicht grau – »tertium non datur«. Spätestens seit der Entdeckung der Quantenphysik weiß man aber, daß dieses Prinzip Lücken hat: Vor einer Messung hat ein System keine Eigenschaften im klassischen Sinne. Unsere Superposition von rot und grün ist nicht rot und ist nicht grün, sie ist genaugenommen auch nicht grau; wir haben das nur als Metapher benützt, denn den grauen Zustand kann man ja niemals beobachten, d. h. unsere Bälle »kennen« nur die Farben rot und grün, und vor der Messung sind sie nachweislich keines von beiden. Aus diesem Grunde spricht man in der modernen Systemtheorie lieber von »Beschreibungen« als von Eigenschaften. Beschreibungen können zutreffen oder nicht zutreffen, sie können aber auch inadäquat, also unpassend sein. So ist es einfach eine inadäquate Beschreibung des EPR-Effekts, wenn ich danach frage, woher der »graue« Ball in Amerika weiß, daß ich einen roten beim Öffnen meines Kastens vorgefunden habe. Genauer heißt das: Der Signalbegriff zur Beschreibung der EPR-Korrelation ist inadäquat. Auf den ersten Blick mag dies wie ein billiger Taschenspielertrick aussehen: Was man nicht versteht, ist inadäquat. Aber erstens wird kein Physiker bezweifeln, daß man mit Hilfe der EPR-Korrelation keine wirkliche Information nach Amerika übermitteln kann, wenn man hier in den Kasten schaut – ganz einfach deswegen, weil wir nicht voraussagen können, was bei uns im Kästchen sein wird. Die Nichtlokalität der Korrelation kann auch nur durch eine normale Signalübertragung festgestellt werden (z. B. dadurch, daß man in Amerika anruft und vergleicht). Zweitens lehrt die Systemtheorie, daß es überhaupt keine »Beschreibungen an sich« gibt, und damit ist die Frage nach der Adäquatheit einer Beschreibung nicht nur legitim, sondern auch empirisch überprüfbar. Die »Eigenschaften« eines Systems werden also durch die Beschreibung des Systems festgelegt oder definiert – genauso wie Psychokinese operational durch die Beschreibung des Experiments definiert wird. Bei der Beschreibung eines Systems gibt es damit eine gewisse Freiheit, weil sie davon abhängt, welche unterschiedliche Ziele oder Zwecke damit verfolgt werden. Jedes System hat einen Autor, der das System definiert. Beispielsweise können

Sie dieses Buch lesen oder als Unterlage für einen wackeligen Tisch nehmen. In beiden Fällen sind Sie Autor seiner Eigenschaften. Das heißt allerdings nicht, daß Sie dabei vollkommen beliebig verfahren könnten und sich nicht mit den so definierten Eigenschaften auseinanderzusetzen brauchen. Wenn Sie sich einmal zu einer bestimmten Beschreibung entschlossen haben, dann legt das System auch Sie als Autor fest: Für den Tisch mag das Buch zu dick und für den Leser zu schwer sein. Als Autor des Buches hoffe ich das natürlich nicht, denn auch ich bin ein Autor des Systems. Mein Ziel besteht darin, Ihnen etwas über Psychokinese und Systeme zu vermitteln, und ich hoffe, Sie machen sich diese Beschreibung des Systems zu eigen. Das Buch als Tischunterlage muß damit keineswegs inadäquat sein. An diesem einfachen Beispiel zeigt sich auch sehr deutlich, daß die systemtheoretische Denkweise eine Alternative zum Reduktionismus darstellt. Es wird nämlich nicht behauptet, daß die eine Systembeschreibung »fundamentaler« als eine andere sei. Es wird aber auch klar, daß jede Systembeschreibung Teil eines umfassenderen Systems ist, nämlich mindestens desjenigen Systems, das den Autor des beschriebenen Teilsystems enthält. Auf diese Weise können Systeme auch selbstreferentiell werden. Zum Beispiel, wenn ich mir darüber Gedanken mache, warum ich dieses Buch schreibe... Jede »Eigenschaft«, die einem »Objekt« auf diese Art und Weise zugewiesen wird, ist somit ein Teil einer ineinander verschachtelten Folge hierarchisch gegliederter Systeme, wie die Puppe in der Puppe. Sie ist damit auch Objekt und jedes Objekt ist auch Eigenschaft, je nach der Systemebene, von der aus es gesehen wird. »Messen« bedeutet dabei soviel wie »Muster ausschneiden«. Diese Erkenntnis ist für das Problem der Psychokinese von großer Bedeutung: Wir müssen also nicht erst das Reduktionismusproblem lösen, um uns vorstellen zu können, daß »psychische Vorgänge« auf »materielle Prozesse« einwirken können. Beides sind »nur« Strukturen oder Muster auf verschiedenen Beschreibungsebenen. Das Erstaunliche ist, daß sie offenbar noch miteinander wechselwirken können, obwohl sie bereits »ausgeschnitten« erscheinen. Hier hilft es allerdings wenig weiter, im Sinne des New-Age-Gedankens lediglich zu konstatieren, daß alles mit allem irgendwie zusammenhängt, und man die Dinge eben »holistisch« betrachten müsse. Das Interessante an solchen hierarchischen Systemen ist nämlich nicht, daß alles miteinander zusammenhängt, sondern daß sich dabei eine sehr spezifische Struktur herausbildet. Nach wie vor sind also die (kleinen) Unterschiede wichtig, nur darf man »vor lauter Bäumen den Wald nicht aus den Augen verlieren«. Zum Schluß dieser sehr allgemeinen systemtheoretischen Betrachtung möchten wir zu unserem Ausgangspunkt zurückkommen, und die Frage stellen, nach welchen Zielen ein Systemautor sein System festlegt. Hier kann man die unterschiedlichsten Beweggründe finden: praktische, merkantile, politische, künstlerische, egoistische, nützliche und unnütze. Kurzum man kommt nicht um eine Bewertung herum. Vollkommen wertfreie Systembeschreibungen scheint es also nicht zu geben. Nur – wie kann man einen »Wert« systemtheoretisch fassen? Diese Frage ist ungefähr so schwierig wie diejenige nach der Messung der Bedeutung einer Information, denn die Bedeutung beinhaltet auch eine Bewertung.

Ausgangspunkt des Modells der Pragmatischen Information war die Frage: Wie kann man die Bedeutung einer Situation in die Systembeschreibung aufnehmen? Wenn es in der Wand klopft, oder ein Gegenstand durch die Luft fliegt, wenn eine Zufallsfolge »Ausreißer« (Fluktuationen) zeigt, dann ist das an und für sich kein anomales Ereignis und braucht nichts mit Psychokinese zu tun haben. Erst wenn wir die Bedeutung des Ereignisses im Zusammenhang mit der Gesamtsituation betrachten, wird das Geschehen paranormal, wenn also z. B. gleichzeitig mit den Klopfgeräuschen ein Familienangehöriger stirbt. C. G. Jung hat solche sinnvollen Zufälle »synchronistische Ereignisse« genannt. Dies bedeutet »gleichsinnig« und nicht »gleichzeitig«. Gerade die statistischen PK-Experimente zeigen dies deutlich. Die gemessene Abweichung vom statistischen Erwartungswert ist für sich alleine genommen eine bloße Zufallsfluktuation und sei sie noch so eindrucksvoll – das war ja gerade das Ergebnis unserer Spurensuche. Das Besondere dabei ist jedoch, daß diese Zufallsfluktuation durch die experimentelle Anordnung und durch die Instruktion der Versuchsperson eine andere Bedeutung erhält: Sie wird als »Erfolg« in bezug auf eine Aufgabe bewertet. Die Display-Hypothese in unserem Experiment zeigt direkt, daß eine Korrelation der Zufallsfolge zu psychologischen Variablen der Versuchsperson nur auftritt, wenn diese Zufallsfolge eine »Bedeutung« für sie hat. Ein Baum, der im Wald umstürzt, ohne daß dies jemand zur Kenntnis nimmt, mag zwar Lärm machen; hat er damit aber schon eine Bedeutung?

Erst in den letzten Jahren hat sich unter theoretischen Physikern, die sich mit dem Meßproblem und der Interpretationsproblematik der Quantenphysik befassen, die Einsicht verbreitet, daß man auch in der Physik nicht ohne den Begriff der »Bedeutung« einer Information oder Messung auskommt. In der physikalischen Fachliteratur wird sie als »relevante Information« bezeichnet. Die relevante Information ist diejenige, die (im realen experimentellen Kontext) zu einem Meßresultat führt. Sie enthält also auch Aussagen über die »Auflösung«, also die Meßgenauigkeit der verwendeten realen Apparatur. Der Superpositionszustand enthält nur insoweit relevante Information, als man seine Auswirkung wirklich messen kann. Bei einer schlechten Auflösung der Meßgeräte können die Quanteneffekte verschwinden, damit ändert sich auch die relevante Information der Superposition. Die Bedeutung einer Information hängt auch in der Physik immer vom Kontext des Gesamtsystems ab, sie ist also eine »holistische« Größe. Aus diesem Grunde sind auch alle Versuche, die Bedeutung einer Information aus der Syntax oder der Grammatik einer Sprache alleine abzuleiten, fehlgeschlagen. Man kann sie also auch in unserem Falle nicht alleine aus der Zufallsfolge unseres PK-Experiments ableiten, man muß die Form des Displays und die Instruktion der Versuchsperson berücksichtigen – und eigentlich auch noch, wie sie diese verstanden hat. Ein schönes Beispiel für die Kontextabhängigkeit der Bedeutung einer Information sind Kriminalromane, in denen sich die Bedeutung einer Sache erst auf den letzten Seiten entscheidet. Wenn man die Bedeutung einer Information »phänomenologisch« beschreibt, dann fällt auf, daß sie in vielen Punkten auffällige Parallelen zu der Phänomenologie der Quantenphysik zeigt: Sie ist »holistisch« wie ein Superpositionszustand und kann sich instantan ändern. Sie kann so etwas wie eine nichtlokale Korrelation erzeugen – gewissermaßen über

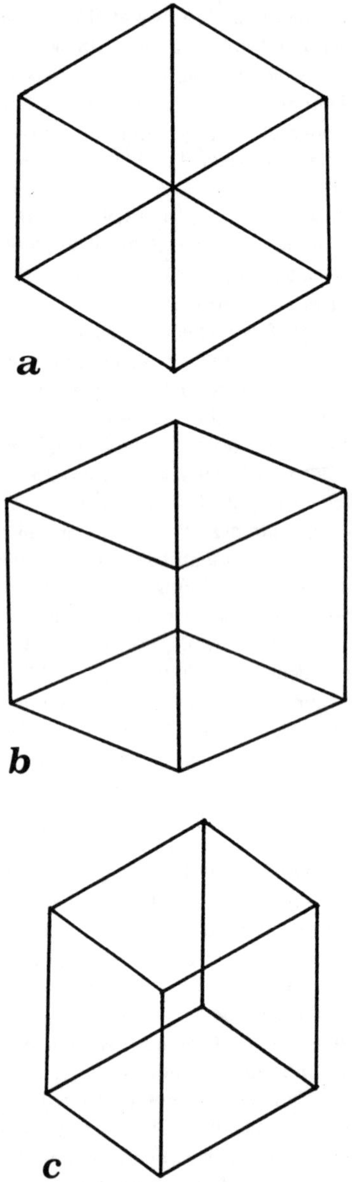

Abb. 13a–c Kippfigur: Würfel oder Sechseck.

112

viele Seiten hinweg, wie in unserem Krimibeispiel. Sie tritt »quantenhaft« auf, also »paketweise«, so wie z. B. die Energie in der Physik nur in kleinsten Einheiten auftritt, den Photonen. Einen Witz oder einen mathematischen Beweis kann man nur ganz verstehen oder eben gar nicht. Über einen halb verstandenen Witz kann niemand lachen.

In Abbildung 13 sehen wir eine geometrische Figur, die uns diese »Eigenschaften« der Bedeutung sehr schön demonstriert. Wenn wir nur die Figur (a) betrachten, sehen wir ein symmetrisches Sechseck mit Verbindungslinien; die nächste Figur (b) ist ein relativ kompliziertes Vieleck mit eingezeichneten Diagonalen; erst in Figur (c) entdecken wir, daß es sich um einen Würfel handelt und die drei Abbildungen verschiedene Phasen einer Drehung des Würfels wiedergeben. Die Bedeutung der ersten beiden Figuren ändert sich also »nichtlokal« und »quantenhaft«. Sie springt zwischen Würfel und Sechseck hin und her; dazwischen scheint sie nicht zu existieren. Man kann sogar eine »Unschärferelation« für die Bedeutung einer Information formulieren, die der berühmten Heisenbergschen Unschärferelation in der Quantenphysik ähnelt. Letztere besagt, daß man die Geschwindigkeit (genauer den Impuls) und den Ort eines Teilchens niemals gleichzeitig mit beliebiger Präzision messen kann. Wenn wir den Ort sehr genau messen, können wir nichts mehr über die Geschwindigkeit des Teilchens aussagen, und umgekehrt.

In Abbildung 14 sehen wir etwas Ähnliches: Wenn wir das erste Bild »sehr genau« fixieren, erkennen wir ein unregelmäßiges Muster von Grautönen, schauen wir dagegen nur flüchtig hin oder defokusieren unseren Blick, dann sehen wir ein bekanntes (historisches) Gesicht. Zur Verdeutlichung sind daneben Bilder mit der gleichen Bedeutung, aber einem größeren (Shannonschen) Informationsgehalt abgebildet. Es scheint also auch bei der Bedeutung eines Bildes ähnlich wie in der Physik komplementäre Größen wie Ort und Impuls zu geben, die sich in gewisser Weise gegenseitig ausschließen, aber auch ergänzen. Die Komplementarität eines akribischen Spezialisten und eines allzu großzügigen Generalisten ist uns aus dem täglichen Leben vertraut; auch wenn sich beide nur schwer miteinander vertragen, so ergänzen sie

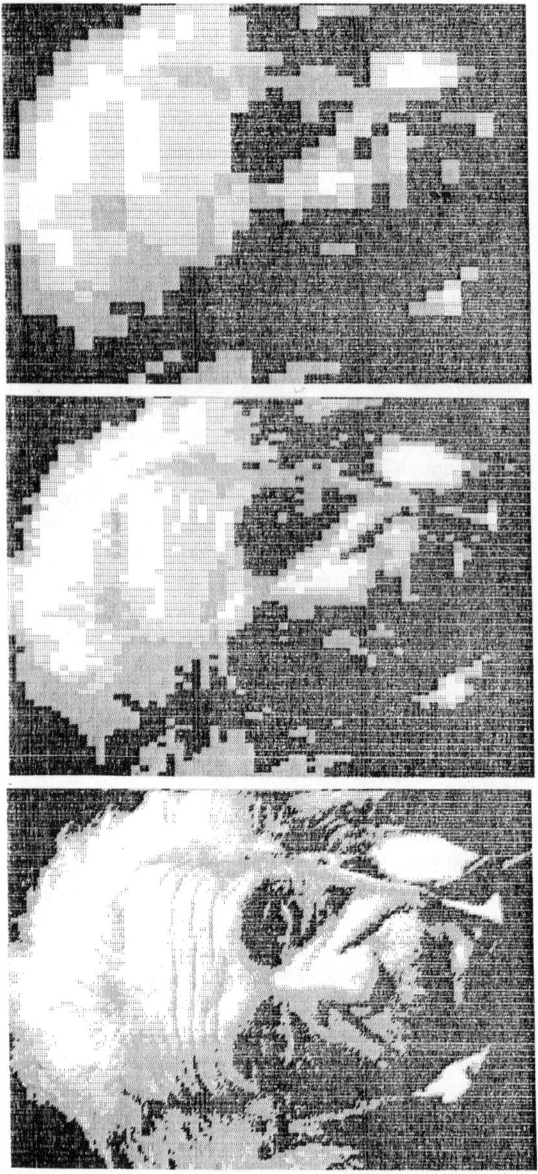

Abb. 14 Mustererkennung bei unterschiedlicher Bildauflösung.

sich doch auch. Die phänomenologische Ähnlichkeit zwischen der Bedeutung einer Information und den Meßgrößen der Quantenphysik bedeutet nun allerdings nicht, daß beides das gleiche wäre oder man die Quantenphysik so ohne weiteres auf die informationsverarbeitenden Systeme anwenden dürfte; es bleibt jedoch eine legitime Frage, ob die Psychologie nicht durch eine Struktur, die der Quantenphysik ähnelt, viel besser beschrieben würde als durch klassische Modelle. Tatsächlich zeigen psychologische Modelle oft eine Struktur, die der klassischen Physik ähnelt. Die meisten Psychologen und Biologen halten an diesen Modellen fest, da sie glauben, quantenphysikalische Effekte seien klein und gehörten in die Mikrophysik. Abgesehen davon, daß quantenphysikalische Effekte keineswegs auf den Mikrokosmos beschränkt sind und sogar in kosmischen Dimensionen eine Rolle spielen, ist dieses Argument schlichtweg inadäquat. Eine mögliche quantenlogische Struktur der Psychologie hat nichts mit der physikalischen Ausdehnung zu tun. Bedeutung besitzt keine physikalische Länge. Der amerikanische Psychologe Oliver Hill schreibt hierzu im renommierten »American Psychologist«: »Die meisten Psychologen und Philosophen tendieren dazu, die Bedeutung der Quantentheorie für die Psychologie zu ignorieren oder herunterzuspielen. Insbesondere gilt dies für die anomalen Implikationen der Quantentheorie bezüglich der Effekte, die ein Beobachter auf die Beobachtung ausübt. ... Wir können es uns in der Psychologie nicht leisten, diese fundamentalen Änderungen in der (wissenschaftlichen) Auffassung zu ignorieren, wenn wir die Tiefen des menschlichen Bewußtseins ausloten wollen.«

Das Modell der Pragmatischen Information ist ein Versuch, dieses Ziel zu verwirklichen. Es ist also nicht in erster Linie ein Modell für die Parapsychologie, sondern soll in allen Bereichen der Psychologie Anwendung finden. Es geht von einer Isomorphie (Ähnlichkeit) quantenphysikalischer und psychologischer Beschreibungsstrukturen aus und versucht diejenigen (operationalisierbaren) Beschreibungsgrößen der Psychologie zu finden, die für diese Struktur adäquat sind. Bei der Entwicklung dieses Modells schien das nächstliegende Problem das der »Bedeutung« einer Information zu sein. Der Shannonsche Informationsbegriff eignet sich ganz offensichtlich nicht als ein »Maß« für die Bedeutung; er beschreibt nur die »Menge« (Anzahl der Bits), aber nicht den »Inhalt« einer Information. Die Kosten eines Telephongesprächs entsprechen dem Shannonschen Informationsmaß – man kann sie also am Gebührenzähler ablesen; es geht nicht daraus hervor, ob eine Information z. B. über Leben und Tod entscheidet oder bloßes Geschwätz ist. Woran aber läßt sich nun die Bedeutung des Gesprächs ablesen? Stellen wir uns z. B. eine Party vor: Einer der Gäste wird zum Telephon gerufen, kehrt nach kurzer Zeit verstört zurück und verläßt ohne viel Worte die Gesellschaft. Auch ohne das Telefongespräch gehört zu haben, wissen wir, daß sich etwas Schlimmes ereignet haben muß, anders könnten wir uns die Reaktion nicht erklären. Die Bedeutung einer Information drückt sich also in der Reaktion oder Wirkung aus, die sie hervorruft. Reaktion bedeutet Verhaltensänderung; sie ist in einer gegebenen Situation – wie in unserem Beispiel – ein Maß für die Bedeutung der Information. Sie wird »Pragmatische Information« genannt. Die Menge an pragmatischer Information, die eine Nachricht beinhaltet, zeigt sich an ihrer Wirkung auf das System. Diese Wirkung kann sofort oder erst nach einer bestimmten Zeit erfolgen. Der mögliche Einwand, der pragmatische Informationsbegriff sei nichts anderes als der klassische Reiz-Reaktions-Begriff der behavioristischen Psychologie, stimmt deshalb nicht, weil die pragmatische Information »verstanden« werden muß. Das Reiz-Reaktionsschema kann aber als »klassischer« Spezialfall angesehen werden. Pragmatische Information kann sich auch potentiell auf das System auswirken, ohne daß eine unmittelbare Reaktion erfolgt. Dabei ändern sich nur die »Potentialitäten« des Systems. (Jeder kennt die Sorte von Witzen, über die man erst Stunden danach lachen muß.) Der Begriff ist holistisch, insofern als er lediglich im Kontext des Systems als einem Ganzen definierbar ist. Da die Wirkung der pragmatischen Information potentiell sein kann, kann sie auch nicht so ohne weiteres zerstört werden, ohne daß das ganze System oder entscheidende Teile davon zerstört werden. Hat man den Lehrsatz von Pythagoras einmal verstanden, so ist man jederzeit in der Lage, ihn zu reproduzieren, selbst wenn man andere

Worte oder Symbole oder ein anderes geometrisches Beispiel benützen sollte. Pragmatische Information ist also repräsentationsinvariant und hängt damit nicht von dem Zeichenrepertoir der Shannonschen Information ab. Der Satz von Pythagoras kann also auch in verschiedenen Sprachen dargestellt werden, ohne seine Bedeutung zu ändern. Die Repräsentationsinvarianz ist übrigens auch in der (Quanten-) Physik ein wichtiges Merkmal für eine adäquate Beschreibungsgröße.

Um die Eigenschaften der pragmatischen Information näher festzulegen, hat der Biologe Ernst von Weizsäcker 1974 zwei Begriffe als Komponenten der pragmatischen Information eingeführt: »Erstmaligkeit« und »Bestätigung«. Pragmatische Information muß sowohl Erstmaligkeit als auch Bestätigung in einem bestimmten Betrag enthalten; sie ist gewissermaßen das Produkt dieser beiden Größen. Abbildung 15 zeigt die pragmatische Information als Funktion von Erstmaligkeit und Bestätigung; die glatte Kurve stellt eine Idealisierung dar, die lediglich zeigen soll, daß das Maximum an pragmatischer Information eine geeignete »Mischung« beider Komponenten erfordert. Als Beispiel mag eine Zeitung dienen, die einen bestimmten Betrag von Shannonscher Information enthält, der durch die Anzahl der Buchstaben bestimmt

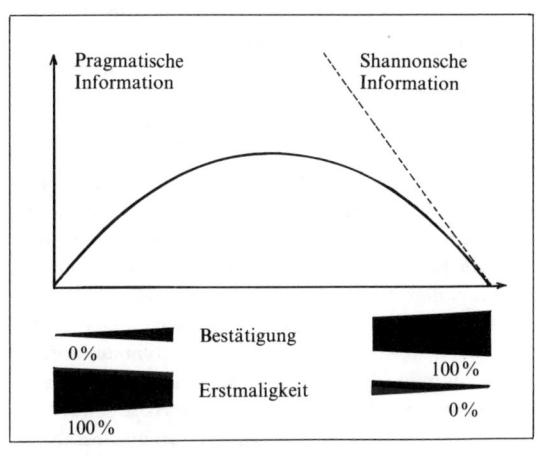

Abb. 15 Pragmatische Information in Abhängigkeit seiner Komponenten *Erstmaligkeit* und *Bestätigung*.

wird. Ist die Zeitung jedoch in einer unbekannten Sprache gedruckt, so enthält sie ausschließlich neue Worte, d.h. nur Erstmaligkeit und keinerlei pragmatische Information. Dasselbe gilt für die Zeitung von gestern, die man schon im Detail kennt; sie enthält nur alte Information und somit nur Bestätigung. Es scheint, daß Erstmaligkeit und Bestätigung komplementäre Begriffe sind. Diese Komplementarität zeigt deutlich, daß pragmatische Information ein nicht-klassischer Begriff ist, der dem Begriff der Wirkung in der Quantenphysik ähnelt. (Produkte von komplementären Größen haben in der Quantenphysik immer die Dimension einer Wirkung.) Um das Modell der Pragmatischen Information zu entwickeln, muß man lediglich alle komplementären Beschreibungsgrößen in der Psychologie finden. Da sich die meisten psychologischen Begriffsbildungen bisher an klassischen Modellen orientiert haben, ist dies natürlich keine ganz leichte Aufgabe. Die Begriffe Erstmaligkeit und Bestätigung sind ein erster Anfang in diese Richtung. Inzwischen wurde ein weiteres komplementäres Begriffspaar psychologisch relevanter Begriffe gefunden, und es ist erstaunlich wieviel Leben dadurch in das Modell kommt. Die beiden Begriffe werden «Autonomie« und »Reliabilität« genannt. Da die Forschung hier noch ganz am Anfang steht, läßt sich natürlich noch nicht viel über die Reichweite des Modells sagen. Die folgenden Ausführungen sollen daher eher als Illustration verstanden werden, wie das Modell funktioniert und was man damit anfangen kann.

Der Begriff Autonomie ist ein typisch systemtheoretischer Begriff, der sowohl in der Psychologie als auch in der Physik oder der Technik angewendet werden kann; er zeigt, wie sinnvoll es ist, sich vom Substrat zu lösen, d.h. nicht in Begriffen von materiellen Objekten zu denken. Im täglichen Leben wird die Autonomie mit dem freien Willen in Verbindung gebracht. Ein autonomer Mensch ist nicht von der Meinung anderer abhängig und tut was er will. Verhält sich dagegen ein technisches Gerät autonom, so ist das in der Regel keineswegs erwünscht und wird auch nicht als freier Wille, sondern als technische Störung angesehen. Im Grunde besagt sie aber in beiden Fällen nur, daß sich das System nicht (mehr) von außen steuern läßt oder kontrolliert werden kann. Es ist also nur sinnvoll von der Autonomie eines Systems zu sprechen, wenn es ein »Innen« und ein »Außen« gibt. Solche technischen Störungen werden oft als »Unzuverlässigkeit« des Systems bezeichnet. Bei genauerer Betrachtung zeigt sich jedoch, daß »Zuverlässigkeit« bzw. »Unzuverlässigkeit« etwas anderes bedeuten: Ein zuverlässiger Mensch tut was er soll oder was er versprochen hat. Sein Verhalten ist »voraussagbar«, dabei kann er aber durchaus autonom sein. Diese voraussagbare Zuverlässigkeit nennen wir »Reliabilität«. Autonomie und Reliabilität sind also nur teilweise gegensätzlich, sie können sich auch ergänzen, kurz: es sind komplementäre Begriffe. Je autonomer und gleichzeitig reliabler ein Mensch ist, umso größer ist seine »Wirkung« und »Bedeutung« in der Gesellschaft. Personen, die dagegen nur autonom, aber nicht reliabel sind, werden als »eigensinnig« und »unzuverlässig« angesehen; wohingegen nicht autonome, nur reliable Menschen als »phantasielos« und »langweilig« gelten. Auch technische Einrichtungen sind umso effizienter je mehr Autonomie sie bei gleichzeitiger Reliabilität besitzen. Ein Computersystem, das »selbständig« komplexe Aufgaben bewältigt – z. B. den Straßenverkehr einer Großstadt regelt –, ist umso wirkungsvoller je reliabler es ist. Eine etwas komplizierte Überlegung führt dazu, daß man das Produkt aus Autonomie und Reliabilität wiederum als pragmatische Information ansehen kann. Erstmaligkeit (E) und Bestätigung (B), Autonomie (A) und Reliabilität (R) sind also jeweils durch ihr Produkt miteinander verknüpft, so daß wir die Grundgleichung des Modells der Pragmatischen Information wie folgt schreiben können:

$$R * A = B * E = I$$

I ist dabei die pragmatische Information, die das betreffende System »verarbeitet«. Die Begriffe Autonomie und Reliabilität beziehen sich immer auf das Verhalten des Systems, sind also Beschreibungsgrößen des betrachteten Systems, während sich die Begriffe Erstmaligkeit und Bestätigung auf die Information beziehen, die das betrachtete System aufnimmt oder abgibt. Man kann auch sagen: das erste Begriffspaar beschreibt das System »von innen« und das zweite »von außen«. Das Gleichheitszeichen in unserer Grundgleichung entspricht gewissermaßen der »Oberfläche« unseres Systems und gibt an, wie die »innere« Systembeschreibung mit der »äußeren« verknüpft ist. Die pragmatische Information stellt also die Verbindung dieser beiden Systembeschreibungen her und verkörpert somit die Wirkung einer idealen Messung oder Beobachtung. Außerdem ist es eine wesentliche Grundannahme des Modells, daß die pragmatische Information gequantelt ist, daß sie also nur in ganzen Einheiten auftritt, die man sich als »Verständniseinheiten« vorstellen kann. In der (Lern-)Psychologie kennt man solche Verständniseinheiten unter dem Begriff »Chunks«. Die »Größe« dieser Quanten pragmatischer Information hängt von dem jeweiligen System ab, wenn man sie in Einheit der Shannonschen Information mißt. Bei dem einen Schüler muß der Lehrer mehr Worte investieren als bei dem anderen, die Wirkung ist aber am Ende die gleiche: Beide Schüler haben den Satz des Pythagoras verstanden. Einem Mißverständnis sei hier gleich vorgebeugt: Die Bits, die bekanntlich die Einheiten des Shannonschen Informationsmaßes darstellen, sind keine »Informationsquanten«, sondern lediglich eine Zähleinheit, wie der Pfennig beim Geld. Die obige Grundgleichung sagt immer noch nichts darüber aus, wie pragmatische Information praktisch zu messen ist. Diese nicht ganz einfache Aufgabe kann man überhaupt nur im Kontext eines konkreten Systems lösen. Bei dem PK-Experiment in Kapitel 10 wurde eine Operationalisierung des Begriffs der pragmatischen Information zum erstenmal versucht. Trotzdem ist es ohne weiteres möglich, aus der Grundgleichung qualitative Schlüsse abzuleiten, die empirisch überprüfbar sind. Die begriffliche Stärke eines guten Modells besteht gerade darin, daß man etwas über die Realität aussagen kann, ohne erst lang rechnen zu müssen. Ein erfahrener Physiker kann oft das Ergebnis eines Experiments qualitativ voraussagen, selbst dann, wenn die konkrete Berechnung viel zu kompliziert und zu langwierig wäre, um wirklich durchgeführt werden zu können.

Wir wollen die Funktionsweise des Modells an einem einfachen Beispiel in qualitativer Weise verdeutlichen: Stellen wir uns einen Biologen vor, der ein Tier, z.B. einen Raben möglichst präzise beschreiben möchte. Für sich alleine genommen ist dieses Tier ein »geschlossenes System«, das sich von seiner Umgebung »abgrenzt«, also eine eigene »Oberfläche« hat, und daher ohne Wechselwirkung mit der Außenwelt nicht beobachtet werden kann, d.h. der Biologe muß aktiv werden, wenn er das Tier beschreiben will – er muß es z.B. in einen Käfig sperren. Das unbeobachtete, freie und damit selbständige Tier repräsentiert als System eine bestimmte Mischung aus Autonomie und Reliabilität, die sich aber sofort ändert, sobald es beobachtet wird. Ein Rabe in einem Käfig ist zweifellos in seiner Autonomie eingeschränkt, wobei gleichzeitig seine Reliabilität wächst – er kann nicht mehr das Weite suchen. Jede Beobachtung geht also mit einer Veränderung des Systems einher, die als »Präparation« bezeichnet wird. Die Präparation des Systems stellt natürlich eine Zufuhr an pragmatischer Information dar, die diese Veränderung bewirkt. Es kommt sehr darauf an, welche Ziele der Autor des Systems – in unserem Fall der Biologe – bei der Systembeschreibung verfolgt.

Ist er ein verhaltensbiologisch orientierter Biologe, wird er nicht daran interessiert sein, die Autonomie des Raben zu sehr einzuschränken; er wird ihn also in einen sehr großen Käfig bringen. Um aber etwas über das Verhalten des Tieres herauszufinden, muß er sein Verhaltensrepertoir ansprechen, also eine künstliche Situation schaffen, um das Tier zu einer Reaktion zu provozieren – so könnte er z.B. einen Spiegel in den Käfig hängen, um einen Rivalen zu simulieren. Eine solche Präparation des Systems wird vor allem die Reliabilität des Raben einschränken, und die »Messung« wird vor allem Erstmaligkeit produzieren. Da der Verhaltensbiologe etwas über das spontane Verhalten des Tieres lernen will, ist dies beabsichtigt. Der Biologe könnte aber auch ein Tieranatom sein, dann muß er »sein System« ganz anders präparieren: Ihn interessiert nicht das Geflatter des autonomen Tieres. Seine Präparation wird die Autonomie des Tieres einschränken und seine Reliabilität erhöhen. Im extremsten Falle wird die pragmatische Information, mit der er mit dem System in Wechselwirkung tritt, aus einer Chloroformgabe bestehen, und die Präparation wird im buchstäblichen Sinne eine sehr große Reliabilität zur Folge haben. Das so präparierte System wird dann als totes Objekt sehr viel Bestätigung darstellen – es ändert sich nicht mehr.

Die Einsicht, daß jede Messung an einem System in Wirklichkeit einen Eingriff bedeutet, der das System verändert, ist keineswegs neu. Schon Galilei hat darauf hingewiesen, daß die Untersuchung eines toten Käfers nichts über lebendige Käfer sagt, man aber lebendige Käfer nicht untersuchen könne, ohne sie zu töten. Allerdings gehen die meisten Biologen davon aus, daß die Störung des beobachteten Objekts durch den Beobachter bei geschicktem experimentellen Vorgehen beliebig klein gehalten werden kann, so daß man ihn nicht nur praktisch, sondern auch theoretisch vernachlässigen kann. Man glaubt also, das wahre Verhalten des Raben beobachten zu können, wenn der Käfig nur groß genug ist. Es mag sein, daß dieses Argument für die Biologie richtig ist. Für die Quantenphysik gilt es erwiesenermaßen nicht. Allerdings glaubten einige Begründer der Quantenphysik wie Niels Bohr, Erwin Schrödinger, Walter Heitler oder Max Delbrück, daß Lebensvorgänge nur durch eine quantentheoretische Beschreibung adäquat dargestellt werden können. Diese Auffassung hat sich in der Biologie nicht durchsetzen können. Der Freiburger Biologe Hans Mohr schreibt dazu: »Die Schwierigkeiten, die aufgrund der Heisenbergschen Unschärferelation bei der Formulierung des Kausalitätsprinzips in der Quantenphysik entstanden sind, haben das an mittleren Dimensionen orientierte allgemeine Bewußtsein mit Recht nicht berührt. Was die Biologie anbelangt, so hat Erwin Bünnig bereits 1943 in einem wegweisenden Aufsatz über ›Quantenphysik und Biologie‹ gezeigt, daß Akausalität mit Lebensvorgängen unverträglich ist. Was die Quantenphysik deutlich gemacht hat, sind gewisse Grenzen der Voraussagbarkeit.« Es kann richtig sein, daß man in der Biologie das Modell der Pragmatischen Information nicht wirklich benötigt, weil die klassischen Modelle für praktische Belange ausreichend genau sind. Es scheint, als sei nicht die räumliche Ausdehnung des Systems ein Kriterium für die Anwendung des Modells, sondern seine Komplexität. Die Dimension der Komplexität liefert also das Korrespondenzprinzip, das angibt, wo das klassische Modell ausreicht, und wo das Modell der Pragmatischen Information adäquat ist. So kann es sein, daß in den mittleren Dimensionen der Komplexität biologischer Systeme noch keine »Quanteneffekte« zu sehen sind.

Welche Auswirkungen hat nun die Komplexität eines Systems auf seine Beschreibung? Dazu müßte ein Maß für die Komplexität eines Systems entwickelt werden. Bereits im Kapitel 7 haben wir zwischen komplizierten und komplexen Systemen unterschieden. Es ist sicher richtig, daß ein komplexes System aus einer nicht zu kleinen Anzahl von Elementen bestehen muß, wenn es komplex genannt werden soll. Wenn wir uns in der Praxis umsehen, fällt uns auf, daß komplexe Systeme immer hierarchisch strukturiert sind, und daß sie das eigentümliche Bestreben haben, sich von ihrer Umgebung abzugrenzen, ja sich sogar abzuschließen. Wer denkt da nicht an die straff organisierten hierarchischen Strukturen des Militärs, des Geheimdienstes oder anderer staatlicher Behörden. Auch wenn jedes »Element«, also jeder Beamter eines solchen Systems, nur sein Bestes zum Allgemeinwohl beitragen möchte, erfordert es doch – wie die Praxis zeigt – immer große Anstrengungen z.B. parlamentarischer Untersuchungsausschüsse, um zu verhindern, daß sich solche »Organe« selbständig machen und zum »Staat im Staate« werden. Viele Pessimisten glauben, daß solche bedauerlichen Entwicklungen nur die grundlegende Korrumpierbarkeit des Menschen beweisen, es könne aber auch sein, daß es sich um eine Systemgesetzlichkeit handelt. Man könnte also auch auf den Gedanken kommen, dieses – manchmal unerwünschte – Bestreben eines komplexen Systems, sich von der Umgebung abzugrenzen, als ein Maß für seine Komplexität zu betrachten. Erst wenn ein System von sich aus ein »Aussen« und »Innen«, also eine »Oberfläche« erzeugt, ist es im eigentlichen Sinne komplex.

Der chilenische Neurobiologe und Systemtheoretiker Francisco Varela hat für dieses Verhalten komplexer Systeme den Begriff der »Organizational Closure« (Organisatorische Geschlossenheit) geprägt. Er schreibt: »Eine organisatorisch geschlossene Einheit wird als zusammengesetzte Einheit durch ein Netzwerk von Interaktionen von Komponenten definiert, die 1. durch ihre Interaktionen rekursiv das Netzwerk der Interaktionen generieren, das sie produziert, und die 2. das Netzwerk als Einheit in dem Raum, in dem die Komponenten existieren, dadurch realisieren, daß sie die Begrenzungen der Einheit als vom Hintergrund abgehoben konstituie-

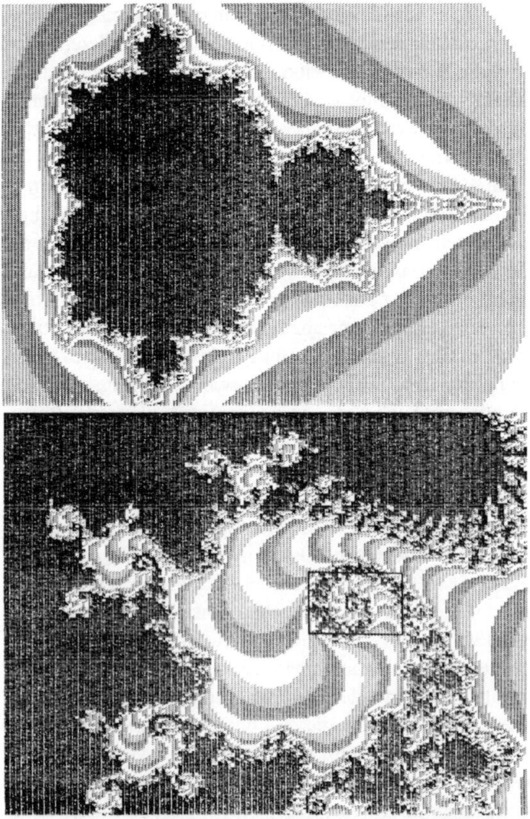

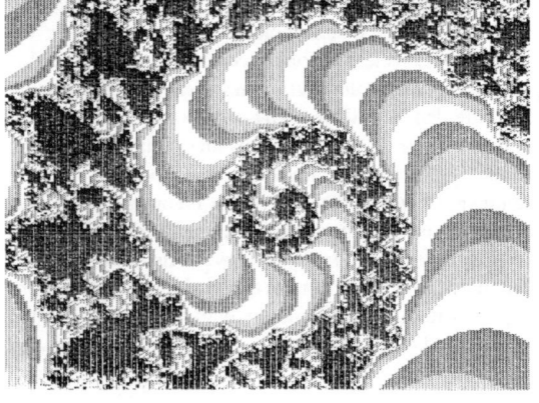

ren und spezifizieren.« Das ist zugegebenermaßen reichlich abstrakt und erinnert an Münchhausen, der sich am eigenen Schopf aus dem Sumpf zu ziehen versucht. Um diese Definition zu verstehen, müssen wir zunächst den Begriff »rekursiv« erklären: Er stammt aus der Mathematik und bezeichnet eine Klasse von Funktionen, die ihre Werte gewissermaßen schrittweise selbst erzeugen. Die Rechenvorschrift einer rekursiven Funktion besagt: »Nimm das Ergebnis der letzten Rechnung und verwende es als Ausgangswert für die neue Rechnung!«. Zum Beispiel könnte man eine einfache rekursive Funktion durch folgende Rechenvorschrift definieren: »Zähle zum letzten Ergebnis 1 dazu und betrachte dies als neues Resultat zu dem wieder 1 dazu addiert wird und so fort«. Wenn man bei 1 anfängt, bekommt man so die natürlichen Zahlen. Eine interessante rekursive Funktion ist z. B.: $z(i+1) = z(i)*z(i) + c$, wobei z und c komplexe Zahlen sind. Man kann sich jetzt die Frage stellen, ob die Werte (Beträge) dieser Funktion immer mehr ab- oder zunehmen, je nach der komplexen Zahl, die man für c einsetzt. Es stellt sich heraus, daß diese Funktion für bestimmte Werte von c immer größer oder immer kleiner wird, für andere Werte »pendelt« die Funktion mehr oder weniger »lange« um einen Wert herum, wobei die Pendelausschläge immer kleiner werden; man sagt auch, daß sie gegen einen Wert »konvergieren«. Wir können nun eine neue »Eigenschaft« dieser Funktion definieren, indem wir für jeden Wert c die Konvergenzgeschwindigkeit (wie schnell das »Pendeln« abklingt) bestimmen und sie in einem Diagramm auftragen (siehe Abbildung 16). Das Resultat ist erstaunlich und erinnert eher an ein organisches Gebilde als eine mathematische Struktur. Es wird als »Mandelbrotmenge« (nach seinem Erfinder Benoit Mandelbrot) oder liebevoll als »Apfelmännchen« bezeichnet, hat aber sonst nichts mit Weihnachtsgebäck zu tun. Es ist ganz wichtig zu erkennen, daß die »erzeugende« Gleichung unseres Apfelmännchens eine mathematisch recht einfache Struktur darstellt, die keineswegs einen »organischen« Eindruck macht. Erst dadurch, daß wir eine neue Eigenschaft des Systems, nämlich die Kon-

Abb. 16 Die Mandelbrotmenge (mit zwei Ausschnittvergrößerungen).

vergenzgeschwindigkeit ins Spiel gebracht haben, konnte sich das System entfalten. Systemtheoretisch heißt das aber, daß wir aus dem einfachen System der erzeugenden Gleichung ein komplexeres System gemacht haben, indem wir eine neue hierarchisch »höhere« System- oder Beschreibungsebene eingeführt haben. Der Begriff Konvergenzgeschwindigkeit hat für die erzeugende Gleichung oder für die rekursive Funktion selbst keine Bedeutung, sie weiß nicht von selbst, wie schnell sie konvergiert, wir können das nur von »außen« durch Vergleich feststellen. Dies ist übrigens genau der gleiche Zusammenhang wie beim EPR-Paradox, wo wir die nichtlokale Korrelation auch nur durch Vergleiche von »außen« feststellen können. Die wunderschönen Formen der Mandelbrotmenge stellen also so etwas wie nichtlokale Korrelationen in einem mathematischen Raum dar – wir müssen sie von außen als Gestalt wahrnehmen, die Zahlen selbst sind blind dafür. Varela geht bei seiner Definition der »Organizational Closure« davon aus, daß die einfachen mathematischen Gesetze der Physik – wir werden sehen, daß dies rekursive Funktionen sind – ein Netzwerk erzeugen, das von »außen« als eine abgehobene Struktur vor dem Hintergrund der »erzeugenden Ebene« wahrgenommen werden kann, wie das Apfelmännchen auf dem »Hintergrund« der erzeugenden rekursiven Funktionen. Das ist allerdings nur möglich, wenn eine zweite Beschreibungsebene existiert, in der diese »Wahrnehmung« gemacht werden kann; das System muß also einen »Beobachter« haben. Dieser Beobachter muß nicht unbedingt ein menschliches Wesen sein; wir erinnern uns: Wigner hatte dazu ein Bewußtsein vorausgesetzt. Das System könnte sich beispielsweise selbst beobachten. Ein solches »selbstreferentielles« System kann also vermöge einer Selbstbeobachtung Strukturen ausbilden, die es von seiner Umgebung unterscheidbar machen. Es bildet sich ein »Innen«, das alles enthält, was zur Funktionsfähigkeit des Systems gehört, und ein »Außen«, gegen das es sich abgrenzen muß, um »überleben« zu können. Sie sind auf einen Energie- und Materialumsatz aus ihrer Umgebung angewiesen. Für einen Biologen ist diese Beschreibung fast schon eine Binsenwahrheit, da man bei der Entwicklung von Lebewesen die selbständige Abgrenzung und Ausdifferenzierung von Zellverbänden zu Organen tatsächlich beobachten kann. Man könnte nur »Leben« im Gegensatz zur toten Materie gerade durch das Vorhandensein einer Organizational Closure definieren. Dann müßten wir aber auch Atome und Moleküle für belebt halten, denn ein Atom ist eine »zusammengesetzte Einheit, die durch ein Netzwerk von Interaktionen von Komponenten rekursiv aufgebaut ist, genau wie Varelas Definition verlangt. Die Komponenten eines Atoms sind bekanntlich seine Elektronen und der Atomkern, ihre Interaktionen werden durch die elektromagnetischen Kräfte beschrieben, und ein Atom kann auch als Einheit von seinem Hintergrund abgelöst werden. Der Nachdruck liegt auch hier wieder auf dem Wort rekursiv: Tatsächlich zeigt die Schrödingergleichung, die die quantentheoretische Beschreibung eines Atoms darstellt, die mathematische Struktur eines rekursiven Systems (Eigenwertgleichung). Man sieht daran erneut, wie die reduktionistische Trennung zwischen Physik und Biologie in der Systemtheorie gegenstandslos wird. Organizational Closure kann sich also auf die unterschiedlichsten Systeme beziehen. Wie kann man sie nun mit dem Modell der Pragmatischen Information in Verbindung bringen?

Das Modell der Pragmatischen Information geht davon aus, daß die »natürlichen« Grenzen eines Systems durch die Organizational Closure festgelegt werden. Im Inneren eines solchen Systems regieren die Begriffe »Autonomie und Reliabilität«, während die Interaktion des Systems mit der Umgebung durch die Begriffe »Erstmaligkeit und Bestätigung« beschrieben wird. Das äußere System kann allerdings wieder organisatorisch geschlossen sein, so daß eine Kette ineinander verschachtelter Systeme entstehen kann, die alle von außen gesehen organisatorisch geschlossen sind. Es ist das Bild von der Puppe in der Puppe, oder die bereits beschriebene Situation von Wigners Freund. Die Frage ist nun, wie uns dieses Modell erlaubt, das Phänomen der Psychokinese besser zu verstehen. Aus dem bisher Gesagten ergibt sich unmittelbar, daß im Modell der Pragmatischen Information Psychokinese nichts anderes darstellt als ein Muster, das von einem organisatorisch geschlossenen System erzeugt wird. Dieses zeigt sich als eine nichtlokale Korrelation, die realiter gemessen oder beobachtet werden kann, allerdings nicht ohne Interaktion mit dem organisatorisch geschlossenen System. Wie kommt es zu der organisatorischen Geschlossenheit des Systems, da es doch aus Komponenten besteht, die eigens voneinander isoliert wurden? Denken wir an die Schmidt-Maschine, die so gebaut ist, daß alle normalen physikalischen Einwirkungen durch die Versuchsperson ausgeschlossen sind. Stellt sie für die Versuchsperson nicht auch eine organisatorisch geschlossene Einheit dar? Diese Frage läßt sich weder mit »ja« noch mit »nein« beantworten. Zunächst ist die Maschine für die Versuchsperson in der Tat ein äußeres Objekt, das seine eigene Organizational Closure und damit seine eigenen Gesetze besitzt, nämlich die der Physik. Durch die Instruktion und das Feedback bekommt das System jedoch eine andere Bedeutung: Die Versuchsperson beginnt sich darauf zu konzentrieren und »bewertet« die Ereignisse, sie »wünscht« sich ein bestimmtes Ergebnis und unter Umständen beginnt sie sich mit der Apparatur zu identifizieren – kurz: eine neue Organizational Closure wird erzeugt.

Man kann sich dies auch so vorstellen, daß die Versuchsperson ihre Gehirnprozesse – wie beim Modell von Walker – über die nichtlokalen verborgenen Parameter in den quantenphysikalischen Prozeß des Zufallsgenerators »einstimmt«. Vom systemtheoretischen Standpunkt aus sind das nur Veranschaulichungen für die Verschränktheit des Systems, für die Organizational Closure. In Wirklichkeit sind die beiden Systeme nicht mehr vollkommen getrennt, das Feedback stellt eine Verbindung dar, und die Instruktion oder der Wunsch der Versuchsperson kann eine Organizational Closure erzeugen, wenn sie sich »darauf einläßt«. Genau genommen ist es die pragmatische Information des Displays, die die Organizational Closure erzeugt. Wer einmal gesehen hat, wie intensiv sich manche Versuchspersonen mit ihrer Aufgabe und dem Prozeß auseinandersetzen, wird nicht leugnen können, daß hier eine Systemverschränkung vorliegt. Der psychokinetisch besonders begabte Schweizer Silvio schildert seine eigenen Erlebnisse dabei so: »Alle physikalischen Gesetze existieren nicht mehr. Alles scheint zu gehen, nichts ist unmöglich. Alle Zweifel sind ausgeschaltet. Eine Art ausgeliefert zu sein und dennoch einen eigenen Willen zu haben. Eine Vereinigung von zwei Welten. Wenn dieser Zustand auf einem Höhepunkt ist, ereignet sich das Phänomen. Sobald aber die kleinste Störung kommt und die Harmonie vergeht, ereignet sich nichts mehr.«

Der Unterschied zum Modell von Walker besteht darin, daß der »Beobachtereffekt« nicht durch die Shannonsche Information des Feedback begrenzt wird, sondern durch dessen pragmatische Information. Das Modell der Pragmatischen Information besagt außerdem, daß es sich bei Psychokinese nicht um eine Energie oder Kraft handelt, sondern »bloß« um eine nichtlokale Korrelation zu bestimmten Fluktuationen des Systems. Im Folgenden soll nun gezeigt werden, wie man mit dem Modell der Pragmatischen Information das Divergenzproblem lösen kann, und wie es gelingt, experimentelle Voraussagen zu machen, ohne die entsprechenden Operationalisierungen im einzelnen zu kennen oder den mathematischen Formalismus im Detail ausgeführt zu haben. Das Divergenzproblem kam dadurch zustande, daß die Quantentheorie und die Observational Theories kein Kriterium für das Ende einer Messung oder Beobachtung angeben konnten. Immerhin haben Houtkooper und auch Schmidt darauf hingewiesen, daß spätere Beobachter theoretisch anders behandelt werden müssen. Beide Autoren hatten auch schon vermutet, daß dies mit der veränderten Bedeutung, die das Experiment für einen späteren Beobachter hat, zu tun haben müsse. Aber es war nicht klar, wie man diese Vermutung in die Theorie einbauen sollte. Der Begriff der Pragmatischen Information wurde ja gerade dazu eingeführt, die Bedeutung der experimentellen Situation zu quantifizieren; er ist daher ein Kriterium, um verschiedene Beobachter zu unterscheiden. Daher kann man auch mit dem Begriff der Organizational Closure das Ende einer Messung beschreiben: Nehmen wir also an, eine Versuchsperson sei intensiv mit einer Schmidt-Maschine »beschäftigt«, um einen PK-Effekt zu erreichen, dann können wir nun annehmen, daß die Versuchsperson und die Maschine eine mehr oder weniger starke Organizational Closure miteinander eingehen. Der Experimentator, der die Versuchsergebnisse protokolliert, ist nun allerdings auch ein Beobachter des quantenphysikalischen Zufallsprozesses. Es kommt nun sehr genau auf die experimentelle Situation an, welchen Stellenwert er in bezug auf das Gesamtsystem einnimmt. Wenn er z.B. nur die Ergebnisse notiert, ohne selbst in das Experiment involviert zu sein, bildet sich keine Organizational Closure mit dem quantenphysikalischen Prozeß aus – oder genauer: die Organizational Closure des Teilsystems Versuchsperson-Apparatur ist wesentlich stärker als diejenige, die der Versuchsleiter »produziert«. Man kann sich aber auch den Fall vorstellen, in dem der Versuchsleiter wesentlich stärker motiviert ist, einen PK-Effekt nachzuweisen, als die Versuchsperson; in diesem Falle wird er die stärkere Organizational Closure bilden. Tatsächlich ist in der Parapsychologie dieser »Psi-induzierte« Experimentator-Effekt bekannt, und man weiß auch, daß die Motivation des Experimentators dabei eine ausschlaggebende Rolle spielt. Es kommt also auf den konkreten Versuchsablauf an, wie stark der Experimentator-Effekt ins Gewicht fällt. So sollte man z.B. vermeiden, daß der Versuchsleiter selbst das Display beobachten kann. Seine direkte »Verbindung« zum physikalischen Prozeß soll im Vergleich zur Versuchsperson so gering wie möglich gemacht werden. Ein weiterer Beobachter wie z.B. ein Leser der Veröffentlichung bekommt natürlich die reale Feedbackinformation – die einzelnen Trials – nie zu Gesicht und bleibt daher immer »außerhalb« des organisatorisch geschlossenen Systems. Daran sieht man, daß das Modell der Pragmatischen Information die »Nichtlokalität« der Psychokinese nicht einschränken muß, sondern ein reales experimentelles Kriterium dafür angeben kann, inwieweit der »Einfluß« zusätzlicher Beobachter vernachlässigt werden kann. Bei Experimenten, bei denen der Experimentator mit der Versuchsperson vor dem Display sitzt – z.B. bei den frühen Rhineschen Versuchen –, kann also nicht entschieden werden, wer eigentlich den PK-Effekt bewirkt. Diese Aussage unseres Modells wird nicht zuletzt von den Ergebnissen des Freiburger Experiments direkt bestätigt. Die Variable DIM, die die pragmatische Information des Displays mißt, zeigte gerade die stärksten Korrelationen zu den Persönlichkeitsvariablen der Versuchsperson. Man könnte also die Stärke der PK-Korrelation als ein Maß für die Organizational Closure betrachten. Wichtig ist dabei, daß die pragmatische Information des Displays weniger von subjektiven Faktoren der Versuchsperson als von den objektiven Bedingungen des Experiments abhängt, und daher auch objektive Kriterien dafür angegeben werden können, welche Einflußmöglichkeiten ein zusätzlicher Beobachter haben kann. Besonders deutlich wird das bei dem Experiment von Schmidt, bei dem vorher abgespeicherte Zufallsfolgen, Prerecorded Targets (PRTs) genannt, von Versuchspersonen erfolgreich »beeinflußt« wurden. Inzwischen wissen wir, daß dies nach unserem Modell keine Unmöglichkeit darstellt, weil dabei nicht etwa die Vergangenheit durch ein rückwärts in der Zeit laufendes Signal verändert wird, sondern daß es sich um eine nichtlokale Korrelation handelt, bei der zufällige Fluktuationen des Zufallsgenerators einen sinnvollen Zusammenhang mit den späteren Bemühungen einer Versuchsperson eingehen. Was passiert nun, wenn sich der Experimentator oder eine andere Person, die »Preinspector« genannt wird, die gespeicherten Zufallsfolgen ansieht, bevor die Versuchsperson ihr PK-Experiment startet? Die Observational Theories räumen dem Preinspector durchaus die Möglichkeit ein, daß auch er einen Einfluß auf das experimentelle Ergebnis haben kann, denn schließlich ist auch er ein Beobachter; sie sagen jedoch nichts über die Art seines Einflusses aus, da man über die Psi-Quelle des Preinspectors nichts aussagen kann. Im Gegensatz zu den Observational Theories macht das Modell der Pragmatischen Information ganz eindeutige Aussagen, die experimentell sehr leicht zu testen sind, ohne etwas über die Psychologie des Preinspectors wissen zu müssen. Gehen wir zunächst einmal davon aus, daß der Preinspector über die vollständige pragmatische Information des Gesamtsystems verfügt, er also den Versuchsaufbau und die Bedeutung der abgespeicherten Zufallsfolgen kennt. Er wüßte dann, daß eine Zufallsfolge, die eine bestimmte Trefferabweichung zeigt, als PK-Experiment interpretiert wird, wenn sich eine Versuchsperson später darauf konzentriert. Wenn die Versuchsperson diese Zufallsfolge nicht auf dem Display beobachten kann, dann muß sie dagegen als Kontrollauf angesehen werden, der allerdings dann Zweifel an der Funktionstüchtigkeit des Zufallsgenerators aufwerfen würde, weil er ja eine Abweichung zeigt. Mit diesem Wissen könnte der Preinspector die Versuchsperson und den Experimentator »austricksen«, indem er kurz vor Beginn der Experimentalsitzung interveniert und alle Runs mit signifikanten Abweichungen aussortiert und als Kontrolläufe betrachtet, und die Runs ohne Abweichung der Versuchsperson als »Target« präsentiert. Wenn wir nun außerdem noch annehmen, daß sich die Versuchsperson in Tests bereits als »begabt« qualifiziert hat, dann stehen wir offensichtlich einer paradoxen Situation gegenüber, dem sogenannten »Interventionsparadox«: Der Preinspector wäre also in der Lage, ohne selbst über eine PK-Fähigkeit verfügen zu müssen, durch seine Manipulation die Psi-Quelle der Versuchsperson beliebig ein- und auszuschalten, bzw. den Zufallsgenerator auch ohne Psychokinese zur Produktion einer signifikanten Abweichung zu bringen. Der Zufallsgenerator würde somit als defekt oder mit einem Bias behaftet angesehen, obwohl er auf seine Zuverlässigkeit getestet wurde. Nach den Observational Theories könnte man behaupten, daß dieses Verwirrspiel von der Psi-Quelle des Preinspectors in Gang gesetzt worden sei. Ersetzt man aber den Preinspector durch eine automatische Apparatur, z. B. durch einen Computer, so würde damit ein direkter Widerspruch zur Komplexitätsunabhängigkeit des Schmidtschen Modell herbeigeführt. Das Modell der Pragmatischen Information vermeidet dieses Paradoxon dadurch, daß die Pragmatische Information, die der Preinspector zur Verfügung hat, den Effekt selbst einschränkt. Das Wissen des Preinspectors und seine potentiellen Eingriffsmöglichkeiten verändern das Gesamtsystem so stark, daß dabei unter Umständen überhaupt kein PK-Effekt mehr auftreten kann. Auch wenn der Preinspector nicht wirklich interveniert, so hat er allein durch die Inspektion der Zufallsfolgen und dadurch, daß er deren Bedeutung verstanden hat, eine Messung am System vorgenommen – man kann auch sagen: er hat das System so präpariert, daß ein PK-Effekt nicht mehr möglich ist.

Die Situation ist ähnlich wie in dem berühmten »Doppelspalt-Experiment« der Quantenphysik (vergleiche Abbildung 17). Dabei wird ein Lichtbündel gleichzeitig auf zwei schmale, nebeneinander liegende Spalte geschickt und erzeugt dadurch auf einem dahinter angebrachten Schirm ein typisches Schattenmuster, das soge-

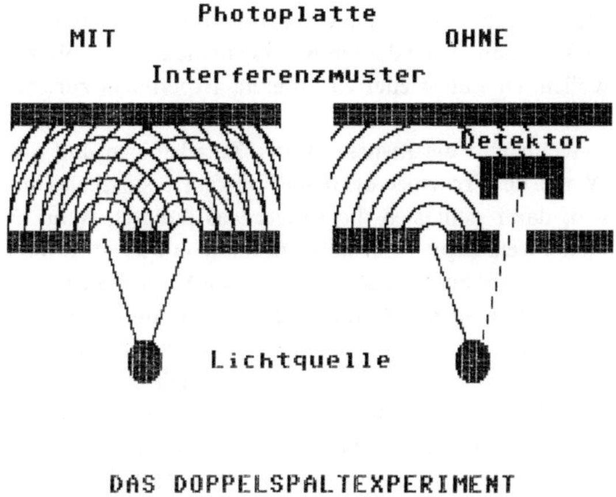

DAS DOPPELSPALTEXPERIMENT

Abb. 17 Das Youngsche Doppelspaltexperiment.

nannte »Interferenzmuster«. Man weiß, daß das Licht aus kleinsten Einheiten, den Lichtquanten oder Photonen besteht, die man sich als kleine Partikel vorstellen kann. Wenn man nun die Intensität der Lichtquelle so gering macht, daß sich überhaupt nur noch ein Photon in der Apparatur befindet, so verschwindet das Interferenzmuster dennoch nicht, obwohl sich die Photonen nicht teilen können und jedes Photon eigentlich nur durch einen Spalt fliegen kann. Wenn Photonen nämlich einzeln durch einen Spalt fliegen, ergibt sich keine Interferenz, sondern ein anderes typisches Muster. Man muß daher annehmen, daß beim Doppelspalt-Experiment das Photon »mit sich selbst interferiert«. Stellt man nun hinter einem Spalt einen Detektor auf, um zu schauen, durch welchen Spalt es eigentlich geht, verschwindet die Interferenz sofort, auch dann, wenn der Detektor gar kein Photon feststellt, weil das Photon gerade durch den anderen Spalt geht. Die bloße Möglichkeit, ein Photon am Spalt messen zu können, bewirkt also einen solchen Eingriff in das System, daß die Interferenz (die Ausdruck einer nichtlokalen Korrelation des Photons ist) verschwindet. Man kann auch sagen, daß durch das Aufstellen des Detektors am Spalt, die Pragmatische Information über das System so angestiegen ist, daß die nichtlokale Korrelation verschwinden muß. Wir wissen ja bereits, daß Pragmatische Information auch potentiell wirken kann. Nach diesem Ausflug in die Quantenphysik wollen wir nun wieder zu unserem Experiment zurückkehren.

Wenn also die Inspektion der Zufallsfolgen und das Wissen des Preinspectors den PK-Effekt auslöschen können, dann stellt sich die Frage, was passiert, wenn er nichts weiß? Hat er keine Kenntnis von der Bedeutung einer signifikanten Abweichung, dann kann er sie natürlich auch nicht zu einem gezielten Interventionsmanöver in bezug auf das Experiment gebrauchen; er kann also keine »paradoxe« Situation erzeugen. Selbst wenn er alle Zufallsfolgen überprüft, erhält er keine relevante Information über das System. Er verfügt somit auch über keine Pragmatische Information, um potentiell mit dem System zu interagieren – kurz: er hat keine Messung am System durchgeführt, die Shannonsche Information der Zufallsfolgen ist für ihn bedeutungslos. In diesem Falle unterscheidet sich das System praktisch nicht von einem solchen ohne Preinspector; selbst wenn er alle Zufallsfolgen auswendig gelernt hätte, würde er sich systemtheoretisch von einem Computerspeicher durch nichts unterscheiden. Daraus folgt unmittelbar, daß in diesem Falle einem PK-Effekt nichts im Wege steht und er ausschließlich davon abhängt, was die Versuchsperson – wie auch immer – zustande bringt. Schmidt hat nun in der Tat – vermutlich ohne Kenntnis dieses Modells – eine Reihe von Experimenten durchgeführt, die geeignet sind, die Voraussagen des Modells zu überprüfen. (An dieser Stelle sollte man vielleicht anmerken, daß die Voraussagen des Modells bereits 1982 publiziert worden waren, die meisten diesbezüglichen Experimente aber erst danach durchgeführt wurden; es handelt sich also um echte Voraussagen eines theoretischen Modells.) In einem Experiment erfuhr der Preinspector nur die »Seednumber« der Prerecorded Targets, welche aus einer langen Reihe von Pseudozufallszahlen bestanden. Eine Seednumber ist die Anfangszahl einer rekursiven Funktion, die zur Generierung von Pseudozufallszahlen verwendet wird; diese sind also keine richtigen Zufallszahlen, da sie bei gegebener Seednumber ein für alle mal festliegen, aber man kann sie praktisch nicht voraussagen, wenn man die entsprechende Rechenvorschrift (Algorithmus) nicht kennt und keinen Computer zur Verfügung hat. Da die Inspektion der Seednumber dem Preinspector keinerlei Handhabe bietet, etwas über mögliche Fluktuationen der generierten Zufallsfolgen auszusagen, hat er auch keine Pragmatische Information über das System. Einem PK-Effekt steht somit nichts im Wege. Das Experiment zeigte ein signifikantes Ergebnis, was bedeutet, daß nur die von der Versuchsperson auf dem Display beobachteten Folgen eine positive Trefferabweichung zeigten, die Kontrollläufe hingegen nicht.

Für die Vertreter des IDS-Modells ist dieses Resultat ebenfalls erfreulich, zeigt es doch, daß die Versuchsperson im rechten Augenblick mit ihrem Versuch begonnen hat, um eine gewünschte Fluktuation zu »erwischen«. Pseudozufallszahlen sind nämlich nicht zu beeinflussen, sie liegen mathematisch fest. Dies steht in keiner Weise im Widerspruch zum Modell der Pragmatischen Information, da es nichts darüber aussagt, auf welche Art und Weise die nichtlokale Korrelation zustandekommen muß. Das Verhalten der Versuchspersonen könnte sich z. B. so ändern, daß es zu einer nichtlokalen Korrelation kommt. In der klassischen Parapsychologie würde man dies als »Retrokognition« bezeichnen, ein »bisher unerklärliches Wissen über vergangene Ereignisse«. Im gegenteiligen Fall, wenn der Preinspector über die Bedeutung der Zufallsfluktuationen Bescheid weiß, muß man allerdings – soweit es sich um eine Person handelt – auch damit rechnen, daß dieser selbst einen PK-Effekt hervorruft. In einer Reihe von Experimenten und einer ingeniösen Versuchsanordnung präsentierte Schmidt die Prerecorded Targets zwei Versuchspersonen nacheinander, um herauszufinden, ob die zweite Versuchsperson den PK-Effekt der ersten noch vergrößern oder ihn durch eine entgegengesetzte Instruktion wieder aufheben könnte. Tatsächlich zeigte sich, in Übereinstimmung mit unserem Modell, daß die zweite Versuchsperson keinen Einfluß mehr auf das Ergebnis hatte. Da die erste die Targetfolgen auf dem Display beobachten konnte und auch wußte, was eine Abweichung bedeutet, hatte sie genügend Pragmatische Information über das System, um jede weitere nichtlokale Korrelation zu anderen Teilen des Systems zu unterbinden. Wäre dem nicht so, dann könnte sie ein Interventionsparadox herbeiführen, indem sie die spätere Versuchsperson daran hindert, am Experiment teilzunehmen.

Noch komplizierter sind die Verhältnisse bei einem weiteren Experiment von Schmidt, bei dem ein Goldfisch der erste »Beobachter« war. Das Display bestand darin, daß er mit schwachen elektrischen Schlägen traktiert wurde. Trotzdem erreichte das Tier keine signifikante Abweichung zu seinen Gunsten. Ein späterer menschlicher Beobachter konnte daran auch nichts mehr ändern, obwohl er in Vergleichsruns erfolgreich war. Obgleich es etwas gewagt erscheint, ein negatives Versuchsergebnis in der Parapsychologie mit einem Modell zu erklären, wollen wir versuchen, dieses Resultat mit Hilfe des Modells der Pragmatischen Information zu beschreiben: Nach dem IDS-Modell hätte es der begabten Versuchsperson durchaus möglich sein müssen, auch in den Runs, die der Fisch schon beobachtet hatte, die günstigen Fluktuationen »herauszufischen«. Warum gelang ihr das nur bei denjenigen, die der Fisch nicht gesehen bzw. gespürt hatte? Auch die Observational Theories helfen hier nicht weiter: Wenn wir dem Fisch ein Bewußtsein zubilligen wollen, warum hat er es dann nicht geschafft, sich »bequemer einzurichten«, so wie die Katze? Und wenn er kein Bewußtsein hat, warum war dann der zweite Beobachter so erfolglos? Es ist sicher nicht ganz unsinnig anzunehmen, daß der Goldfisch das Display tatsächlich wahrgenommen hat. Wir wollen sogar annehmen, daß es vermöge der Elektroschocks zu einer relativ starken Organizational Closure zwischen Fisch und Zufallsprozeß gekommen ist. Können wir daraus schließen, daß der Fisch diesen Zusammenhang auch zu seinem Vorteil ausnutzen kann? Offensichtlich nur, wenn der Fisch »klug« genug wäre, die Zusammenhänge einzusehen. Ist er vielleicht nicht intelligent genug? Es kann also durchaus eine Organizational Closure entstehen, ohne daß sie für ein eindeutiges Ziel ausgenützt werden kann; dennoch beendet sie die Messung. Ohne hier die Spekulation allzusehr ausufern zu lassen, können wir doch erkennen, daß die Organizational Closure, die durch die Verschränktheit des Systems zustande kommt, und ihre zielgerichtete Ausnützung zwei verschiedene Dinge sind, die uns auch noch bei der Frage nach der Trainierbarkeit von Psychokinese beschäftigen werden. Die Organizational Closure produziert alleine noch keinen Psi-Effekt, sie beschreibt nur den inneren Zusammenhang des Systems und wie es sich nach außen abgrenzt. Daß weitere Beobachter keinen Einfluß mehr haben, ist gerade Ausdruck dieser Abgrenzung. Die Organizational Closure ist also nur eine notwendige, aber keine hinreichende Voraussetzung für einen Psi-Effekt. Bei Experimenten wird der Psi-Effekt in der Regel als eine Abweichung vom Erwartungswert definiert, als etwas »Unerwartetes«. Das gilt vor allem für Spontanfälle, wo Psi immer überraschend auftritt.

Wo steckt also der adäquate Begriff für das »Überraschende« in unserer systemtheoretischen Beschreibung? Psi-Effekte sind gekennzeichnet durch einen hohen Anteil an Erstmaligkeit in der pragmatischen Information, die das organisatorisch geschlossene System nach außen abgibt. Berücksichtigen wir außerdem, daß die pragmatische Information, die das System abgeben kann, beschränkt und gequantelt ist, dann können wir unmittelbar einsehen, daß sich Psi-Effekte nicht beliebig oft produzieren lassen. Je häufiger man also das Unerwartete, die Erstmaligkeit, beobachten will, umso mehr Bestätigung verlangt man. Nach unserer Grundgleichung ist aber die pragmatische Information das Produkt aus Erstmaligkeit und Bestätigung. Das heißt aber, daß viel Erstmaligkeit und viel Bestätigung zusammen sehr viel pragmatische Information ergeben, unter Umständen mehr als das organisatorisch geschlossene System liefern kann. Daran sehen wir, daß das Modell auch etwas über die Grenzen von Psi aussagt. Diese Aussagen sind mindestens ebenso wichtig wie die Beschreibung von Gesetzmäßigkeiten. Es ist gerade ein Charakteristikum so mancher populärer Psi-Vorstellungen, Hoffnungen und Ängsten, Psi als allmächtig, als omnipotent anzusehen. Um so größer ist der Kontrast mit dem kläglichen Bild, das die Parapsychologie im Wettstreit mit den anderen Wissenschaften abgibt.

Man würde es sich zu leicht machen, die parapsychologischen Effekte als die einzige Begründung für die Annahmen des Modells der Pragmatischen Information heranzuziehen. Auch in der Normalpsychologie gibt es eine Reihe von Effekten, die sich wesentlich besser durch unser Modell als durch klassische Modelle beschreiben lassen. Kein Sozialpsychologe wird heute noch behaupten, bei der Erhebung sozialpsychologischer Variablen ließe sich der störende Einfluß der Messung vollkommen unterdrücken. Jede Bevölkerungsumfrage verändert die Meinung der Befragten. Aus diesem Grunde hat bereits 1972 der Soziologe und Ethnopsychiater George Devereux eine »komplementaristische Methode in der Wissenschaft vom Menschen« vorgeschlagen. Andere Anwendungsgebiete könnte man in der Wahrnehmungspsychologie finden, wo der berühmte »Gestaltsprung« als ein Beispiel für den quantenhaften Charakter der Bedeutungswahrnehmung angesehen werden kann (vergleiche Abbildung 13). Auch der bereits erwähnte Physiker Robert Jahn und die Psychologin Brenda Dunne haben die Idee, daß psychologische Phänomene eine »quantentheoretische« Struktur haben könnten, aufgegriffen und versucht, durch phänomenologische Analogien zwischen Begriffen aus der Atomphysik und der Psychologie ein solches nichtklassisches Modell der Psychologie zu entwickeln. Dabei suchten sie in der Psychologie nach Äquivalenten der physikalischen Grunddimensionen Masse, Abstand, Ladung und Zeit. Nachdem hiermit ein entsprechender »Beschreibungsraum« definiert war, versuchten sie herauszufinden, ob es auch psychologische Entsprechungen zu solchen physikalischen Gebilden wie Atome und Moleküle gibt. Es ist erstaunlich, welche psychologischen Einsichten man dabei gewinnen kann; vor allem scheinen gerade solche physikalischen Konstrukte wie z. B. Austauschenergie chemischer Bindungen, die keine klassischen Entsprechungen haben, also rein quantenphysikalischer Natur sind, sich im psychologischen Kontext als besonders »stimmig« zu erweisen. Hier scheint sich ein ganz neues Forschungsgebiet aufzutun, wobei man in Fragen der Operationalisierbarkeit und experimentellen Überprüfung sicher noch ganz am Anfang steht. Es lassen sich also Beispiele aus vielen Bereichen der Psychologie finden, wo eine quantentheoretische Beschreibung adäquat erscheint. Man soll dabei allerdings nicht übersehen, daß es zu jedem einzelnen Beispiel auch immer klassische Alternativen gibt, die im Einzelfall recht gut funktionieren, und sich daher ein Vertreter der klassischen Auffassung nicht überzeugen lassen würde. Der Nachteil dieser klassischen Modelle ist jedoch, daß sie für jedes einzelne Phänomen bestimmte Annahmen einführen müssen – wie zum Beispiel den Begriff der »Wahrnehmungsschwelle«, deren Höhe natürlich von Fall zu Fall schwankt –, die nicht verallgemeinerbar sind, und daher sogenannte ad hoc-Modelle darstellen. Die Situation in der Psychologie ähnelt zur Zeit tatsächlich dem Zustand der theoretischen Physik vor Erfindung der Quantentheorie.

13
KANN DAS MODELL DER PRAGMATISCHEN INFORMATION AUCH MAKROSKOPISCHE PK-EFFEKTE BESCHREIBEN?

Wenn man die Berichte über spontane Psychokinese ernst nimmt, dann fällt es schwer, die dort geschilderten Phänomene als Zufallsfluktuationen anzusehen; dazu scheinen die auftretenden Wirkungen viel zu massiv und »handgreiflich«. Ist es eine Zufallsfluktuation, wenn sich ein dreieinhalb Zentner schwerer Aktenschrank um dreißig Zentimeter selbständig verschiebt – wie im Fall Rosenheim berichtet wurde –, oder wenn faustgroße Pflastersteine durch die Luft fliegen – wie in einem Spukfall in Frankfurt? Was ist davon zu halten, wenn kein geringerer als Papst Benedikt XIV. im Jahre 1753 schreibt: »Während ich das Amt des Promotor Fidei bekleidete, kam die Sache des ehrwürdigen Dieners Gottes Joseph von Copertino in der Ritenkongregation zur Sprache, die nach meiner Resignation zu einer positiven Würdigung gelangte. Augenzeugen von unanfechtbarer Integrität haben die berühmten Erhebungen über den Boden und die ansehnlichen Flüge des Dieners Gottes bestätigt.« Ist es ein Beobachtereffekt, wenn es dem Schweizer Psychokinese-Medium Silvio gelingt, einen psychokinetisch zerbrochenen Teelöffel durch Psychokinese wieder »zusammenzuschweißen«, oder handelt es sich dabei um eine gelungene Tricktäuschung? Wenigstens in einem Fall scheint es ihm gelungen zu sein, eine »unmögliche Aufgabe« zu bewältigen, die bisher von keinem Täuschungskünstler tricktechnisch reproduziert werden konnte. Bernhard Wälti, der die meisten Untersuchungen mit Silvio durchgeführt hat, berichtet: »Im Dezember 1987 hat nun Silvio einer Laune folgend, um eine Wartezeit bei seiner Arbeit zu überbrücken, aus zufällig vorhandenen Materialien mit dem Messer zwei

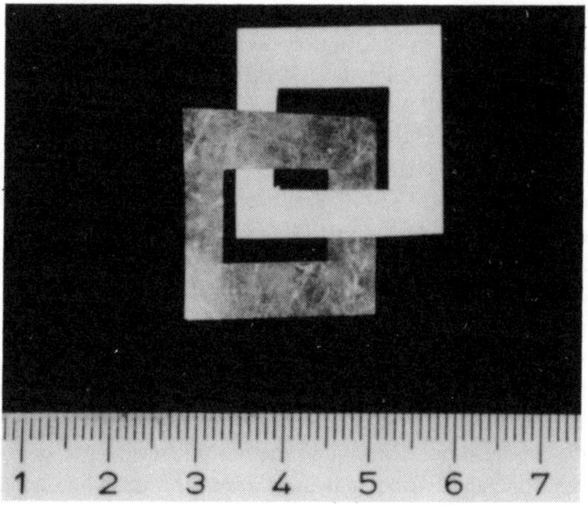

Abb. 18 Das »unmögliche Objekt« von Silvio.

Rähmchen ausgeschnitten. Das eine war Aluminiumfolie, ein Haushaltsartikel, in welches sein Sandwich eingepackt war (Dicke 0,015 mm; Flächengewicht 4 mg/qcm); das andere war Papier von einem handelsüblichen Notizblock (Dicke 0,1 mm, Flächengewicht 8 mg/qcm). Beide Rähmchen sind ungefähr von gleicher Größe mit ca. 25 mm Kantenlänge außen und ca. 14 mm innen. Silvio behauptet, das Papierrähmchen an einer Seite mit dem Messer entzwei geschnitten und die beiden Stücke ineinander gehängt zu haben. Sodann habe er die zerschnittene Stelle zwischen Daumen und Zeigefinger ca. 10 Minuten lang gehalten, wobei eine Art Verschweißung gelang.« Das Objekt aus den zwei ineinandergefügten Rähmchen (siehe Abbildung 18) stellt insofern ein geradezu »unmögliches Objekt« dar, weil die nachträgliche Untersuchung erbrachte, daß 1. sich keinerlei Hinweise auf eine Schnitt- oder Klebestelle finden ließen, und 2. die gemessenen Eigenschaften des Materials (Dicke, Faserrichtung, Oberflächenstruktur, Homogenität) sich nicht von den Vergleichsmaterialien unterscheidet. Die »Psi-Kaltschweißung« am Papierrähmchen hat also offensichtlich wiederum keinerlei »Spur« hinterlassen. Hat also Silvio die Eigenschaft der Psychokinese, keinerlei Spur zu hinterlassen, geschickt dazu ausgenützt, einen geradezu perfekten Beweis zu erbringen, oder handelt es sich um den raffiniertesten Zaubertrick aller Zeiten? Kann eine Makrofluktuation des Gesamtsystems solche Folgen haben? Zeigt die »Makro-Psychokinese« nicht deutlich, daß all die theoretischen Ansätze und Modelle nur »akademisches Geschwätz« sind im Vergleich zur Realität? Hat die Beeinflussung eines Zufallsgenerators überhaupt etwas mit diesen makroskopischen »Wundern« zu tun? Ist unsere Definition von Psychokinese nicht fahrlässig unspezifisch? Sind die raffiniert ausgedachten theoretischen Modelle nicht hoffnungslos naiv in bezug auf die wirkliche Komplexität der Welt? Können wir davon ausgehen, daß wir nicht doch eine wesentliche, rein physikalische Wechselwirkung übersehen haben? Oder gibt es doch eine »andere Wirklichkeit«, die die unsere durchdringt, und die wir mit unseren wissenschaftlichen Methoden niemals werden erfassen können?

Fragen über Fragen. Wer hier vorschnelle Antworten sucht, auf die eine oder andere Weise, ist sicher schlecht beraten; wer kognitive Dissonanzen und das Gefühl der Ohnmacht gegenüber dem Unbekannten nicht ertragen kann, der sollte besser die Finger – und den Kopf – von der Parapsychologie lassen. Dennoch muß man sich folgendes vor Augen halten: Stellen wir uns vor, man hätte zur Zeit der Entdeckung des elektromagnetischen Effekts ein ganz normales Farbfernsehgerät vorgeführt, und die Frage, wie es denn funktioniere, damit beantwortet, daß es im Prinzip mit dem Faradayschen Effekt erklärt werden könnte. Wahrscheinlich hätte Faraday selbst dies lächerlich gefunden, wo er doch annahm, der von ihm gefundene elektromagnetische Effekt sei viel zu schwach, um jemals eine praktische Bedeutung zu erlangen. Einen Spukfall mit dem Schmidtschen Experiment vergleichen zu wollen, entspricht also ungefähr dem Vergleich zwischen einem modernen Großcomputer und dem Froschschenkelversuch von Volta, mit dem dieser die galvanische Elektrizität entdeckte. Dennoch haben beide etwas miteinander zu tun. Es ist also keineswegs angebracht, angesichts der Makro-Psychokinese in wissenschaftlichen Pessimismus zu verfallen. Tatsächlich sind die »großen Psi-Wunder« so extrem selten, und Täuschung, Irrtum und Betrug doch recht häufig, daß man daraus geradezu eine Regel formulieren kann. Der deutsche Parapsychologe Ulrich Timm schreibt: »Berichte über extrem hohe oder stabile Psi-Leistungen widersprechen der allgemeinen Erfahrung und lassen mit erhöhter Wahrscheinlichkeit den Schluß zu, daß es sich dabei – zumindest partiell – um Irrtum, Täuschung oder Betrug handelt. Dennoch wird nicht behauptet, daß solche exzeptionellen Psi-Resultate prinzipiell unmöglich seien. Eine Erfahrungsregel führt nämlich nur zu Wahrscheinlichkeitsschlüssen, die im Einzelfall auch falsch sein können. Trotzdem dürfte die vorgeschlagene Regel der Wahrung kritisch-wissenschaftlicher Rationalität in einem Gebiet, wo diese ständig bedroht ist, in hohem Maße nützlich sein.« In der Praxis hat sich die »Timmsche Regel« als sehr erfolgreich herausgestellt. Es finden sich in der parapsychologischen Literatur häufig angeblich »große Psi-Fälle«, wo nach genauer Untersuchung am Ende nur ein relativ kleiner Teil an »hard facts« übrigblieb, die für sich alleine genommen zwar immer noch eine wissenschaftliche Anomalie darstellen und somit hochinteressant sind, aber bei weitem nicht mehr so spektakulär. Die Spukforschung ist hierfür das beste Beispiel. Oft hat man den Eindruck, daß die Phänomene sich gerade so ereignen, daß sie eigentümlich im Zwielicht bleiben; dies wurde in Kapitel 6 als »Elusivität« der Psi-Phänomene bezeichnet. Es ist trotz aller Bedenken und offenen Fragen sicher kein schlechtes Zeichen für seine Adäquatheit, daß das Modell der Pragmatischen Information diese merkwürdige Elusivität der Phänomene wenigstens qualitativ recht gut beschreiben kann. Versuchen wir unser Modell auf das Phänomen des Spuks anzuwenden.

Seltene Ereignisse sind selbstverständlich schwer zu beobachten, weil man nicht darauf vorbereitet ist; beim Spuk scheint sich dies in eigentümlicher Weise noch zu verstärken. Hans Bender, der Nestor der deutschen Spukforschung, schreibt dazu: »Spukerscheinungen im Vollzug zu fotografieren bzw. zu filmen oder akustische Phänomene mit einer Tonaufnahme festzuhalten, hat allerdings mit der Schwierigkeit zu rechnen – die noch fragwürdige Tatsächlichkeit einmal zugelassen –, daß sich die Phänomene anscheinend dem kritischen Zugriff entziehen. Der Eindruck drängt sich geradezu auf, daß die intelligenten Kräfte den Beobachter foppen und gerade da eine Erscheinung produzieren, wo man sie nicht festhalten kann.« An anderer Stelle schildert Bender einen typischen Fall: »Wir erfuhren, daß Männer der Feuerwehr im Haus von K. Posten bezogen hatten. Einer von ihnen berichtete, daß sich in einem kurzen unbewachten Augenblick – er hatte gerade seinen Kopf abgewendet – auf dem Küchenboden eine Pfütze gebildet hatte.«

Neben der Elusivität der Spukphänomene gibt es aber noch eine Reihe anderer, mit großer Ähnlichkeit wiederkehrende Muster, die man aus den umfangreichen Fallsammlungen der parapsychologischen Literatur entnehmen kann. Im wesentlichen sind es unerklärliche Geräusche, Bewegungen von Gegenständen mit eigenartigen Bewegungsabläufen, Verschwinden und Wiederauftauchen von Gegenständen aus verschlossenen Räumen oder Behältern usw. Die Ereignisse scheinen oft im räumlich-zeitlichen Zusammenhang mit einer meist jugendlichen Person im Pubertätsalter, dem »Spukauslöser« oder »Spukagenten« zu stehen. Auch der zeitliche Verlauf des Spukgeschehens weist typische Muster auf. Die Ereignisse beginnen im allgemeinen überraschend und entwickeln sich dramatisch. Solange die Betroffenen dabei von äußeren Ursachen ausgehen, wie z.B. Schabernack von Unbekannten, Stromstöße in der elektrischen Anlage, Lecks in Leitungsrohren usw., werden die Phänomene immer massiver und zeigen eine deutliche »demonstrative« Erscheinungsform. Die Betroffenen werden zunehmend verunsichert und wenden sich hilfesuchend an ihre Umgebung, z.B. Polizei, Feuerwehr oder technische Stellen. Dadurch wird die Aufmerksamkeit der Umgebung auf das Geschehen gelenkt. Es gibt oft eine Reihe guter, glaubwürdiger und unabhängiger Zeugen, die vollkommen ratlos über die Vorfälle sind: Diese Phase nennen wir die »Überraschungsphase«. Danach treten erste Vermutungen auf, daß es sich um etwas Außergewöhnliches handeln könnte. Im allgemeinen schalten sich dann auch die Massenmedien wie Presse, Rundfunk und Fernsehen ein. Je nach dem soziokulturellen Hintergrund werden Vermutungen wie Gespenster, Geister, Verstorbene, Hexerei, Spuk und Parapsychologie geäußert; erst dann haben im allgemeinen Parapsychologen die Möglichkeit, sich mit dem Fall zu befassen. Meist werden schon in dem Stadium der Vermutungen die Phänomene einer oder mehreren Personen zugeordnet, und die allgemeine Ratlosigkeit und Verängstigung kann mit einem neugierigen Interesse einhergehen: Diese Phase bezeichnen wir als »Verschiebungs-« oder »Displacement-Phase«. Nicht nur die Interpretation der Phänomene verschiebt sich in dieser Phase von äußeren auf innere Ursachen, auch die Phänomene selbst zeigen ein Displacement, indem meist etwas anderes passiert, als man bisher beobachtet hat. Neuartige Phänomene treten auf, diejenigen, die man erwartet, verschwinden. Die Betroffenen werden von sensationshungrigen Journalisten und selbsternannten »Parapsychologen« oder »Exorzisten« heimgesucht, und zu dem neugierigen Interesse der Umgebung kommt ein sich mehr und mehr verstärkender Erwartungsdruck, die Phänomene, die immer noch lebhaft von den anfänglichen Zeugen bestärkt werden, zu produzieren. In dem Maße wie dieser Erwartungsdruck steigt – oft auch von den angereisten Parapsychologen erzeugt –, nehmen die Phänomene ab: Diese Phase nennen wir »Absinkungs-« oder »Decline-Phase«. Immer häufiger verlassen Besucher, die auf Sensationen aus waren, enttäuscht den Ort des Geschehens. Oft wird in dieser Phase die spukauslösende Person bei Manipulationen oder Betrug ertappt. Bender pflegte im persönlichen Gespräch darauf hinzuweisen, daß es in dieser Phase aufgrund seiner Erfahrungen praktisch in allen Fällen zu Manipulationen komme, oder diese nicht mehr mit Sicherheit ausgeschlossen werden können, weil die Phänomene nur noch selten oder in unübersichtlichen Situationen bzw. in unmittelbarer Umgebung der auslösenden Person auftreten. Danach beginnt die »Verdrängungsphase«, die letzte Phase des Spukgeschehens. Der Betrugsverdacht wird mehr oder weniger offen ausgesprochen, Beteiligte und Zeugen werden oft von Massenmedien diskriminiert und lächerlich gemacht, Zeugen ziehen unter Umständen ihre früheren Aussagen (vor Gericht) zurück; Entlarvungsartikel werden publiziert. Der soziale Verdrängungsmechanismus – »das Komplott des Totschweigens« (Fanny Moser) – hat begonnen. Zur psychologischen Charakterisierung der Spukphänomene ist der von Bender in seinen Publikationen immer wieder betonte Schabernack-Charakter hervorzuheben. Ihr Bedeutungscharakter ist aggressiv, regressiv, oft atavistisch. In diesem Zusammenhang ist

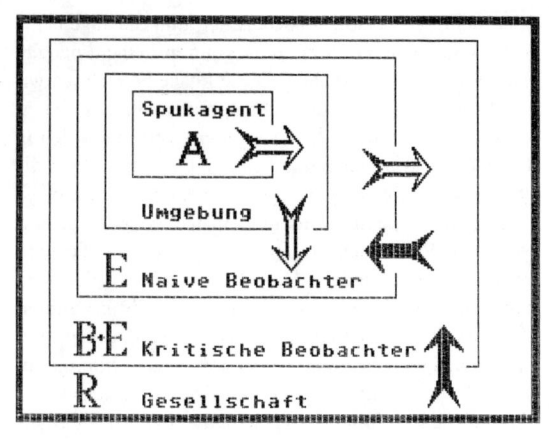

Abb. 19 Hierarchisches Spukmodell.

auch die psychodiagnostische Untersuchung an Spukagenten interessant. Der Freiburger Psychologe Johannes Mischo berichtet über eine Reihe von Gemeinsamkeiten: aktuelle Konflikte, psychische Labilität, hohe kurzfristige Erregbarkeit und geringe Frustrationstoleranz. Bender hat mehrfach darauf hingewiesen, daß Spukgeschehnisse als unbewußte Hilferufe der Spukauslöser an ihre Mitmenschen verstanden werden müssen. Der Vorteil der systemtheoretische Betrachtungsweise besteht vor allem darin, daß es zunächst nicht notwendig ist, jedes einzelne Phänomen auf seine Echtheit zu untersuchen, denn die entscheidenden Interaktionen zwischen den Spukbeteiligten und ihren Beobachtern müssen nicht unbedingt paranormal sein. Es ist daher auch nicht sinnvoll, jedem fliegenden Stein nachzujagen und z.B. seine Bahn zu berechnen; vielmehr kommt es auf die Bedeutung des Geschehens an und dazu können sowohl normale als auch paranormale Effekte beitragen.

In Abbildung 19 wird das Spukgeschehen vereinfachend als ein hierarchisch ineinander geschachteltes System aus organisatorisch geschlossenen Teilsystemen dargestellt, wobei jedes Teilsystem mit dem jeweils eingeschlossenen organisatorisch geschlossenen Untersystem pragmatische Information austauscht. Um nun mit unserem Modell einen idealtypischen Spuk zu »konstruieren«, beginnen wir beim Spukagenten. Er steckt in einer schwierigen Entwicklungsphase (Pubertät) und versucht, seine Probleme in irgendeiner Form seiner Umgebung mitzuteilen (unbewußter Hilferuf!). Damit die pragmatische Information seiner »Botschaft« »ankommt« und verstanden wird, muß er das Verhältnis von Erstmaligkeit und Bestätigung so »dosieren«, daß er die notwendige Aufmerksamkeit erhält. Wenn wir jetzt weiter annehmen, daß er bei seiner Umgebung (Familie usw.) auf »taube Ohren« stößt – sonst wäre ja ein Hilferuf gar nicht von Nöten –, dann kann es sein, daß der Spukagent bewußt oder unbewußt die Strategie einschlägt, vor allem die Erstmaligkeit seiner Botschaft zu erhöhen – er hat vielleicht herausgefunden, daß mehrfache zaghafte Versuche sich mitzuteilen (Bestätigung) erfolglos geblieben sind. Erstmaligkeit erzeugt bekanntlich Aufmerksamkeit, und ein deftiger Streich, ein Schabernack, aber auch ein PK-Effekt kann durchaus die Aufmerksamkeit der Umgebung erwecken; die Überraschungsphase des Spuks zeigt das ja sehr deutlich. Dabei wird es vermutlich ein weites Spektrum zwischen »reinem« Schabernack und »echtem« Spuk geben, mit dem sich Jugendliche in diesem Alter Gehör verschaffen können. Die Schabernackfälle sind dabei keineswegs weniger wichtig oder harmloser, nur werden sie im allgemeinen nicht von Parapsychologen untersucht. Ob mit Schabernack oder Psychokinese, der Spukagent kann sich jedenfalls sicher sein, daß ihm – oder vielmehr den Phänomenen – in der Überraschungsphase die volle Aufmerksamkeit des Publikums zuteil wird. Aber wird sein Hilferuf wirklich verstanden? Die »naiven« Beobachter suchen nach allen möglichen Ursachen für das »Unerklärliche«, erkennen aber seine wirkliche Bedeutung nicht.

Ein typisches Beispiel hierfür bietet ein Spukfall, bei dem über mehrere Tage hinweg eimerweise Steine in die Wohnung einer italienischen Gastarbeiterfamilie geflogen waren. Die Wohnung war dadurch weitgehend demoliert worden, aber einen Tatverdächtigen hatte man nicht finden können. Der Familienvater, ein kräftiger Mann, hatte große Angst und glaubte, daß Geister dahinter steckten. Auf dem Polizeirevier, wo ich mich über den Fall informieren wollte, gab man mir zu verstehen, daß die Sache aufgeklärt sei. Ein Beamter habe sich im Flur der Wohnung aufgehalten, um die Steinwürfe zu beobachten. Die drei Kinder der Familie seien im Kinderzimmer am Ende des Flurs untergebracht gewesen; die Tür habe einen Spalt offen gestanden. Der Beamte habe mit dem Rücken zu dieser Tür gesessen. Ein Stein sei aus der Richtung des Kinderzimmers über seinen Kopf geflogen. Zwar habe er nicht gesehen, daß ihn eines der Kinder geworfen habe, aber es sei doch klar, daß es nur sie gewesen sein konnten. Damit gäbe es also eine ganz normale Erklärung für den Spuk. Ich stellte dem Beamten nur noch die Frage, ob er es denn für »normal« hielte, wenn Kinder ihr eigenes Zuhause mit Steinwürfen zerstören. Er schaute mich verblüfft an.

Paradoxerweise sind beim Schabernack die Chancen dafür größer, daß die Umgebung endlich versteht, um was es eigentlich geht. Denn wenn der Urheber ermittelt ist, besteht zumindest die Möglichkeit, daß man sich Gedanken macht, warum der »Spukauslöser« so gehandelt hat. Bei »echtem« Spuk ist dieser Weg erst einmal verbaut. Die Ursachen werden an ganz anderer Stelle gesucht: bei technischen Störungen, bei bösen Nachbarn, oder Geistern; die wahre Botschaft kommt nicht an. Deshalb kann sich der Spuk weiter »austoben«, genährt und doch auch gleichzeitig verhindert durch das neugierige Unverständnis der Umgebung. Bereits in dieser Phase zeigt sich die Elusivität des Spuks. Man möchte natürlich etwas sehen. Es geschieht zwar auch etwas, aber immer nur dort, wo es nicht erwartet wird – sonst wäre es keine Erstmaligkeit. Das Spiel der Elusivität und der ständige Fluß an pragmatischer Information führt aber irgendwann schließlich doch dazu, daß man begreift, daß hier eine Person im »Zentrum des Zyklons« steht.

Nach diesem Gestaltsprung beginnt die zweite Phase des Spukgeschehens. Die naiven Beobachter und die Fokusperson beginnen eine neue Organizational Closure zu erzeugen: Sie bilden die (verschworene) Einheit derjenigen, welche die unerklärlichen Effekte selbst erlebt haben und nun den ungläubigen, bohrenden Fragen der kritischen Beobachter wie Journalisten oder Parapsychologen ausgesetzt sind. Es muß natürlich gesagt werden, daß die »naiven« Beobachter keineswegs unkritisch zu sein brauchen, andererseits aber die »kritischen« Beobachter durchaus Psi-gläubig sein können. In dieser Phase wird meist die bisher isolierte Fokusperson zum Mittelpunkt der sozialen Gruppe, der der Hilferuf galt. In der Praxis sieht das so aus, daß der Spukauslöser als etwas Besonderes angesehen wird, als Medium, das mit der Geisterwelt in Verbindung steht, oder als Hexe oder als paranormal begabtes Wunderkind. Insofern hätte er ja sein Ziel erreicht, wenn nicht die äußeren kritischen Beobachter wären, die einen ungeheueren Erwartungsdruck ausüben. Selbst wenn die neue organisatorisch geschlossene Einheit pragmatische Information an die kritischen Beobachter abgeben kann (die Botschaft heißt: Wir sind etwas Besonderes!), so kann sie doch nicht genügend Erstmaligkeit erzeugen, denn die kritischen Beobachter sind nicht nur wie ein »Faß ohne Boden«, sondern – so sagt unser Modell – sie präparieren auch ihr beobachtetes System durch ihre Beobachtung, so wie der Biologe den Raben präpariert.

Das Ziel ihrer Systembeschreibung besteht darin, die Phänomene zweifelsfrei und zuverlässig zu dokumentieren. Dazu müssen sie ihr Beobachtungsobjekt entsprechend präparieren: hierzu dienen heute Video- und Tonbandgeräte, Persönlichkeitsfragebogen und Rorschachtests. Wen wird es wundern, wenn die Autonomie des Systems dabei verschwindet und sich schließlich auch beim besten Willen kein Quäntchen Erstmaligkeit mehr zeigen kann, das man als Psi interpretieren könnte. Immerhin sind die kritischen Beobachter noch an der Sache – oft weniger an den Personen – interessiert, so daß es nicht ausgeschlossen ist, daß auch sie noch etwas von der ursprünglichen Erstmaligkeit erhaschen können. Wahrscheinlicher ist freilich, daß für sie – sicher nicht in böser Absicht – etwas inszeniert wird. Die Inszenierung kann dabei durchaus ein Gemeinschaftswerk der Gruppe sein. Die verblüffend einfache moralische Rechtfertigung für solche Manipulationen besteht oft darin, daß die Betroffenen wissen, wie es »wirklich« war, und nichts dabei finden, den Phänomenen auf die Sprünge zu helfen. Für sie mag der feine Unterschied, den Wissenschaftler zwischen Simulation und Realität zu machen pflegen, nicht so bedeutsam zu sein. Es empfiehlt sich daher für den Parapsychologen, der sich der durchaus begründbaren Methode der teilnehmenden Beobachtung bedient, auf der Hut zu sein; aber auch dafür ist es in der Decline-

Phase schon meist zu spät, denn mittlerweile hat sich eine weitere, endgültige Oberfläche des Systems herausgebildet. Es ist dies die Grenze zwischen dem organisatorisch geschlossenen System der Spukinteressierten und der Gesellschaft im allgemeinen. Die Verdrängungsphase, die Phase des Totschweigens hat begonnen. Die Gesellschaft und die staatlichen Organe haben kein Interesse an der Anarchie des Spukgeschehens; ihr Ziel ist es, über reliable Systeme zu verfügen (oder zu herrschen), und ein Spuk ist in der Tat ein nur sehr unwichtiges Beispiel für die »präparierende« Wirkung der Öffentlichkeit. Sie wird in der Sozialpsychologie auch als »social perception« bezeichnet. Es kann experimentell gezeigt werden, daß der gesellschaftliche Druck durchaus dazu führen kann, jemandem »ein X für ein U vorzumachen«. Von daher betrachtet ist es sicher kein Zufall, daß sich ausgerechnet Juristen, forensische Mediziner und Polizeikommissare – jedenfalls hier in Deutschland – berufen fühlen, der Parapsychologie den Garaus zu machen.

Das Modell der Pragmatischen Information besagt, daß beim Spukgeschehen die Komponenten der pragmatischen Information einem ständigen Wechsel unterliegen und von zwei Zielen determiniert werden. Erstens dem inneren Ziel des organisatorisch geschlossenen Systems, auf seine Umgebung einzuwirken, und zweitens dem äußeren Ziel der Umgebung, das organisatorisch geschlossene System zu präparieren. Das innere Ziel wirkt sich dabei auf die Zusammensetzung von Erstmaligkeit und Bestätigung aus, und die Präparation des Systems auf Autonomie und Reliabilität des Systems. Nur autonome Systeme können Erstmaligkeit erzeugen, und nur sie wird im allgemeinen als anomaler Effekt oder Psi gewertet. Um die Autonomie des Systems zu erhalten, darf man es aber nicht so präparieren, daß alles festliegt, wie wir schon am Beispiel des Raben gesehen haben. Nur wenn man nicht genau hinschaut, dann kann das System »machen, was es will«. Ein System, das man festlegt, wird seine Autonomie verlieren und damit die Fähigkeit, Erstmaligkeit auszuprägen. Es muß also schon ein besonders »starker« Spuk sein, der über lange Zeit zuverlässig »wiederkehrende spontane Psychokinese« (Recurrent Spontaneous Psychokinesis, RSPK) erzeugen kann. Eine Folgerung, die genau der empirisch gefundenen »Timmschen Regel« entspricht. Man kann sich darüberhinaus überlegen, daß die Komplementarität von Autonomie und Reliabilität ihren Ursprung in einer noch fundamentaleren Komplementarität hat, die in der Literatur als die Komplementarität von Struktur und Funktion bezeichnet wird. Wir können sogar sagen, daß alle Dinge, die wir überhaupt beschreiben können, nach diesen Kategorien beschrieben werden, wobei es wiederum vom Autor des Systems abhängt, auf welche der beiden er größeres Gewicht legt. Nehmen wir als Beispiel die Beschreibung eines Radioapparats: Für den Benutzer wird im allgemeinen eine grobe Funktionsbeschreibung ausreichen. Er muß lediglich wissen, wozu das Gerät dient, wo man es einschaltet, wie man die Sender sucht und so fort. An einer Strukturbeschreibung ist der Benutzer im allgemeinen weniger interessiert, er will nicht wissen, wie das Gerät intern aufgebaut ist, es soll nur funktionieren. Falls das aber nicht mehr der Fall sein sollte – also eine Funktionsstörung vorliegt –, beginnt man sich für die Strukturbeschreibung zu interessieren. Um eine Reparatur ausführen zu können, braucht der Radiotechniker daher den Schaltplan des Geräts, also eine möglichst präzise Strukturbeschreibung. Daraus alleine kann man allerdings den Fehler nicht finden, man muß auch die Funktionsänderung des Systems, also die Störung kennen. Der Kunde muß dem Techniker mitteilen, was am Gerät nicht in Ordnung ist. Erst wenn beide Beschreibungskategorien zusammenkommen, ist das System optimal beschrieben. An dem Beispiel mit dem Raben in Kapitel 12 haben wir uns klargemacht, daß beide Beschreibungsweisen einander durchaus stören können. Wer hat es nicht schon erlebt, daß er ein Gerät zur Reparatur gebracht hat, und nachdem der Techniker alles auseinandergenommen und wieder zusammengesetzt hatte, kein Fehler mehr zu finden war, ohne daß man einen Grund hätte angeben können. Eine Funktionsänderung des Systems, die Störung, wird im allgemeinen als Erstmaligkeit erlebt. Das Gerät macht plötzlich nicht mehr, »was es soll«. Wenn die Funktionsänderung allerdings auf eine Strukturänderung des Systems zurückzuführen ist, so führt das mit der Zeit auch zu Bestätigung, denn die neue »Systemkonfiguration« ändert sich unter Umständen nicht mehr. Ist z.B. eine

Röhre im Radiogerät durchgebrannt, so hat sich die Struktur des Systems geändert, und es produziert nur noch Bestätigung: Es funktioniert nicht mehr. Man sieht daran, daß Funktions- und Strukturänderungen mit den Begriffen Erstmaligkeit und Bestätigung und somit auch mit den Begriffen Autonomie und Reliabilität verknüpft sind. Es ist nun eine ganz grundlegende Aussage der Systemtheorie, daß diese Beschreibungskategorien nicht etwa nur Eigenschaften des zu Beschreibenden widerspiegeln – also angeben, wie er die Welt sieht –, sondern sich auf das System selbst beziehen. Funktion und Struktur sind nicht die »Brillengläser«, durch die wir die Welt sehen, sondern die Welt besteht aus Struktur und Funktion.

Beim Spuk kann man diese Aussage tatsächlich empirisch untersuchen. Wenn Struktur und Funktion lediglich Kategorien der Beobachter wären, so würde man erwarten, daß sich diese in verschiedener Ausprägung in den Erlebnisberichten von Spukzeugen finden lassen, sich aber, wenn man die Erlebnisberichte verschiedener Zeugen zusammenfaßt, wieder herausmitteln, weil jeder Beobachter andere Akzente setzt, so daß insgesamt die Eigenschaften des Spuks selbst zutage treten. (So kann z. B. ein Verkehrsrichter den wirklichen Unfallhergang ermitteln, indem er verschiedene Zeugen befragt, die natürlich alle ihre eigenen Ansichten haben.) Bei einer unlängst durchgeführten Untersuchung hat die Analyse von Zeugenaussagen bei Spukfällen nun tatsächlich gezeigt, daß es bei Spukberichten zwei Faktoren gibt, die als »Struktur- und Verhaltensfaktoren« bezeichnet werden können, und zwar auch dann noch, wenn über verschiedene Beobachter eines Spukfalls gemittelt wird. Daran zeigt sich, daß Struktur und Funktion tatsächlich zwei Kategorien des Spuks selbst sind und nicht nur die seiner Beobachter. Diese Voraussage des Modells der Pragmatischen Information war bereits vor der Untersuchung formuliert worden, ohne daß die beiden Psychologinnen Monika Huesmann und Friederike Schriever, die diese Untersuchung durchführten, davon wußten, so daß man ausschließen kann, daß sie etwas in die Daten hineininterpretiert haben. Außerdem haben sie für diese Untersuchung ein objektives Verfahren entwickelt, bei dem alle Zeugenaussagen von über 60 Spukfällen in bestimmte Teilaussagen zergliedert (sogenannte Items) und anschließend durch ein statistisches Verfahren (Faktoren- und Clusteranalyse) untersucht wurden. Dabei kamen – wie gesagt – die beiden vom Modell vorhergesagten grundlegenden Faktoren heraus. Hieran zeigt sich, daß das Modell der Pragmatischen Information durchaus auch etwas über »Makro-PK-Phänomene« aussagen kann, wenngleich diese Aussagen eher qualitativer als quantitativer Natur sind, und außerdem mehr über die Grenzen oder Beschränkungen der Phänomene aussagen als über ihre konkrete Ausprägung. Es liegt nun nahe, diese Erkenntnisse über die Grenzen des Psi-Effekts auch auf andere Situationen mit qualitativer Makro-Psychokinese anzuwenden. Es stellt sich tatsächlich heraus, daß das Modell nicht einmal das Dunkel des physikalischen Mediumismus zu fürchten braucht, und auch hier Licht in die Finsternis bringen kann, einem Feld, in dem viele Parapsychologen nur ein Dickicht aus Betrug, Täuschung, Behauptung und Gegenbehauptung sehen können. Die Stellungnahme von 1927 der englischen »Society for Psychical Research« (SPR) zu Margery – einem Bostoner Star-Medium – gibt darüber beredte Auskunft: »Die Frage der Echtheit ist dermaßen verstrickt in eine Wirrnis von Behauptungen und Gegenbehauptungen, die einfachen Tatsachen betreffend, eine Wirrnis von Anschuldigungen und Insinuationen, daß ein Entwirrungsversuch für jeden, der keine persönliche Kenntnis der Streitenden hat, hoffnungslos wäre.« Auf der anderen Seite stellen die Vielfalt und die Massivität der berichteten Phänomene für jeden experimentell arbeitenden, von den mageren Signifikanzen langweiliger statistischer Tests frustrierten Parapsychologen eine große Versuchung dar, sich die »Techniken« des physikalischen Mediumismus nutzbar zu machen: Die »Sitters« (Sitzungsteilnehmer) sitzen im Dunkeln um einen Tisch, halten sich bei den Händen, singen Lieder oder unterhalten sich, bis das Medium in Trance fällt, sich die »Kontrollgeister« melden und die Phänomene einsetzen. Thomas Mann schildert 1924 ein solches Erlebnis in der ihm eigenen unübertrefflichen Art: »Das Taschentuch hatte sich vom Boden erhoben und war aufgestiegen. Vor aller Augen, mit rascher, sicherer, energischer und fast schöner Bewegung stieg es aus den Schattengründen in den Lichtschein der Lampe empor, der es rötlich färbte – stieg auf, sage ich, aber das ist nicht richtig, nicht so war der Vorgang, daß es leer und flatternd emporgeweht wäre, es wurde genommen und erhoben, eine tätige Stütze steckte darin, die sich oben in knöchelartigen Erhebungen darunter abzeichnete, und von der es faltig herunterhing; von innen her wurde lebendig damit manipuliert, drückende und schüttelnde Umgestaltungen wurden damit vorgenommen in den zwei oder drei Sekunden, während welcher es frei ins Lampenlicht gehalten wurde – und dann kehrte es mit ebenso ruhiger und sicherer Bewegung zum Boden zurück. Das war nicht möglich – aber es geschah. Der Blitz soll mich treffen, wenn ich lüge, vor meinen unbestochenen Augen, die ebenso bereit gewesen wären, nichts zu sehen, falls nichts da sein würde, geschah es, und zwar nicht einmal, sondern alsbald aufs neue. Kaum unten, so kam das Tuch schon wieder empor ans Licht, schneller diesmal als zuvor, und jetzt sah man mit unverkennbarer Deutlichkeit das von innen erfolgende Hinein- und Übergreifen der Glieder eines Greiforgans, das schmäler als eine Menschenhand, klauenartig erschien. Hinab und wieder herauf... Zum drittenmal oben, wird das Tuch von etwas Unsichtbaren kräftig geschwenkt und gegen das Tischchen geworfen – nicht recht darauf, nicht gut gezielt, es bleibt an der Kante hängen und fällt auf den Teppich.«

Der englische Psychologe Ken Batcheldor hat ein psychologisches Modell entwickelt, das eine mögliche Begründung dafür liefert, warum die Phänomene, die eine »Sittergroup« hervorrufen kann, soviel stärker sind als die Ergebnisse von Experimenten mit Einzelpersonen. Er geht in seinem Modell davon aus, daß es vor allem zwei psychologische Hemmschwellen sind, die Menschen im allgemeinen davon abhalten, ihre psychokinetischen Fähigkeiten zu entfalten: Erstens den unbewußten Widerstand, den er »ownership resistance« nennt – was man übersetzen könnte mit der »Angst, selbst Psychokinese-Fähigkeiten zu besitzen« –, und zweitens die »witness inhibition«, was soviel bedeutet wie die »Angst, Zeuge eines paranormalen Phänomens zu sein«. Da diese Ängste unbewußt sind, können sie auch bei Personen eine Rolle spielen, die fest davon überzeugt sind, keine zu haben. Selbst Parapsychologen sollen davon nicht verschont sein, von den Skeptikern ganz zu schweigen. Es ist offensichtlich, daß ein solcher psychoanalytisch orientierter Ansatz die Gefahr der Selbstimmunisierung mit sich bringt, besonders wenn er dazu verwendet wird, das Fehlen eines Effektes zu erklären. Allerdings versuchte Batcheldor mit seinem Modell in erster Linie herauszufinden, unter welchen Bedingungen sich die beiden Abwehrmechanismen ausschalten lassen. Nach seiner umfangreichen Erfahrung eignet sich dazu vor allem die »Sittergroup-Technik«, wobei wie bei den klassischen spiritistischen Sitzungen vorgegangen wird, jedoch meist ohne ein professionelles Medium und ohne notwendigerweise die Ideologie des Spiritismus zu übernehmen. Er vermutet, daß auf diese Art jeder einzelne Sitzungsteilnehmer von der Last befreit würde, selbst für die Phänomene verantwortlich zu sein. Er kann immer das Gefühl haben, ein relativ unbeteiligter Beobachter zu sein und annehmen, daß nicht er, sondern die Anderen die Phänomene hervorbringen. Außerdem sind in einer Gruppensituation die Beobachtungsbedingungen meist nicht so optimal wie man das glauben möchte, denn es gehört ja dazu, daß man sich entspannt und fröhliche Stimmung herrscht. Das gilt natürlich vor allem für Sitzungen bei Dunkelheit oder Rotlicht. Oft wird auch vorher ein »Trickster« ausgelost, der die »Phänomene« bewußt manipuliert, um die echten Phänomene »anzutriggern«. Dies klingt natürlich sehr verdächtig, kann aber dazu beitragen, bei den anderen Teilnehmern die »witness inhibition« zu vermindern, da sie sich nicht sicher sind, ob sie wirklich ein paranormales Phänomen beobachtet haben oder nur einen Trick. Dabei muß die experimentelle Anordnung natürlich so geplant sein, daß trotzdem objektiv zwischen getrickten und echten Phänomenen unterschieden werden kann. Es ist aus psychologischer Sicht sehr interessant, daß auch die spiritistische Ideologie dazu beitragen kann, die geschilderten psychologischen Hemmfaktoren auszuschalten. Wenn die »Sitters« davon überzeugt sind, daß die Geister von Verstorbenen die Phänomene erzeugen, dann sind sie natürlich selbst von jeder Urheberschaft befreit und letztendlich für das Geschehene auch nicht verantwortlich. Es ist ähnlich wie bei parapsychologischen Spontanfällen, wo die Annahme von Geistern und Dämonen dazu dienen kann, die eigentlichen Probleme zu verdrängen. Man kann offensichtlich sogar so weit gehen, daß man die »Sittergroup-Technik« von Batcheldor mit einer experimentell erzeugten spiritistischen Geschichte kombiniert und dann ganz erstaunliche Resultate erhält. Eine Gruppe um die kanadische Parapsychologin Iris Owen hat ein solches Experiment durchgeführt, bei dem die Teilnehmer der »Sittergroup« ganz absichtlich einen künstlichen Geist »konstruierten«. Dazu erfanden sie die romantisch-tragische Geschichte eines englischen Landadligen namens Philip, der in der Mitte des 17. Jahrhunderts gelebt haben soll. Die Details der Geschichte wurden liebevoll ausgeschmückt, aber es wurde darauf geachtet, daß eine Übereinstimmung mit einer wirklichen historischen Gestalt auch nicht zufällig zustande kam. Der fiktive Landjunker Philip verliebte sich in das schöne Zigeunermädchen Margo, fand aber nicht den Mut, für die Folgen der Romanze einzutreten, und endete schließlich tragisch durch Selbstmord. Seit dieser Zeit geht er als Geist um und wurde nun – wie gesagt – von der kanadischen Pseudospiritistenrunde beschworen. Und in der Tat, er meldete sich, klopfte im Tisch und ließ schließlich das ganze Spektrum spiritistischer Manifestationen Revue passieren. Das gesamte Experiment ist in dem lesenswerten Buch »Eine Gruppe erzeugt Philip« von Iris Owen und Margret Sparrow geschildert und zeigt, daß die spiritistischen Phänomene auch durch erfundene »Pseudogeister« hervorgerufen werden können. Es stellt somit eine eindrucksvolle Illustration für das Modell von Batcheldor dar.

Allerdings gibt es auch Beobachtungen, die sich nicht so ohne weiteres in das Modell von Batcheldor einfügen lassen, das die Elusivität der Phänomene des physikalischen Mediumismus hauptsächlich auf psychologische Faktoren zurückführt. Wenn lediglich psychologische Faktoren dafür verantwortlich wären, daß ein paranormales Phänomen verhindert wird, dann würde es ja genügen, diese Faktoren zu beseitigen. Tatsächlich glauben viele Parapsychologen, die Elusivität der Phänomene sei sozusagen nur ein »ärgerliches Nebenprodukt« ungünstiger psychologischer Bedingungen, die es auszuschalten gilt. Daher wird die merkwürdige Elusivität in den Erfahrungsberichten oft gar nicht erwähnt, und der verblüffte Leser fragt sich, weshalb solche massiven Phänomene nicht »richtig« und mit allem technischen Aufwand der Experimentalwissenschaften untersucht werden. Erst wenn man genauer nachfragt, erfährt man, daß sich die Phänomene so elusiv verhalten, daß man sie eigentlich doch nie richtig objektivieren kann. So ist es auch Batcheldor trotz langjährigem Bemühen nie gelungen, eine eindeutige Videoaufnahme einer Manifestation zu erreichen. Batcheldor schilderte mir in einem Brief eine typische Situation: »In einem Experiment hatten wir die Infrarotvideokamera eingeschaltet und der Tisch levitierte. Wir waren dadurch, daß wir glaubten die Videokamera liefe, aber nicht psychologisch gehemmt und ich glaubte, wir hätten einen Erfolg zu verzeichnen. Aber als ich das Band abspielte, war kein Bild zu sehen! Es stellte sich heraus, daß ein Schalter falsch eingestellt war. Das nächste Mal versicherte ich mich, daß alle Schalter richtig eingestellt waren und – wie Sie wohl richtig vermuten werden – weigerte sich der Tisch zu levitieren. Wäre es nach Ihrer Theorie denn möglich, wenn vielleicht auch schwierig, eine detaillierte Videoaufzeichnung einer Levitation zu erhalten?« Nach dem Modell der Pragmatischen Information müssen wir in der Tat annehmen, daß ein Psi-Effekt selbst dann elusiv bleibt, wenn die psychologischen Barrieren ausgeräumt sind, weil jede Beobachtung, die auf Bestätigung aus ist, das System so präpariert, daß seine Autonomie eingeschränkt wird. Tatsächlich waren in der von Batcheldor beschriebenen Situation die psychologischen Bedingungen günstig, und es kam auch zu einer Levitation. Niemand wußte etwas über den vertrackten Schalter, und es ist nicht einzusehen, warum sich nach der Beseitigung dieses Mißgeschicks die psychologische Situation so stark verändert haben sollte. Nach unserem Modell hingegen ist die für die psychologische Situation so unbedeutende Schaltereinstellung von fundamentaler Bedeutung. In der falschen Stellung war nämlich das Gesamtsystem objektiv nicht in der Lage, eine entsprechende Aufzeichnung und damit Messung oder Festlegung des Phänomens zu erreichen. Das Phänomen konnte nur geschehen, weil es nicht vollkommen objektivierbar war. Eine vollständige Videoaufzeichnung würde mehr pragmatische Information beinhalten als das System liefern kann. Das subjektive Erleben der »Sitters« ist dagegen »unscharf« genug, um die geringere, weniger reliable oder zuverlässige Information des Geschehens aufzunehmen. Das Geschehen bleibt vage, das System ist nicht endgültig auf Reliabilität präpariert. Die Bestätigung der Erlebnisse durch eine Videoaufzeichnung bleibt aus. Durch das Einschalten des Schalters verändert das Gesamtsystem seine Struktur in einem solchen Maße, daß das Phänomen ausbleiben muß – ganz ähnlich wie bei dem geschilderten Zweispalt-Experiment, wo das Einschalten eines zusätzlichen Detektors die Interferenzphänomene zum Verschwinden bringt, auch wenn das Photon gar nicht im Detektor nachgewiesen wird. Man kann auch sagen, daß die Potentialität des Systems durch das Einschalten eines zusätzlichen Meßgeräts so geändert wird, daß bestimmte (dazu komplementäre) Meßresultate nicht mehr auftreten können. Man darf das freilich nicht so mißverstehen, daß im Modell der Pragmatischen Information jede objektive Beobachtung der Psi-Phänomene für gänzlich unmöglich gehalten würde – dies wäre eine unzulässige Immunisierung. Man könnte es unter dem Motto zusammenfassen: Weniger wäre mehr gewesen! Man muß also die objektiven Beobachtungsbedingungen so an das Phänomen anpassen, daß man dabei die optimale pragmatische Information ausschöpft, die das System zu liefern in der Lage ist. Falls man das nicht tut, »verschenkt« man Information. Kommt bei einer vollständigen Videoaufzeichnung kein Phänomen mehr zustande, so hat man offensichtlich zu viel Information über das Phänomen verschenkt: es tritt überhaupt nicht mehr auf. Wenn man dagegen bei einer Dunkelsitzung nicht mehr zwischen Trick und echtem Phänomen unterscheiden kann, hat man wohl auch zu viel Information verschenkt, da man nicht weiß, was man beobachtet hat. Wo aber liegt der Weg zwischen der Szylla einer Beobachtung ohne Phänomen und der Charybdis eines Phänomens ohne Beobachtung?

Auf seinen Brief hin habe ich Batcheldor den Vorschlag gemacht, die Auflösung der Beobachtungsmethode zu verringern, also z.B. die Videokamera zu defokusieren oder nur eine akustische Dokumentation vorzunehmen. »Weniger« wäre in diesem Sinne wirklich

»mehr«, denn immerhin gäbe es dann eine objektive Aufzeichnung des Phänomens, wenn sie auch nicht mehr so einfach zu interpretieren ist wie eine perfekte Dokumentation, denn sie enthält »Lücken« (ein Zauberkünstler würde von »Schatten« sprechen). Sie sind genau diejenigen Unklarheiten, die durch die mangelnde Aufzeichnungsmethode zustandekommen. Wenn man nur Geräusche aufzeichnet, ist z.B. nicht eindeutig, was die Geräusche hervorbringt. Eine defokusierte Kamera schränkt die Lokalisierung der Ereignisse ein. Es muß nun allerdings keineswegs so sein, daß diese Lücken in der Dokumentation in jedem Falle Manipulation oder Betrug ermöglichen (daß man z.B. verwendete Fäden nicht mehr sieht), sie sollen vielmehr verhindern, daß das System zu einseitig auf Reliabilität präpariert wird und somit seine Autonomie verliert. Durch die Verringerung der pragmatischen Information der Aufzeichnung hat der Experimentator weniger Möglichkeiten, die Phänomene im Sinne einer Signalübertragung auszunützen, und dadurch übt er nur eine geringe Kontrolle über das System aus. Da er durch die Aufzeichnung nicht genau weiß, was im System vorgeht, kann er damit auch keine zielgerichteten Aktionen bewerkstelligen. Es geht ihm also wie dem unwissenden Preinspector bei den Experimenten mit den Prerecorded Targets. In gewisser Weise ist dieser Zusammenhang beim physikalischen Mediumismus altbekannt, wurde aber bisher ganz anders interpretiert: Schon die Pioniere hatten herausgefunden, daß die Phänomene »lichtscheu« waren und sich nur im Dunkeln oder bei Rotlicht zeigten, aber sie glaubten, daß dies mit der »Lichtempfindlichkeit« einer »feinstofflichen« Substanz zusammenhing, die die Phänomene bewirken sollte, und die unter Licht zerstört wird. Auch Batcheldor erwähnte, daß bei seinen Experimenten eine akustische Aufzeichnung oft möglich war, während sich die Phänomene bei Videoaufzeichnungen nicht zeigten.

In den Experimenten, die Batcheldor bis zu seinem Tode durchführte, versuchte er nun unterschiedliche Auflösungsbedingungen für die Beobachtung der Phänomene zu realisieren. Er berichtete, daß er bei Dunkelsitzungen eine Leuchttafel verwendet habe, vor deren Hintergrund sich »Tücher in der Luft materialisieren« konnten. Es zeigte sich, ganz in Übereinstimmung mit unserer

Voraussage, daß sich diese materialisierten Objekte – oder was immer es war – vor dem Hintergrund einer Tafel mit nur grob verteilten Punkten aus Leuchtfarbe visuell länger zu beobachten waren als vor einer vollständig mit Leuchtfarbe überzogenen Tafel. Bei den wenigen gelungenen (Infrarot-) Videoaufzeichnungen zeigten sich levitierte Objekte immer so im Bildausschnitt, daß man nicht entscheiden konnte, ob sie wirklich levitiert oder nur vor die Kamera gehalten wurden. Es schien, als würden sie so plaziert, daß man die Ursache des Phänomens gerade nicht ausmachen konnte. Batcheldor gibt dabei zu bedenken, daß es für die Teilnehmer sehr schwierig sein dürfte, so etwas zu manipulieren, da sie den Bildausschnitt der Kamera nicht kannten, die keinen Sucher hatte; sie wären Gefahr gelaufen, ertappt zu werden. Batcheldor schreibt, man habe den Eindruck gewonnen, daß das Gesamtsystem genau »wußte«, was von der Kamera aufgenommen wurde, und man ein Phänomen nur aufzeichnen könne, wenn dabei die Ursache im Dunkeln bleibt und man daher nicht entscheiden kann, ob ein normales oder »paranormales« Ereignis vorliegt. Das heißt aber nichts anderes, als daß die Interpretation der Videoaufzeichnung unklar bleibt; sie enthält somit nur eine geringe pragmatische Information und erlaubt es dem Experimentator nicht, das System vollkommen zu kontrollieren oder reliabel zu machen.

Die diskutierten Beispiele zeigen, daß die Phänomene des physikalischen Mediumismus sich im Lichte des Modells der Pragmatischen Information gar nicht so sehr von den Spuk-Phänomenen unterscheiden, sie sind ebenfalls »beobachterscheu« und hängen von der Präparation des Systems ab. Auch in der psychologischen Beschreibung kann man Gemeinsamkeiten finden. Es handelt sich offensichtlich in beiden Fällen um gruppendynamische Prozesse, bei denen die Interaktion unter den Gruppenmitgliedern von entscheidender Bedeutung ist, wenngleich sie beim Spukgeschehen eher ungewollt abläuft. Wir sind natürlich noch weit davon entfernt, angeben zu können, was alles an markroskopischen PK-Phänomenen möglich ist bzw. was nicht möglich ist, und warum sie gerade so und nicht anders ausgeprägt sind. Wir haben keine Ahnung davon, wie groß »stochastische Fluktuationen« eines Systems werden können und warum sie oft so eine bizarre Erscheinungsform haben. Schließlich ist die Systemverschränktheit eines solchen Gruppengeschehens ungeheuer groß und umfaßt viele Ebenen der Beschreibung. Auch wenn bei den gut kontrollierten PK-Experimenten mit Zufallsgeneratoren der anomale Effekt so verschwindend klein zu sein scheint, so heißt das doch nicht, daß er in realen Situationen ebenfalls klein sein muß. Ein kontrolliertes Experiment stellt eine hochartifizielle – gewissermaßen keimfreie – Situation dar, die keine direkten Schlüsse auf die »unreinen« Situationen des täglichen Lebens erlaubt. Auch beim EPR-Experiment ist der Unterschied zwischen der (falschen) klassischen Theorie und der (korrekten) quantenmechanischen Beschreibung nur mit größtem meßtechnischem Aufwand in einer hochartifiziellen Situation zu sehen. Die konkreten Auswirkungen der Quantenphysik bestimmen aber nicht nur unsere moderne Technik, sondern alle Phänomene in der Natur, von denen wir in Wirklichkeit nicht wissen, wie sie aussähen, wenn die klassische Physik universell gelten würde. Haben wir erst einmal akzeptiert, daß auch die Beschreibungssprache der Psychologie »nichtklassischer Natur« ist, bekommen viele harmlose Geschehnisse plötzlich ein anderes Gesicht. Wir sind sicher noch »Lichtjahre« von einem wirklichen Verständnis der beunruhigenden Phänomene des Spuks und des physikalischen Mediumismus entfernt, dennoch scheint das Modell der Pragmatischen Information uns einige Begriffe in die Hand zu geben, die es erlauben, experimentelle Fragestellungen zu formulieren, die im Prinzip falsifiziert werden und gleichzeitig ganz unterschiedliche Bereiche der Parapsychologie integrieren können, ohne daß wir gezwungen sind, mit verbalen Leerformen wie »Psi« operieren zu müssen, die ja nur »Worthülsen« – wie Hans Bender es auszudrücken pflegte – darstellen und eher unsere Ratlosigkeit als unser Verständnis etikettieren.

14

PRAKTISCHE ANWENDUNGEN

Es mag frivol erscheinen, von Anwendungen zu sprechen, solange man noch so wenig Zuverlässiges über die Psi-Phänomene sagen kann. In der Tat haben die maßlosen Übertreibungen mancher Autoren in bezug auf die technologischen Anwendungsmöglichkeiten der Parapsychologie mit dazu beigetragen, das Fach unter Wissenschaftlern und Laien in Verruf zu bringen. Spekulationen von den »Psi-Superwaffen« aus dem »Hyperraum« und der »ESPionage« (ESP ist die englische Abkürzung für ASW) haben mehr mit Science Fiction oder Fantasy-Literatur zu tun als mit wissenschaftlichen Überlegungen über die praktische Relevanz der Psi-Phänomene. Schon allein die Tatsache, daß die Parapsychologie auch nach hundert Jahren noch so sehr um ihre Anerkennung ringen muß, spricht allen Vorstellungen von einer praktischen Ausnützung dieser Phänomene Hohn. Eine einzige praktische Anwendung hätte mehr Skeptiker überzeugt als hundert noch so gut durchgeführte Experimente und noch so klug ersonnene Theorien. Dennoch kann man nicht davon reden, daß die Parapsychologie keine praktischen Anwendungen zu bieten hätte. Jeder Erkenntnisfortschritt bringt im allgemeinen auch eine Anwendung mit sich, auch wenn sie oft ganz anders aussieht, als man auf den ersten Blick vermutet. Aufklärung über falsche Vorstellungen ist sicher auch eine Anwendung. Wenn man zuverlässig nachweisen könnte, daß es die besagten »Psi-Hyperwaffen« nicht geben kann, so wäre das eine Anwendung, die sich sicher auch das Militär einiges kosten lassen würde. Außerdem muß eine Anwendung keineswegs so spektakulär wie die Phänomene selbst sein. Einige Promille Trefferüberhang beim Lottospiel brächten unter Umständen auch schon eine Menge Geld. Die erste Frage, die wir uns stellen müssen, wenn wir die Anwendbarkeit von Psi diskutieren, ist das Problem der Produzierbarkeit der Phänomene. Bei der Anwendung kommt es – anders als beim Experiment – nicht darauf an, eine saubere Trennung zwischen paranormalen und normalen Ursachen vorzunehmen. Aus diesem Grunde könnte es durchaus sein, daß die praktische Anwendung von Psi-Fähigkeiten wesentlich effektiver ist als ihre Demonstration im Laborexperiment.

Eine direkte Anwendung paranormaler Fähigkeiten wird in erster Linie von »Geistigen Heilern« und »Sensitiven« (Hellsehern) in Anspruch genommen. Sie schätzen ihre Erfolgsrate oft auf ungefähr 90% ein, wobei sie aber nicht behaupten, daß ihr Erfolg ausschließlich auf den Faktor »Psi« zurückzuführen sei. Sie geben gerne zu, daß ihnen oft ihre Menschenkenntnis oder Erfahrung mehr hilft als ihre »paranormalen« Eindrücke. Einen gewissen Erfolg kann man diesen »Praktikern« der Parapsychologie daher sicher nicht absprechen. Es läßt sich aber auch nicht bestreiten, daß es unter ihnen Scharlatane gibt, die nichts können, aber so etwas soll ja auch bei anderen schulmäßigen Berufen vorkommen. Immerhin sind die Geistigen Heiler in England in das Gesundheitssystem integriert und arbeiten z.B. in Krankenhäusern mit Schulmedizinern zusammen. Ohne hier im einzelnen auf die Problematik des paranormalen Heilens eingehen zu können, kann jedoch gesagt werden, daß es im allgemeinen sehr schwierig und auch aufwendig ist, genau anzugeben, wie groß der paranormale Anteil des Erfolgs von Geistigen Heilern ist, und in wieweit man damit wirklich von einer Anwendung parapsychologischer Effekte sprechen kann. In einer unlängst durchgeführten ausführlichen und sehr ausgeklügelten Untersuchung an der Universität Utrecht in den Niederlanden konnte immerhin gezeigt werden, daß es einen schwachen, nicht auf die üblichen psychologischen Faktoren wie Suggestion, Erwartungshaltung usw. zurückführbaren paranormalen Heileffekt gab, den die Ärzte mit der Wirkung eines schwachen Medikaments verglichen. Eine andere, von dem Psychologen Henk Boerenkamp ebenfalls in Utrecht durchgeführte aufwendige Untersuchung mit

»professionellen« Sensitiven, die sich auf das paranormale Auffinden von vermißten Personen spezialisiert hatten, ergab, daß diese »Spezialisten« keineswegs erfolglos sind, aber daß der möglicherweise paranormale Anteil nur etwa ein Prozent ausmacht und damit nicht größer ist als bei einer Kontrollgruppe von normalen Personen (und daher vermutlich den Anteil an Zufallstreffern kaum übersteigt).

Dieser ernüchternde Befund wirft vor allem die Frage auf, ob Psi-Fähigkeiten trainiert werden können. In der parapsychologischen Literatur findet man zwar eine Reihe von Arbeiten, die über einen zeitweiligen Trainingserfolg berichten, aber von einer bleibenden antrainierten Psi-Fähigkeit hat man bisher noch nichts gehört. Es scheint eher so zu sein, daß der Psi-Erfolg auf eine »Disposition« zurückzuführen ist, die unter bestimmten Umständen aktiviert wird. Dabei können bestimmte Techniken, wie z. B. Entspannung oder Meditation, durchaus hilfreich sein, äußere Störungen auszuschalten, aber es scheint kein Verfahren zu geben, das als Trainingsmethode angesehen werden kann.

Nach dem Modell der Pragmatischen Information gibt es nur eine Möglichkeit, Psi-Effekte einigermaßen systematisch zu verstärken. Es verknüpft die »Stärke« eines PK-Effekts mit der »Dichte« der Organizational Closure, die eine Versuchsperson mit dem externen physikalischen System eingehen kann. Das bedeutet aber, daß sie in der Lage sein muß, eine große Menge an pragmatischer Information zu erzeugen. Ein System kann dies aber nur dann tun, wenn es seine Komplexität verändern kann. Daraus folgt, daß es zumindest eine notwendige Voraussetzung für ein erfolgreiches PK-Medium ist, daß es seine Komplexität willkürlich verändern kann. Konkret heißt das, es muß seinen Bewußtseinszustand »destabilisieren« können, um dadurch Zufallsfluktuationen in seiner Umgebung anzureichern. Das Modell geht davon aus, daß die Größe des PK-Effekts der Änderung der Komplexität des Systems proportional ist. Zusätzlich erschwert wird dies noch dadurch, daß auch die Versuchsperson Beobachter ist, der das System präpariert, und wir wissen, daß es auf Autonomie präpariert werden muß, wenn sich ein PK-Effekt zeigen soll. Gibt es dazu eine erlernbare Strategie?

Es ist interessant, daß viele Mystiker aus dem westlichen wie aus dem östlichen Kulturkreis, die im Umgang mit okkulten Phänomenen erfahren sind, immer wieder darauf hingewiesen haben, daß es keine direkte Anwendung der paranormalen Begleiterscheinungen der Mystik gäbe, und daß jeder Versuch dies zu tun, der falsche Weg sei. Die Phänomene seien gewissermaßen ein Beiprodukt, auf das es eigentlich nicht ankäme. Eine Technik der »Bewußtseinserweiterung« in der abendländischen Philosophie und Mystik (z. B. bei Nikolaus von Kues) besteht darin, antagonistische oder sich dialektisch widersprechende Bewußtseinsinhalte (wie z. B. die Inhalte »Egoismus« und »Altruismus«) auf einer »höheren« Stufe der Erkenntnis miteinander zu vereinigen (coincidentia oppositorum). Systemtheoretisch entspricht das aber gerade einem Zuwachs an Komplexität. Man könnte sich nun vorstellen, daß ein PK-Medium die Komplexität des verschränkten Systems dadurch erhöht, daß es sich beobachtet, wie es sich beobachtet, wie es sich beobachtet... Daß es gewissermaßen aus sich selbst heraustritt und durch seine Beobachtung der Beobachtung die Dichte der Organizational Closure verstärkt und dabei alle die in sich verschachtelten Teilsysteme auf Autonomie präpariert. So könnte »willentlich« ein »superautonomes System« entstehen – aber wie lange kann man diese »Übung« durchhalten? Außerdem sagt das Modell der Pragmatischen Information aus, daß die Psi-Effekte nur in der »dynamischen Phase« auftreten können, also solange sich die Komplexität ändert. Sobald der Prozeß der Beobachtung der Beobachtung zu Ende kommt, bricht alles wie ein Kartenhaus zusammen. Es kann also nur PK-Effekte geben, solange man lernt, und nicht, wenn man ausgelernt hat. Diese Folgerung des Modells kann man natürlich relativ einfach experimentell überprüfen, was bisher allerdings mangels Forschungsmittel noch nicht realisiert werden konnte. Sie wirft aber auch ein Licht auf die Frage der Trainierbarkeit von PK-Fähigkeiten. Normalerweise bedeutet Trainieren das Lernen und Einüben einer Fertigkeit. Wenn man mit dem Lernen fertig ist, dann »beherrscht« man sie. Wir haben uns aber bereits klar gemacht, daß man Psychokinese nicht beherrschen kann, denn wenn das Lernen zu Ende ist, hat man es wieder mit einem reliablen bzw. statischen

System zu tun, das auch von daher für Psychokinese recht ungeeignet ist. Vielleicht kann man aber auch lernen zu lernen, oder lernen sein kognitives System zu destabilisieren. Das wäre aber immer nur ein »Unterwegssein« und niemals ein »Ankommen«. Genauso wie es in vielen mystischen Systemen zum Ausdruck kommt, wenn betont wird, daß der Weg wichtiger sei als das Ziel. Dies ist wichtig zu wissen, weil von unseriösen Geschäftemachern oft »Trainingskurse« angeboten werden, wo man gegen teures Geld seine Psi-Fähigkeiten trainieren können soll. Solche Versprechungen entbehren jedenfalls bisher jeglicher wissenschaftlicher Grundlage.

Der amerikanische Psychologe Rex Stanford hat die Vermutung, daß Psi-Leistungen eher eine »Disposition« als eine »Fähigkeit« darstellen, in einem psychologischen Modell begründet. Sein »Conformance Behavior«-Modell – was man am ehesten mit »angepaßtem Verhalten« übersetzt – geht davon aus, daß wir ständig in einem (paranormalen) »Kontakt« mit unserer Umwelt stehen und die Vorgänge, die für uns von Bedeutung sind, bewußt oder unbewußt (über ASW und PK) entsprechend unserer Bedürfnisse zu »arrangieren« versuchen. Dazu bedarf es echter Zufallsprozesse, deren Ergebnisse sich so in die Gesamtsituation einfügen, daß die Bedürfnisse des Beobachters (z. B. einer Versuchsperson, eines Experimentators oder eines Spukauslösers) dabei befriedigt werden. Wir können uns hierbei als Beispiel die Katze aus Kapitel 8 vorstellen, deren Bedürfnis nach Wärme durch eine signifikante Abweichung des Zufallsgenerators, der die Heizlampe einschaltet, befriedigt wird. Der Zufallsprozeß muß natürlich für die Bedürfnislage des Gesamtsystems relevant sein, d. h. er muß eine Bedeutung für das Bedürfnis haben. Psi-Leistungen ergeben sich also nicht aufgrund einer Fähigkeit der betroffenen Person, sondern aufgrund einer Disposition des Gesamtsystems, in die »interne« Bedingungen und »externe« Gegebenheiten gleichermaßen eingehen. Stanfords Modell macht keine Aussagen darüber, wie der Psi-Prozeß im einzelnen abläuft, sondern beschreibt nur die psychologischen Randbedingungen, die zu einem Psi-Effekt führen. Insofern ist dieses Modell im Ansatz dem Modell der Pragmatischen Information sehr ähnlich, wenngleich es nicht so spezifisch in seinen Aussagen ist. Nach unserem Modelle ist ein (bewußtes oder unbewußtes) Bedürfnis eine von vielen Möglichkeiten, eine Organizational Closure zu bilden. Im Stanfordsche Modell werden z. B. nicht die Grenzen beschrieben, die dem Psi-Effekt durch die Präparation des Systems auferlegt werden. Erstaunlicherweise erlaubt aber gerade die Kenntnis dieser Grenzen eine Fülle von Anwendungen. Dabei wird eher von den theoretischen Ergebnissen der Parapsychologie Gebrauch gemacht als von den Phänomenen selbst. Insofern ist die Anwendung der »Timmschen Regel«, z. B. bei der Entlarvung eines betrügerischen Mediums, ein echter Erfolg parapsychologischer Forschung, dessen praktische Bedeutung nicht unterschätzt werden soll. Eine sachgerechte Aufklärung darüber, was Psi nicht vermag, ist unter praktischen Gesichtspunkten oft viel wichtiger als vage Versprechungen über zukünftige (technologische) Psi-Wunder – man denke nur daran, wieviel Geld in sinnlose »Psi-Kurse« gesteckt wird, oder an die Angst vor den Psi-Wunderwaffen. Ein ähnliches Anwendungsfeld liegt in der Beurteilung von präkognitiven Voraussagen. Wenn das Modell der Pragmatischen Information richtig ist, können wir vielen Leuten, die einen Blick in ihre Zukunft wagen wollen, den Gang zum Hellseher ersparen. Das heißt nicht etwa, daß der Hellseher nicht recht haben könnte; seine Voraussagen können sogar sehr spezifisch und präzise sein, nur stellen sie keine wirkliche (Shannonsche) Information dar, aufgrund derer man eine Entscheidung fällen könnte. Auch der beste Hellseher hat nach dem Modell der Pragmatischen Information kein Kriterium dafür, zwischen einer echten Präkognition, reiner Phantasie und purem Zufall zu unterscheiden. Ob die Voraussage richtig ist, weiß man prinzipiell immer erst hinterher. Was nützt dann aber noch die schönste Übereinstimmung?

Wie wichtig das Verständnis paranormaler oder vermeintlich paranormaler Phänomene im täglichen Leben werden kann, zeigt die sich zur Zeit epidemieartig ausbreitende Okkultismuswelle. In der Bundesrepublik ist die unkritische Beschäftigung mit Okkultismus – Stichwort: »Esoterik/New Age« – und den okkulten Praktiken, vor allem unter Jugendlichen, in der letzten Zeit zu einem ernsthaften sozialpsychologischen Problem angewachsen, dem nur durch sachgerechte Aufklärung und

Information entgegengetreten werden kann. Die Beschäftigung mit dem Okkulten bewirkt nämlich bei vielen Betroffenen (Jugendlichen) die Symptome einer psychischen Abhängigkeit sowie Angst- oder Depressionszustände bis hin zum totalen Realitätsverlust (der sogenannten »mediumistischen Psychose«). Erziehungsberatungsstellen, Schulen und Eltern sind auf den Umgang mit dieser speziellen Form von psychohygienischen Problemen weder vorbereitet noch ausreichend informiert und daher im allgemeinen überfordert – nicht zuletzt wegen der seit vielen Jahren absolut mangelhaften Forschungsmöglichkeiten auf dem Gebiet der Parapsychologie. Bei einer jüngsten Umfrage hat sich ergeben, daß sich ca. 75% der psychosozialen Berater in der BRD für »nicht ausreichend informiert« halten. Es kommt daher häufig vor, daß selbsternannte »Experten« die Ratlosigkeit der Betroffenen ausnützen und die Dinge nur noch verschlimmern. Moralisierende Ermahnungen an die Jugend, sich nicht mit dem »Leibhaftigen« einzulassen, hat da genauso wenig Sinn wie die »okkulten« Erlebnisse der Betroffenen als Einbildung und bloße Spinnerei abzutun. Man kann den Teufel nicht mit dem Belzebub austreiben. Die bei den Jugendlichen am häufigsten angewendete okkulte Technik ist das Glasrücken oder automatische Buchstabieren. Dabei legen ein oder mehrere Sitzungsteilnehmer einen Finger leicht auf ein umgestülptes, leicht bewegliches Glas, das sich in der Mitte eines kreisförmig angeordneten Alphabets befindet. Meist wird dann gefragt, ob ein »Geist« anwesend sei. Das Gläschen bewegt sich wie von selbst auf »ja« zu, und es werden weitere Fragen gestellt, die »vom Gläschen« mehr oder weniger sinnvoll beantwortet werden. Die Teilnehmer haben das überzeugende Gefühl, daß nicht sie das Gläschen bewegen, sondern daß dies von alleine geschieht, und es manchmal sogar schwierig wird, ihm mit dem Finger zu folgen. Die so ermittelten Botschaften werden meist Verstorbenen, Dämonen oder gar dem Teufel zugeschrieben und oft für bare Münze genommen, wenn entsprechende »Kontrollfragen« richtig beantwortet werden; das sind Fragen, von denen angenommen wird, daß sie in der Gruppe niemand weiß.

Schon Faraday hat dieses Phänomen anhand des Tischrückens untersucht und war dabei zum Schluß gekommen, daß die Bewegungen durch unbewußte Muskelbewegungen der Teilnehmer zustandekommen und von diesen unbewußt so koordiniert werden, daß dabei sinnvolle Antworten zutage treten. Natürlich können auch die Antworten dem unbewußten Gedächtnisreservoir der Teilnehmer entstammen und werden von diesen daher oft als »wesensfremd« erlebt, so daß sich für sie die Annahme einer geisterhaften Intelligenz geradezu aufdrängt. Diese klassische Erklärung für das Phänomen scheint vor allem im Lichte der modernen Chaostheorie, die wir schon im Kapitel 7 angesprochen haben, sehr plausibel, denn bei mehreren Teilnehmern werden die unbewußten oder unabsichtlichen Krafteinwirkungen durch den auf das Gläschen gelegten Finger so kompliziert, daß die Dynamik der Bewegung durchaus einem chaotischen System entsprechen kann, aus dem sich – als kollektives Phänomen – schließlich wieder eine geordnete Bewegung ergeben kann, die nun wirklich nicht mehr von einem einzelnen alleine kontrolliert werden kann. Dennoch scheint die Erklärung unzureichend zu sein. Denn ein erstaunlich hoher Prozentsatz von über 17% der Befragten berichtet, daß bei solchen Sitzungen auch Bewegungen des Glases beobachtet wurden, wenn es von keinem Teilnehmer berührt wurde. In der Parapsychologie werden solche Effekte als Psychokinese bezeichnet, wie wir ja nun wissen. Außerdem gaben über 8% der Befragten an, daß auch Fragen richtig beantwortet wurden, die nachweislich niemand der Beteiligten hätte wissen können. Dabei könnte es sich um ASW handeln. Es ist verständlich, daß Teilnehmer, die so etwas erlebt haben, sich nicht von der Hypothese der unbewußten Muskelbewegungen überzeugen lassen und daher mangels anderer Erklärungsmöglichkeiten lieber zu ihren Geistervorstellungen zurückkehren. Nachdem wir bereits die Sittergroup-Experimente von Batcheldor und Owen kennen, sehen wir hier allerdings noch ein anderes Erklärungsmodell: Die Situation des Glasrückkens unterscheidet sich eigentlich nicht von einer solchen Sittergroup. Man braucht noch nicht einmal eine Person, um die Phänomene durch Manipulationen »anzutriggern«, das besorgt der chaotische Prozeß des Glasrückkens selbst; und es müssen auch keine psychologischen Barrieren wie die »ownership resistance« abgebaut werden, denn man glaubt ja ohnehin an das Wirken von Geistern. In der Terminologie des Modells der Pragmatischen Information ausgedrückt, eignet sich das Gläschen hervorragend, um das System auf Autonomie zu präparieren. Der gemeinsame Glaube und die Verstärkung durch die richtigen Antworten erzeugt eine Organizational Closure des Systems, so daß schließlich Physik und Psychologie nicht mehr auseinanderdividiert werden können – kurz: psychokinetische Effekte sind geradezu vorprogrammiert; allerdings nur so lange wie sie niemand »festmachen« will. Das Modell der Pragmatischen Information stellt aber keineswegs einen Widerspruch zum klassischen Faradayschen Modell dar, es ist eine Erweiterung. Zu Beginn der Sitzung ist sicher die klassische Beschreibung ausreichend, aber das ändert sich in dem Maße, indem die Organizational Closure des Systems zunimmt. Man kann auch sagen, daß die Verschränktheit oder die Komplexität des Systems zunimmt, und das spüren natürlich auch die Teilnehmer. Sie haben ein »Feeling«, das in der Tat etwas Neues darstellt, das ohne diese okkulten Praktiken nicht zustandekäme. Damit läßt sich auch die eigentümliche Faszination erklären, die sich die Teilnehmer auch nicht von wohlmeinenden Psychologen ausreden lassen. Natürlich können die Reaktionen auf ein solches Geschehen ein breites Spektrum zeigen: von Begeisterung bis zur Todesangst, von psychischer Abhängigkeit bis zur Bereicherung des Weltbildes. Unser Modell ist sicher nicht für jeden überzeugender als das klassische Modell. Für die meisten ist in der Tat die spiritistische Hypothese oder die Annahme, daß Dämonen oder der Teufel hinter den Manifestationen stecken, viel plausibler als jedes wissenschaftliche Modell. Das hängt natürlich in erster Linie damit zusammen, daß die Geisterhypothese anschaulich und anthropomorph (menschlich gestaltet) ist, während die wissenschaftlichen Modelle höchst abstrakt sind. Viele Leute reagieren sogar mit emotionalen Widerständen gegen diese Modelle und empfinden sie als »verkopft« oder sogar unmenschlich. Geister und Dämonen sind ihnen lieber als eine klare Überlegung. Die Wissenschaft hat sicher nicht die Aufgabe, sich in die Wertvorstellungen von Personen einzumischen, sie kann nur Wenn-dann-Sätze formulieren, sie hat keinen normativen Charakter.

Die Geschichte zeigt allerdings zur Genüge, wieviel Unheil emotional gefärbte, dogmatisch vertretene, nichtfalsifizierbare Theorien mit Absolutheitsanspruch angerichtet haben. Sie können sehr leicht als Repressionsmittel mißbraucht werden, gerade weil sie so plausibel erscheinen. Die Zeit der Hexenverfolgungen ist nur ein warnendes Beispiel. Ansatzweise erlaubt das Modell der Pragmatischen Information gerade die Dynamik solcher Glaubenssysteme, die auf okkulten Erfahrungen basieren, zu verstehen. Vor allem wird deutlich, warum anthropomorphe Vorstellungen so plausibel erscheinen: Durch das Auftreten einer Organizational Closure wird vom Gesamtsystem ein Teilsystem abgespalten, das seine eigene Autonomie entwickelt und sich gewissermaßen von seiner Umgebung ernährt, wie ein Parasit von seinem Gastorganismus. Das sich verselbständigende Teilsystem wird dann von der betroffenen Gruppe auch als eigenständige »intelligente« Einheit oder »Wesenheit« wahrgenommen und zeigt dann tatsächlich die Erscheinungsform eines »Geistes« oder »Teufels«, je nach der Präparation des Systems und den psychischen Inhalten und Vorstellungen, mit dem das Teilsystem von der Gruppe »gefüttert« wird.

Hinzu kommt noch die Elusivität der Manifestationen, die den Eindruck verstärken, als handle es sich um eine unabhängige »Entität«, die die Freiheit hat, sich zu zeigen oder sich zu verweigern. Die paranormalen Phänomene haben sozusagen die inhärente Tendenz, den Beobachter in die Irre zu führen; sie werden nicht umsonst als spukhaft, schabernack- oder koboldartig erlebt und vor allem gerade deswegen auch gerne verdrängt. Verdrängung bewirkt aber oft eine Festigung der Organizational Closure. Nur ein klares Verständnis dieser Zusammenhänge kann diesen »Teufelskreis« aus angsterzeugenden und angsterhaltenden Prozessen auflösen. Es liegen hier also ganz ähnliche Mechanismen zugrunde, wie sie schon C.G. Jung in seiner Theorie der »Komplexe« dargestellt hat, mit dem Unterschied, daß sich die Organizational Closure nicht auf »innerpsychische« Zusammenhänge beschränkt. Wie gesagt – Aufklärung ist nicht nur ein legitimes Anwendungsgebiet einer Wissenschaft, sie sollte sich dieser Verpflichtung auch nicht entziehen.

Schließlich wollen wir noch eine Anwendung der Parapsychologie diskutieren, die zwar auch in erster Linie Aufklärungscharakter hat, aber doch eine wirkliche, wenn auch indirekte technologische Relevanz besitzt. In Kapitel 10 und 11 haben wir erfahren, daß Psychokinese zwar keine »Einwirkung« (oder Signalübertragung) auf physikalische Prozesse beinhaltet, sondern als eine Zufallsfluktuation aufzufassen ist, aber sie kann offenbar in Korrelation mit bestimmten psychologischen Variablen des Beobachters auftreten. Nun spielen in den meisten technischen Prozessen solche Zufallsfluktuationen eine wichtige, wenn auch unerwünschte Rolle. Vor allem bei sehr komplexen technischen Systemen kann man das Auftreten und die Auswirkungen von solchen Zufallsfluktuationen oft nicht vorhersagen. Dies ist ebenfalls ein Ergebnis der Chaostheorie. In sehr großen und stark vernetzten elektrischen Systemen wie z. B. dem weltweiten Telephon- oder Energieversorgungsnetz oder großen Computernetzen treten erfahrungsgemäß oft Störungen auf, deren Ursache sich nicht eindeutig lokalisieren lassen. Es ist unter Experten längst kein Geheimnis mehr, daß sich die Fehlerrate eines Gesamtsystems nicht additiv aus der Fehlerrate der einzelnen Komponenten des Systems errechnen läßt. Man ist letztendlich auf Erfahrungswerte angewiesen. Selbstverständlich spielt dabei auch der berüchtigte »menschliche Faktor« eine große Rolle; und tatsächlich ist bei großen technischen Katastrophen oft menschliches Versagen die Ursache. Wenn wir nun allerdings davon ausgehen müssen, daß solche Zufallsflukuationen auch noch »direkt« mit psychologischen Faktoren, z. B. des Bedienungspersonals zusammenhängen, dann kann die Sache im wahrsten Sinne des Wortes brisant werden. Wer wird schon eine spukauslösende Person im Hochsicherheitstrakt eines Kernkraftwerks beschäftigen wollen? Robert G. Jahn schreibt 1983 dazu: »Aus der Perspektive der Hochtechnologie kommt der Untersuchung paranormaler Phänomene im Zusammenhang mit dem ›human factor engineering‹ oder dem ›man-machine interface‹ eine zunehmende Bedeutung zu, die mit der Entwicklung von zunehmend empfindlicheren Instrumenten und komplexeren und höher integrierten Datenverarbeitungsanlagen einhergeht. Insbesondere wirft die mögliche Verwundbarkeit dieser

Geräte und Prozesse durch den Einfluß des menschlichen Beobachters und seines Bewußtseins eine Reihe von pragmatischen Konstruktionsfragen auf und scheint das Auftreten von quantenphysikalischen Phänomenen in makroskopischen Bereichen zu erzwingen.« So wird wohl auch in Zukunft eine Anwendung der Parapsychologie in dem Sinne, daß wir morgens die Kaffeemaschine mittels Psychokinese einschalten können, ein irrealer Wunschtraum bleiben. Man kann alleine an diesen Beispielen sehen, daß jedenfalls die Parapsychologie nicht zu den Wissenschaften gehört, die Mühe haben, ihre Geldgeber von ihrer praktischen Notwendigkeit zu überzeugen, und sich auf das Argument zurückziehen müssen, daß auch die »reine« Erkenntnis fern von jeder praktischen Nutzung ein förderungswürdiges Kulturgut im Sinne der »Humanitas« sei. Bleibt uns also nur noch zu fragen, wie es denn nun aussieht mit der Zukunft dieser Wissenschaft vom Menschen für den Menschen.

15

WIE SIEHT ES MIT DER ZUKUNFT DER PK-FORSCHUNG AUS?

Vergleichen wir die Parapsychologie in empirischer, methodischer und theoretischer Hinsicht mit anderen sozialwissenschaftlichen Disziplinen, dann fällt auf, daß sie sich durch nichts von diesen unterscheidet, da sie schließlich nur deren erprobte Methoden anwendet. Lediglich das Objekt ihrer Untersuchung ist ungewöhnlich. Die Schweizer Psychologin und C. G. Jung-Schülerin Aniela Jaffé schreibt dazu in einem Handbuchbeitrag über »Die Faszination durch Aberglauben und Parapsychologie«: »Im Zusammenhang mit dem uns gestellten Thema muß darauf hingewiesen werden, daß die Parapsychologie als Wissenschaft keine eigentliche Faszination ausübt. Von einer Wirkung auf die Massen kann kaum die Rede sein, dazu sind ihre Methoden zu nüchtern oder auch zu kompliziert. Eine geheime unbewußte Faszination verrät sich höchstens in den mit großer Emotion geführten Polemiken gegen dieses Forschungsgebiet. Wie viele oder wie wenige interessieren sich für die astronomische Zahl durchgeführter Statistiken eines J.B. Rhine und anderer Parapsychologen? Oder für Messungen mit Encephalographen? Oder für einen systemtheoretischen Zugang zur paranormalen Kognition? Denn so und ähnlich lauten Themen, die sich die Parapsychologie neben sorgfältig durchgeführten Falluntersuchungen und Experimenten stellt. Parapsychologie als Wissenschaft übt keine Faszination aus und hat mit Aberglauben nichts zu tun. Im Gegenteil, man könnte sie gerade als aufklärende und wirksame Waffe gegen Leichtgläubigkeit und Ausschreitungen des Okkultismus betrachten.«

Vor allem die jüngste Entwicklung auf dem theoretischen Sektor hat gezeigt, daß auch das Objekt der Parapsychologie möglicherweise weit weniger anomal ist, als es der wissenschaftliche Laie glaubt. Was wirklich anomal ist an der Parapsychologie, das ist ihr wissenschaftssoziologischer Zustand. Wohl über keine andere Wissenschaft hat der Bundesgerichtshof ein Urteil abgegeben. Es ist aber nicht nur ein wissenschaftsgeschichtliches und juristisches Unikum, sondern auch ein wissenschaftspolitisches Fiasko, wenn es in diesem BGH-Urteil vom 21.2.1978 heißt: »Auch wenn man nicht so weit geht, die Parapsychologie für wissenschaftsfeindlich zu halten, so gilt jedenfalls im Bereich des Strafverfahrens noch immer die Regel, daß die hier in Rede stehenden Kräfte nicht beweisbar sind, sondern lediglich dem Glauben oder Aberglauben, der Vorstellung oder dem Wahne angehören, und daher als nicht in der wissenschaftlichen Erfahrung des Lebens begründet, vom Richter nicht als Quelle realer Wirkungen anerkannt werden können« (Aktenzeichen 1StR 624/77). Bemerkenswert ist dabei nicht, daß sich das Gericht nicht auf umstrittene wissenschaftliche Fragen einlassen wollte – dies tun Gerichte aus gutem Grund auch in anderen Fällen nicht –, bemerkenswert ist vielmehr, daß ein Gericht entscheidet, »daß die hier in Rede stehenden Kräfte nicht beweisbar sind, sondern ...dem Wahne angehören«. Noch deutlicher wird der Jurist und Vorsitzende Richter am Landgericht Wimmer, wenn er 1979 in einem Aufsatz im renommierten »Archiv für Kriminologie« fordert, »daß wissenschaftliche Hypothesen wahnfrei zu sein haben«, und fortfährt: »Es gibt nun einmal wissenschaftliche Erkenntnisse, denen eine unbedingte, jeden Gegenbeweis ausschließende Beweiskraft zukommt und die jeder hinnehmen muß, der sich nicht der Forderung nach psychiatrischer Untersuchung aussetzen will.« Daß es sich bei diesen Empfehlungen eines deutschen Richters nicht um bedauerliche Entgleisungen handelt, denen zufolge nicht nur Parapsychologen, sondern auch die meisten theoretischen Physiker in psychiatrischen Gewahrsam genommen werden müßten, zeigt sich vor allem daran, daß in der Bundesrepublik vom Staat bis dato im Jahr nicht einmal 2000 DM – in Worten zweitausend – für Forschungsmittel auf dem Gebiet der Parapsychologie ausgegeben werden. Kein Wissenschaftler und erst recht kein Laie, der nicht wirklich selbst einmal versucht hat,

Forschungsmittel für eine parapsychologische Fragestellung bei den dafür vorgesehenen (staatlichen) Forschungsförderungseinrichtungen zu bekommen, kann sich vorstellen, auf welche Vorurteile und Widerstände man dabei stößt. Zur Illustration soll hier eine sehr knappe chronologische Darstellung über die Schwierigkeiten folgen, die bei der Beschaffung der Mittel für das in Kapitel 10 geschilderte Freiburger Psychokinese-Experiment auftraten. Ich möchte aber nicht verschweigen, daß es zum Glück auch immer – zum Teil unerwartete und oft unkonventionelle – Hilfe von einzelnen staatlichen Stellen und vor allem von Industrieunternehmen gab, ohne die das Projekt hätte niemals verwirklicht werden können.

Am 29. August 1978 wurde von Prof. Dr. Dr. H. Bender in Zusammenarbeit mit dem Verfasser ein Antrag auf Sachbeihilfe bei der Deutschen Forschungsgemeinschaft (DFG) zum Thema: »Experimentelle Untersuchungen zum Problem der Psychokinese« eingereicht. Dieser Antrag wurde am 22. August 1979 abgelehnt. In der Begründung der Ablehnung hieß es: »Alle Gutachter stimmten in der Auffassung überein, der auf naturwissenschaftlichen Methoden beruhende Nachweis der Existenz psychokinetischer Effekte sei von großem allgemeinen Interesse. Insofern wird das generelle Untersuchungsziel grundsätzlich positiv eingeschätzt.... Am besten wäre es, so stellte ein Gutachter fest, wenn Sie einen Hochschullehrer aus dem Bereich der Physik an der Universität Freiburg für die Mitarbeit an diesem Vorhaben gewinnen könnten.« Am 7. November 1979 wurde der DFG durch ein Schreiben von Prof. Dr. Bender mitgeteilt, daß sich Prof. Dr. S., Inhaber eines Lehrstuhls für Biophysik, bereit erklärt habe, das Forschungsvorhaben der DFG gegenüber verantwortlich zu betreuen. In einem Antwortschreiben der DFG wird die Hinzuziehung eines zusätzlichen Wissenschaftlers zur Mitarbeit als »unüblich« bezeichnet.

Am 6. Juni 1980 wurde eine revidierte Fassung des Antrags: »Experimentelle Untersuchungen zum Problem der Psychokinese« von Prof. Dr. J. Mischo in Zusammenarbeit mit dem Verfasser bei der DFG eingereicht. Unter Absatz 3.2 wurde besonders darauf hingewiesen, daß eine Zusammenarbeit mit unabhängigen Wissenschaftlern (Universitätsprofessoren) aus anderen Disziplinen (mathematische Statistik, Physik, Ingenieurswissenschaften) vorgesehen sei. Auch die Zusammenarbeit mit Trickexperten wurde ausdrücklich betont. Insbesondere wurde die Bereitschaft zur Mitbetreuung des Antrags durch Prof. Dr. S. hervorgehoben. Am 9. Februar 1981 teilte der Präsident der DFG in einem Schreiben mit, daß der Antrag abgelehnt sei. Darin heißt es: »Bitte haben Sie dafür Verständnis, daß die Deutsche Forschungsgemeinschaft alle Bereiche der Forschung berücksichtigen und gegeneinander abwägen muß...«. In der Begründung der Ablehnung wird folgende Empfehlung ausgesprochen: »...von sämtlichen experimentellen Rohdaten (Computerlochstreifen) im Beisein eines Notars und des versuchsleitenden Physikers Kopien zu erstellen und diese Kopien...unter notariellen Verschluß zu nehmen...«.

Schließlich gelang es mir jedoch auch ohne einen Pfennig der DFG, hauptsächlich durch Unterstützung aus der Industrie, den wichtigsten Teil des geplanten Projekts durchzuführen und ein modernes Labor für statistische Psychokinese-Experimente an der Universität Freiburg aufzubauen. Ich hoffte, daß es nach dieser »Vorleistung« einfacher sein würde, längerfristige Forschungsmittel für die Psychokinese-Forschung zu erhalten. So wurde am 2. Dezember 1983 auf dem 1. Workshop der »Wissenschaftlichen Gesellschaft zur Förderung der Parapsychologie e.V. (WGFP)« ein Memorandum an das Baden-Württembergische Ministerium für Wissenschaft und Kunst verabschiedet, mit dem Titel: »Wie läßt sich die Zukunft der Parapsychologie in der BRD sichern?«. Dieses Memorandum wurde insgesamt von 57 Personen unterzeichnet. Davon waren 36 aktiv arbeitende Wissenschaftler aus verschiedenen Disziplinen (20 davon Professoren). In Schreiben baten acht Hochschullehrer ausländischer Universitäten den Rektor der Universität Freiburg, den Fortbestand des Psychokineseprojekts zu ermöglichen.

Am 28. März 1984 teilte das Ministerium für Wissenschaft und Kunst, Baden-Württemberg, in einem Schreiben mit, daß das Ministerium keine Möglichkeit sähe, das Psychokineseprojekt finanziell zu unterstützen. Nachdem alle anderen »regulären« Wege versagt hatten,

Forschungsmittel für die Parapsychologie zu erhalten, wurde schließlich vom Verfasser im November 1986 mit Unterstützung der »Wissenschaftlichen Gesellschaft zur Förderung der Parapsychologie e.V.« eine Petition an den Landtag von Baden-Württemberg gerichtet, um wenigstens eine kleine Arbeitsgruppe mit etwa drei Wissenschaftlern einrichten zu können, die sich intensiv der Psychokinese-Forschung widmen sollten. Diese Petition wurde von 37 Hochschulprofessoren aus der ganzen Welt – vertreten waren fast alle wissenschaftlichen Disziplinen – mit Schreiben unterstützt, in denen die Bedeutung der Psychokinese-Forschung von den unterschiedlichsten Aspekten her beleuchtet wurde. Nach 18 Monaten, in denen Dutzende von Schreiben gewechselt und Gespräche geführt worden waren, teilte die Regierung schließlich lapidar mit, daß das »Ministerium für Wissenschaft und Kunst im Augenblick keinen Bedarf für eine zusätzliche Forschungsförderung« sähe.

Auf diesem Hintergrund scheint es geradezu illusorisch, von einer Zukunft der Psychokinese-Forschung in Deutschland sprechen zu wollen. Sicher sind die Verhältnisse im angloamerikanischen Kulturraum nicht so gravierend, und tatsächlich findet die »Mainstream«-Entwicklung der Parapsychologie auch dort statt. Obwohl die Kritiker der Parapsychologie schlichtweg behaupten, diese habe es in hundert Jahren Forschung noch nicht einmal geschafft, die Existenz ihres Forschungsgegenstands zu beweisen, so haben sie es selbst doch auch nicht vermocht, die berichteten Anomalien hinreichend auf konventionelle Weise zu erklären. Wenn man übrigens bedenkt, wie lange die Physik und die Chemie oder gar die Psychologie gebraucht haben, um anerkannte Wissenschaft zu werden, so sind 100 Jahre Forschung bei einem so komplexen Gegenstand fast gar nichts. Es ist daher eher ermutigend, wenn man sieht, welchen Fortschritt die Parapsychologie in methodischer, experimenteller und theoretischer Hinsicht in den letzten Jahren aufzuweisen hat – und das unter geradezu kümmerlichen Forschungsbedingungen von einer Handvoll Wissenschaftlern, die dabei noch ihren Ruf und ihre Karriere aufs Spiel setzen müssen.

Der große theoretische Fortschritt der Observational Theories gegenüber dem klassischen Einflußmodell von

J.B. Rhine (»Psi ist eine wirkliche Kraft«) besteht vor allem darin, daß diese nur eine schwache Verletzung des bestehenden physikalischen Weltbildes erfordern. Außerdem sind sie in der Lage, natürliche und plausible Erklärungen für eine Anzahl von empirischen Befunden zu liefern, die zu Widersprüchen im klassischen Modell führen. Und schließlich sind die Aussagen der Observational Theories weitgehend experimentell überprüfbar und haben sich daher sehr fruchtbar auf die Entwicklung der Parapsychologie in den vergangenen 15 Jahren ausgewirkt. Trotzdem haben sie es nicht vermocht, die allgemeine Reserve der etablierten Wissenschaften der Parapsychologie gegenüber aufzubrechen. Es ist aber gar keine Frage, daß das nicht an der Qualität dieser Modelle liegen kann, denn sie beheben ganz offensichtlich das an der Parapsychologie oft reklamierte Theoriendefizit und stehen, was experimentelle Überprüfbarkeit, mathematische Ausformulierung und Kompatibilität mit anderen Bereichen der Wissenschaften betrifft, vielen anderen Theorien, z.B. aus der Psychologie, in nichts nach. Die grundlegenden Schwierigkeiten der Observational Theories, die mit dem Divergenzproblem zusammenhängen, gelten auch für die Grundlagen der Quantenphysik, ohne deren Wissenschaftlichkeit Abbruch zu tun. Wenn es sich nun im Laufe weiterer Forschung herausstellen sollte, daß durch die Anwendung des Modells der Pragmatischen Information nicht einmal eine schwache Verletzung des viel bemühten naturwissenschaftlichen Weltbilds durch die Parapsychologie zu erwarten ist, dann stellt sich die interessante Frage, wie sich das auf die wissenschaftssoziologische Situation der Parapsychologie auswirken könnte. Es gäbe dann sicher keinen Grund mehr zu behaupten, daß Psi nicht existieren könne, weil es den Naturgesetzen widerspräche. Auf der anderen Seite könnte man auch nicht behaupten, daß die Parapsychologie in die Normalpsychologie oder die Physik übergegangen sei, denn schließlich untersucht die Physik normalerweise keine Effekte, die von psychologischen Faktoren einer Person abhängen, und die Psychologie untersucht normalerweise keine physikalischen Effekte. Es wäre also vollkommen legitim, die Parapsychologie als eine eigenständige Disziplin anzusehen, die das Verhalten von »komplexen psycho-physikalischen

Systemen« untersucht, ganz ohne revolutionäre Attitüde und Paradigmenwechsel – aber ich glaube auch ohne Präkognition voraussagen zu können, daß das gerade den Wenigsten gefallen wird. Den sogenannten Schulwissenschaftlern nicht, wegen der unliebsamen Konkurrenz – was die raren Forschungsmittel betrifft –, und den Psi-Enthusiasten nicht, wegen der Ideologie. Der amerikanische Psychologe William McDougall schreibt bereits 1927 in seinem Aufsatz »Parapsychologie als Universitätsstudium«: »Es sei also zugegeben, daß es kein Arbeitsfeld für den gelegentlichen Amateur ist, der lediglich einen raschen Blick auf die Phänomene werfen und daraus Folgerungen ziehen will. Es ist auch kein Gebiet für Menschen, die hoffen, Trost für irgendwelche persönlichen Verluste zu finden oder für Dilettanten, die lediglich nach einem neuen sensationellen Steckenpferd suchen. Es ist vielmehr ein Forschungsgebiet, das bei jedem Schritt im höchsten Maße wissenschaftliche Gesinnung und eine umfassende wissenschaftliche Ausbildung und Beschlagenheit erfordert...«. Vielleicht gibt es noch einen tieferen Grund für den Widerstand gegen die Parapsychologie: Was manche großartig als die Angst vor der »Entzauberung des Wunderbaren« nennen, ist möglicherweise in Wirklichkeit nur eine Beleidigung der Eigenliebe. Das nüchterne und kritische Nachfragen der Wissenschaft und die Erkenntnis, daß der Mensch sich möglicherweise selbst mit relativ einfachen naturwissenschaftlichen Methoden beschreiben kann, scheint vielen nicht zu behagen, weil sie fürchten, dadurch geringer zu werden, als sie zu sein glauben. Die Parapsychologie wäre damit nur die nächste – und sicher nicht die letzte – Stufe in einem schmerzlichen Erkenntnisprozeß, der mit der Astronomie begann, die die Erde aus dem Zentrum des Universums rückte, der mit der Evolutionstheorie und Verhaltensforschung fortgeführt wurde, die die Vorrangstellung des Menschen vor den Tieren in Frage stellte, der in der Psychologie und Psychoanalyse die »heiligen Gefühle« auf Triebmechanismen zurückführte, und nun schließlich auch noch die »Wunder der Psyche« auf »informatorische Kopplungen komplexer Systeme« zurückführen will. Nicht ohne Grund hatte der Genuß vom Baum der Erkenntnis die Ausweisung aus dem Paradies zur Folge;

aber wird Selbsterkenntnis nicht als die vornehmste Aufgabe des Menschen angesehen?

»Jemand warf Me-Tis sein Mißtrauen und seine Zweifelsucht vor. Er verantwortete sich so: Nur eines berechtigt mich zu sagen, daß ich wirklich ein Anhänger der Großen Ordnung bin: Ich habe sie oft genug angezweifelt.« (Bert Brecht)

LITERATURHINWEISE

Vorbemerkung

Timm, U.: »Was wissen wir wirklich über Psi-Phänomene?«, in: Bauer, E. & Lucadou, W.v. (Hrsg.): Spektrum der Parapsychologie. Freiburg: Aurum 1983, S. 224–242.

Kapitel 1

Bauer, E.: »100 Jahre parapsychologische Forschung – die Society for Psychical Research.«, in: Bauer, E. & Lucadou, W.v. (Hrsg.): Psi – was verbirgt sich dahinter? Freiburg: Herder 1984, S. 51–75.

Bauer, E., Kornwachs, K. & Lucadou, W.v.: »Psychokinese – Trick oder Wissenschaft?«, in: Bild der Wissenschaft 15 (1978) Heft 9: 46–59.

Bauer, E. & Lucadou, W.v. (Hrsg.): Psi - was verbirgt sich dahinter? Wissenschaftler untersuchen parapsychologische Erscheinungen. Freiburg: Herder 1984.

Bauer, E. & Lucadou, W.v.: »Parapsychologische Forschung und wissenschaftliche Methodik – Dokumentation einer Kontroverse«, in: Zeitschrift für Parapsychologie und Grenzgebiete der Psychologie 22 (1980): 51–70.

Bauer, E. & Lucadou, W.v.: »Parapsychologie.«, in: Asanger, R. & Wenninger, G. (Hrsg.): Handwörterbuch der Psychologie. München/Weinheim: Psychologie Verlags Union 1988, S. 517–524.

Beloff, J. (Hrsg.): Neue Wege der Parapsychologie. Freiburg i. Br., Olten: Walter 1980.

Bender, H.: Parapsychologie – Ihre Ergebnisse und Probleme. Hamburg: Fischer 1976.

Edge, H., Morris, R.L., Rush, J.H. & Palmer, J.: Foundations of Parapsychology. Boston, London, Henley: Routledge & Kegan Paul, 1986.

Greeley, A.: »Mysticism goes Mainstream«, in: American Health. Jan/Feb. (1987): 47–49.

Lucadou, W.v. & Bauer, E.: »Parapsychologie zwischen Wissenschaft und Aberglauben.«, in: Albertz, J. (Hrsg.): Wissen – Glaube – Aberglaube. Bad Marienberg: Freie Akademie 1987, S. 72–118.

Mischo, J., Bauer, E. & Lucadou, W.v.: »Hexenwahn an Universitäten?«, in: Zeitschrift für Allgemeinmedizin 56 (1980): 2390–2392.

Wimmer, W.: »Zum Thema Parapsychologie«, in: Zeitschrift für Allgemeinmedizin 34 (1980): 2402–2403.

Wolman, B.B. (ed.): Handbook of Parapsychology. New York: Van Nostrand Reinhold 1977.

Kapitel 2

Betz, H.D.: »Experimentelle Untersuchung ungewöhnlicher Metall-Biegeeffekte«, in: Zeitschrift für Parapsychologie und Grenzgebiete der Psychologie 17 (1975): 241–244.

Karger, F. & Zicha, G.: »Physikalische Untersuchung des Spukfalles in Rosenheim 1967«, in: Zeitschrift für Parapsychologie und Grenzgebiete der Psychologie 11 (1968): 113–131.

Keil, H.H.J. & Lucadou, W.v.: »Psychokinese oder Pseudopsychokinese? Eine Felduntersuchung«, in: Zeitschrift für Parapsychologie und Grenzgebiete der Psychologie 21 (1979): 141–156.

Moser, F.: Spuk – ein Rätsel der Menschheit. Freiburg i. Br., Olten: Walter 1977.

Rhine, L.E.: Verborgene Wege des Geistes. Freiburg i. Br.: Aurum 1979.

Rhine, L.E.: Psychokinese. Genf: Ariston 1977.

Kapitel 3

Rhine, L.E. & Rhine, J.B.: »The psychokinetic effekt: I. The first experiment«, in: Journal of Parapsychology 7 (1943): 20–43.

Rush, J.H.: »Problems and Methods in Psychokinesis Research.«, in: Krippner, S. (ed.): Advances in Parapsychological Research. Vol. 1: Psychokinesis. New York, London: Plenum Press 1977, pp. 15–78.

Timm, U.: »Definitorische Probleme der Parapsychologie – gestern und heute«, in: Zeitschrift für Parapsychologie und Grenzgebiete der Psychologie 27 (1985): 24–33.

Kapitel 4

Bauer, E.: »Kritik und Kontroversen der Parapsychologie.«, in: Condrau, G. (Hrsg.): Die Psychologie des 20. Jahrhunderts, Band XV. Zürich: Kindler 1979, S. 546–559.

Bogen, H.J.: Magie ohne Illusionen. Freiburg: Aurum 1982.

Frazier, K.: »Schmidt's airing at the APS«, in: The Skeptical Inquirer 3 (1979): 2-4.

Girden, E.: »A review of psychokinesis (PK)«, in: International Journal of Parapsychology 6 (1) (1964): 26–77.

Hansel, C.E.M.: ESP and Parapsychology: A Critical Reevaluation. Buffalo, New York: Prometheus Books 1980.

Prokop, O.: Medizinischer Okkultismus. Stuttgart, New York: Fischer 1977.

Schmidt, H.: »Zur Ausrüstung im parapsychologischen Laboratorium.«, in: Beloff, J. (Hrsg.): Neue Wege der Parapsychologie. Freiburg i. Br.: Walter 1980, S. 51-77.

Kapitel 5

Eduards, A.L. & Abott, R.D.: »Measurement of Personality Traits; Theory and Technique«, in: Annual Review of Psychology 24 (1973): 241–278.

Jahn, R.G.: »The Persistent Paradox of Psychic Phenomena: An Engineering Perspective«, in: Proceedings of the IEEE, 70 (2) (1981): 136–170.

Radin, D.I., May, E.C. & Thomson, M.J.: Psi Experiments with Random Number Generators: A Meta-Analysis. Unpublished Manuskript 1986.

Rosenthal, R.: »Interpersonal expectancies: The effects of the experimenter's hypothesis.«, in: Rosenthal, R. & Rosnow, R. (eds.): Artifact in Behavioral Research (pp. 181–277). New York: Academic Press 1969, pp. 181–277.

Rosenthal, R.: Meta-Analytic procedures for social research. Beverly Hills, CA: Sage Publications 1984.

Kapitel 6

Markwick, B.: »The Soal-Goldney experiments with Basil Shackleton: new evidence of data manipulation«, in: Proceeding of the Society for Psychical Research 56 (1978): 250–277.

Kapitel 7

Büchel, W.: »Naturphilosophische Überlegungen zum Leib-Seele–Problem«, in: Philosophia Naturalis 15 (1975): 308–343.

Haken, H.: Erfolgsgeheimnisse der Natur- Synergetik: Die Lehre vom Zusammenwirken. Frankfurt/M., Berlin, Wien: Ullstein 1984.

Kornwachs, K. & Lucadou, W.v.: »Beitrag zur systemtheoretischen Untersuchung paranormaler Phänomene«, in: Zeitschrift für Parapsychologie und Grenzgebiete der Psychologie 19 (1977): 169–194.

Kornwachs, K. & Lucadou, W.v.: »Psychokinesis and the Concept of Complexity«, in: Psychoenergetic Systems 3 (1979): 327–342.

Kornwachs, K. & Lucadou, W.v.: »Komplexe Systeme.«, in: Kornwachs, K. (Hrsg.): Offenheit-Zeitlichkeit-Komplexität. Zur Theorie der Offenen Systeme. Frankfurt: Campus 1984, S. 110–166.

Lucadou, W.v.: »Was stimmt nicht mit der Psi-Definition?«, in: Zeitschrift für Parapsychologie und Grenzgebiete der Psychologie 27 (1985): 3–23.

Lucadou, W.v. & Kornwachs, K.: »Methodologische Betrachtung zur Beschreibung komplexer Systeme«, in: Zeitschrift für Parapsychologie und Grenzgebiete der Psychologie 16 (1974): 148–157.

Lucadou, W.v. & Kornwachs, K.: »Parapsychologie und Physik.« in: Condrau, G. (Hrsg.): Die Psychologie des 20. Jahrhunderts Band XV, Transzendenz, Imagination und Kreativität. Zürich: Kindler 1979, S. 581–590.

Lucadou, W.v. & Kornwachs, K.: »Development of the system-theoretic approach to psychokinesis«, in: European Journal of Parapsychology 3 (3) (1980): 297–314.

Lem, S.: »Zur Problematik parapsychologischer Forschung«, in: Zeitschrift für Parapsychologie und Grenzgebiete der Psychologie 23 (1981): 1–26.

Nilsson, I.: »Das Paradigma der Rhineschen Schule«, in: Zeitschrift für Parapsychologie und Grenzgebiete der Psychologie 19 (1977): 101–128.

Prigogine, I.: Vom Sein zum Werden. München: Piper 1979.

Schuster, H.G.: Deterministic Chaos: An Introduction. Weinheim: Physik Verlag 1984.

Kapitel 8

Aspect, A., Dalibard, J. & Roger, G.: »Experimental Test of Bell's Inequalities Using Time-Varying Analyzers«, in: Physical Review Letters 25 (1982): 1804.

Bell, J.S.: »On the problem of hidden variables in quantum mechanics«, in: Review of Modern Physics 38 (1966): 447–452.

Bohm, D.: »A suggested interpretation of the quantum theory in terms of ›hidden‹ variables«, in: Physical Review 85 (1952): 166–179.

Davis, P.: Gott und die moderne Physik. München: C. Bertelsmann 1986.

Einstein, A., Podolsky, B. & Rosen, N.: »Can quantum mechanical description of physical reality be considered complete?«, in: Physical Review 47 (1935): 777–780.

Selleri, F.: Die Debatte um die Quantentheorie. Braunschweig, Wiesbaden: Vieweg 1983.

Schmidt, H.: »PK experiments with animals as subjects«, in: Journal of Parapsychology, 34 (1970): 255–261.

Wigner, E.P.: »Bemerkungen zum Leib-Seele-Problem.«, in: Good, I.J. (Hrsg.): Phantasie in der Wissenschaft. Düsseldorf, Wien: Econ 1965, S. 273–289.

Wigner, E.P.: Symmetries and Reflections. Bloomington: Indiana University Press 1967.

Kapitel 9

Eccles, J.C. & Popper K.R.: The Self and Its Brain. Berlin, New York, London: Springer 1977.

Houtkooper, J.: Observational Theory: A Research Programme for Paranormal Phenomena. Lisse: Swets & Zeitlinger B.V. 1983.

Jordan, P.: Verdrängung und Komplementarität. Hamburg: Storm 1947.

Jordan, P.: »Die Einordnung der Parapsychologie«, in: Zeitschrift für Parapsychologie und Grenzgebiete der Psychologie 15 (1973): 61–71.

Jung, C.G.: Synchronizität, in: Gesammelte Werke. Band VIII. Olten/Freiburg i.Br.: Walter 1971.

Jung, C.G. & Pauli, W.: Naturerklärung und Psyche. Zürich: Rascher 1952.

Karlins, M. & Andrews, M.: Biofeedback. Stuttgart: Deutsche Verlags-Anstalt 1973.

Lucadou, W.v.: »Parapsychologie und Physik.«, in: Bauer, E. & Lucadou, W.v. (Hrsg.): Psi – was verbirgt sich dahinter? Freiburg: Herder 1984.

Lucadou, W.v.: »Verfügt die Parapsychologie über ein ›normalwissenschaftliches‹ Forschungsprogramm?«, in: Zeitschrift für Parapsychologie und Grenzgebiete der Psychologie 28 (1986): 198–206

Lucadou, W.v. & Kornwachs, K.: »Parapsychologie und Physik.«, in: Condrau, G. (Hrsg.): Die Psychologie des 20. Jahrhunderts. Band XV, Transzendenz, Imagination und Kreativität. Zürich: Kindler 1979, S. 494–512.

Millar, B.: »The observational theories: A primer«, in: European Journal of Parapsychology 2 (1978): 303–332.

Schmidt, H.: »A logical consistent model of a world with psi interaction.«, in: Oteri, L. (ed.): Quantum physics and parapsychology. New York: Parapsychology Foundation 1975, pp. 205–222.

Schmidt, H.: »Can an effect precede its cause? A model of a noncausal world«, in: Foundations of Physics 8 (1978): 463–480.

Walker, E.H.: »Foundation of paraphysical and parapsychological phenomena.«, in: Oteri, L. (ed.): Quantum physics and parapsychology. New York: Parapsychology Foundation 1975, pp. 1–53.

Kapitel 10

Bauer, E. & Lucadou, W.v.: »Methoden und Ergebnisse der Psychokinese-Forschung.«, in: Condrau, G. (Hrsg.): Die Psychologie des 20. Jahrhunderts. Band XV, Transzendenz, Imagination und Kreativität. Zürich: Kindler 1979, S. 494–512.

Mischo, J. & Weis, R.: »A pilot study on the relations between PK scores and personality variables.«, in: Roll, W.G., Morris, R.L. & Morris, J.D. (eds): Research in Parapsychology 1972. Metuchen: Scarecrow Press 1973, pp. 21–23.

Lucadou, W.v.: Experimentelle Untersuchungen zur Beeinflußbarkeit von stochastischen quantenphysikalischen Systemen durch den Beobachter. Frankfurt/M.: H.-A. Herchen Verlag 1986.

Lucadou, W.v.: »Keine Spur von Psi – Zusammenfassende Darstellung eines umfangreichen Psychokineseexperiments«, in: Zeitschrift für Parapsychologie und Grenzgebiete der Psychologie 28 (1986): 169–197.

Wittmann, W. & Schmidt, J.: Die Vorhersagbarkeit des Verhaltens aus Trait-Inventaren. Theoretische Grundlagen und empirische Ergebnisse mit dem Freiburger Persönlichkeitsinventar (FPI). Forschungsberichte des Psychologischen Instituts der Albert-Ludwigs-Universität Freiburg i. Br. 1983.

Schmidt, H.: »PK effect on pre-recorded targets«, in: Journal of the American Society for Psychical Research 70 (1976): 267–291.

Kapitel 11

May, E.C.: »Psychokinetic research at SRI.«, in: C.B. Scott Jones (ed): Proceedings of a Symposium on Applications of anomalous phenomena, Santa Barbara 1984, pp. 105–123.

May, E.C., Hubbard, G.S. & Humphrey, B.S. 1985: »New Evidence for Interaction Between Quantum Systems and Human Observers«, Paper given at the Fourth Annual Meeting of the Society for Scientific Exploration at Charlottesville.

Kapitel 12

Hill, O.W.: »Further Implications of Anomalous Observations for Scientific Psychology«, in: American Psychologist (1986): 1170–1172.

Jahn, R.G. & Dunne, B.J.: On the Quantum Mechanics of Consciousness, with Application to Anomalous Phenomena. Unpublished Report, Princeton: Princeton University 1984.

Jahn, R.G. & Dunne, B.J.: Margins of Reality. The Role of Consciousness in the Physical World. San Diego, New York, London: Harcourt Brace Jovanovich 1987.

Kornwachs, K. & Lucadou, W.v.: »Pragmatic information and nonclassical systems.«, in: Trappl, R. (ed.): Cybernetics and Systems Research. Amsterdam/New York/Oxford: North Holland 1982, pp. 191–197.

Lucadou, W.v. & Kornwachs, K.: »Grundzüge zu einer Theorie paranormaler Phänomene«, in: Zeitschrift für Parapsychologie und Grenzgebiete der Psychologie 17 (1975): 73–87.

Lucadou, W.v. & Kornwachs, K.: »Psi und seine Grenzen«, in: Zeitschrift für Parapsychologie und Grenzgebiete der Psychologie 24 (1982): 217–237

Lucadou, W.v.: »The Model of Pragmatic Information (MPI).«, in: Morris, R.L. (ed.): The Parapsychological Association 30th Annual Convention, Proceedings of the Presented Papers. Chippenham: The Parapsychology Association 1987, pp. 236–254.

Lucadou, W.v.: »Über die Unmöglichkeit über den eigenen Schatten zu springen – zum Interventionsparadox in den Observational Theories«, in: Tijdschrift voor Parapsychologie, und in: Zeitschrift für Parapsychologie und Grenzgebiete der Psychologie 30 (1988): 133–151.

Lucadou, W.v. & Kornwachs, K.: »Grundzüge einer Theorie paranormaler Phänomene«, in: Zeitschrift für Parapsychologie und Grenzgebiete der Psychologie 17 (1975): 73–87.

Lucadou, W.v. & Kornwachs, K.: »Psi und seine Grenzen«, in: Zeitschrift für Parapsychologie und Grenzgebiete der Psychologie 24 (1982): 217–237.

Mohr, H.: Natur und Moral. Darmstadt: Wissenschaftliche Buchgesellschaft 1987.

Schmidt, H.: »PK tests with pre-recorded and pre-inspected seed numbers«, in: Journal of Parapsychology 45 (1981): 87–98.

Schmidt, H.: »Addition effect for PK on pre-recorded targets«, in: Journal of Parapsychology 49 (1985): 229 244.

Varela, F.J.: Autonomy and autopoiesis, in: Roth, G. & Schwengler, H. (eds.): Self-organizing systems. Frankfurt/New York: Campus 1981, pp. 14–23.

Weizsäcker, E.v.: »Erstmaligkeit und Bestätigung als Komponenten der pragmatischen Information.«, in: Weizsäcker, E.v. (Hrsg.): Offene Systeme I. Stuttgart: Klett 1974, S. 83–113.

Kapitel 13

Batcheldor, K.J.: »PK in sitter groups«, in: Psychoenergetic Systems 3 (1979): 77-93.

Huesmann, M. & Schriever, F.: »Zur Phänomenologie von RSPK-Berichten des Freiburger ›Instituts für Grenzgebiete der Psychologie und Psychohygiene‹: Ergebnisse einer statistischen Auswertung«, in: Zeitschrift für Parapsychologie und Grenzgebiete der Psychologie 31 (1989): (in Druck).

Lucadou, W.v.: »A recent alledged RSPK case in Frankfurt.«, in: Roll, W.G. (ed.): Research in Parapsychology 1980, Metuchen, London: Scarecrow 1981, pp. 58–60.

Lucadou, W.v.: »Der flüchtige Spuk.«, in: Bauer, E. & Lucadou, W.v. (Hrsg.): Spektrum der Parapsychologie. Freiburg: Aurum 1983, S. 150–166.

Owen, I.M. & Sparrow, M.: Eine Gruppe erzeugt Philip. Freiburg i.Br.: Aurum 1979.

Thurston, H.: Die körperlichen Begleiterscheinungen der Mystik. Luzern: Räber 1956.

Timm, U.: »Die Unwahrscheinlichkeitsregel – oder: Können Psi-Resultate ›zu gut‹ sein?«, in: Zeitschrift für Parapsychologie und Grenzgebiete der Psychologie 23 (1981): 207–217.

Wälti, B.: »Bericht über ein ungewöhnliches Experiment.«, in: Zeitschrift für Parapsychologie und Grenzgebiete der Psychologie, 30 (1988): 236–242.

Kapitel 14

Attevelt, J.T.M., Schouten, S.A., Mees, E.J., Geyskes, G.G., Beutler, J.J., Leppink, G.J., Faber, J.A.J. & de Meijer, A.J.: Effectiviteit paranormale geneeswijze. Rijksuniversiteit Utrecht 1987.

Bender, H.: Psychische Automatismen. Leipzig: Barth 1936.

Bender, H.: »Mediumistische Psychosen«, in: Zeitschrift für Parapsychologie und Grenzgebiete der Psychologie 2 (1958/59): 173–201.

Bender, H.: Umgang mit dem Okkulten. Freiburg: Aurum 1984.

Boerenkamp, H.G.: A study of paranormal impressions of Psychics. Utrecht: Boerenkamp 1988.

Stanford, R.G.: »An experimentally testable model for spontaneous psi events«, in: Journal of the American Society for Psychical Research 68 (1974): 34–57 and 321–356.

Kapitel 15

Dokumentation: »Der Bundesgerichtshof über Parapsychologie – eine Dokumentation«, in: Zeitschrift für Parapsychologie und Grenzgebiete der Psychologie 20 (1978): 119–124.

Bauer, E. & Lucadou, W.v.: »Parapsychologie in Freiburg – Versuch einer Bestandsaufnahme«, in: Zeitschrift für Parapsychologie und Grenzgebiete der Psychologie 29 (1987): 241–282.

McDougall, W.: »Parapsychologie als Universitätsstudium.«, in: Bender, H. (Hrsg.): Parapsychologie, Entwicklung, Ergebnisse, Probleme. Darmstadt: Wissenschaftliche Buchgesellschaft 1966, S. 82–92.

Jaffé, A.: »Die Faszination durch Aberglauben und Parapsychologie.« in: Condrau, G. (Hrsg.): Die Psychologie des 20. Jahrhunderts. Band XV, Transzendenz, Imagination und Kreativität. Zürich: Kindler 1979, S. 673–680.

INDEX

Abott, R.D. 184
Absinkungseffekt 26, 28
Absinkungsphase 145
Andrews, M. 186
Ankündigungserlebnisse 13
Apfelmännchen 125
Artefakt 27, 82, 105
Aspect, A. 185
Atteveld, J.T.M. 188
Aufgabe, unmögliche 30, 140
Auflösung 111, 158
Ausreißer, statistischer 26, 110
Austauschenergie 138
Außersinnliche Wahrnehmung (ASW) 9, 169
Automatisches Buchstabieren 168
Autonomie 118, 127, 149
Axiom 74

Backward Causation 80
Batcheldor, K. 154, 156, 157, 158, 159, 160, 169, 188
Bauer, E. 182, 183, 186, 189
Bedeutung 51, 77
Befindlichkeitsskala 93
Behaviorismus 66
Bell, J. 56, 60, 185
Bellsches Theorem 60
Beloff, J. 10, 47, 182
Bender, H. 144, 146, 176, 182, 188
Beobachter 63, 105
Beobachtereffekt 129
Beobachterscheu 46
Beschreibung, inadäquate 108
Beschreibungssprache, kohärente 24
Bestätigung 117, 127, 137, 147
Betrug in der Wissenschaft 35
Betz, H.D. 183
Beutler, J.J. 188
Bewertung eines Systems 110
Bewußtsein 63, 107

Bewußtseinserweiterung 165
Bias 27, 28, 132
Biofeedback 32, 71
Black Box 57, 62
Boerenkamp, H. 163, 188
Bogen, H.J. 34, 183
Bohm, D. 60, 185
Bohr, N. 122
Brecht, B. 181
Bridgman, P.W. 28, 29
Brunswiksches Linsenmodell 89, 97
Brüsselator 53
Bundesgerichtshof BGH 175
Büchel, W. 184
Bünning, E. 122

Chaostheorie 53, 68, 169, 172
Chauvin, R. 34
Chunks 120
Clusteranalyse 153
Condrau, G. 184, 186, 189
Conformance Behavior-Modell 166

Dalibard, J. 185
Davis, P. 185
Dämonenhypothese 69, 170
De Meijer, A.J. 188
Decline-Effekt 26
Decline-Phase 145
Definition, negative 20, 23
Definition, operationale 25, 65, 82
Delbrück, W. 122
Depressivität 89, 91
Dessoir, M. 9
Devereux, G. 138
Displacement-Phase 145
Display 30
Display-Hypothese 85
Dissipative Strukturen 54
Divergenzproblem 72, 76, 85, 107, 129, 179
Doppelblindbedingung 79
Doppelblindverfahren 93
Doppelspalt-Experiment 132, 158
Dunne, B.J. 39, 138, 187

Eccles, J. 73, 185
Edge, H. 182
Edwards, A.L. 184
Einstein, A. 49, 59, 185
Einstein-Podolsky-Rosen-Paradox (EPR) 57, 105, 161
Ektoplasma 17
Elusivität 46, 143, 156, 171
Ereignisse, singuläre 36

Ergodizität 51
Erhaltungssatz 58, 70
Erstmaligkeit 117, 127, 137, 147
Esoterik 167
Experimentator-Effekt 47
Experimentator-Effekt, Psi-induzierter 130
Experimente, beweisorientierte 78
Experimente, prozeßorientierte 78
Experimentum Crucis 30
Externalität 91
Extraversion 89, 91
ESPionage 162

Faber, J.A.J. 188
Faktorenanalyse 153
Falsifizierbarkeit 68, 72
Faraday, M. 15, 142, 168
Feedback 31, 128
Feedback-Hypothese 84
Feedbackinformation 71, 85, 130
Fehlerrate 172
Fluktuation, stochastische 160
Frazier, K. 183
Freud, S. 69
FPI-Fragebogen 101

Galilei, G. 122
Gedankenexperiment 57
Geistige Heiler 163
Geller, U. 17, 21
Generator-Hypothese 84
Gestaltsprung 148
Geyskes, G.G. 188
Gimmick 18
Girden, E. 28, 33, 34, 183
Glasrücken 168
Good, I.J. 185
Greeley, A. 182

Haken, H. 184
Hansel, C.E.M. 34, 35, 183
Heisenbergsche Unschärferelation 113, 122
Heitler, W. 122
Hellsehen 9
Hellseher 167
Heraklit 50
Hexenverfolgung 171
Hierarchisches Modell 76
Hill, O. 115, 187
Holismus 110
Home, D.D. 16
Houtkooper, J. 48, 76, 129
Hubbard, G.S. 103, 187

Huesmann, M. 152, 188
Human factor engineering 172
Humphrey, B.S. 103, 187
Hyman, R. 35

Immunisierung 76, 158
Implizite Modelle 49, 82
Impossible Task 30
Information 74
Interferenz 133, 158
Internalität 91
Interpretation der Quantentheorie 64, 107
Interventionsparadox 75, 132
Isomorphie 115
IDS-Modell (Intuitive Data Selection) 104, 135, 136
IPC-Fragebogen 91, 102

Jaffé, A. 174, 189
Jahn, R.G. 39, 138, 184, 187
Johnson, M. 10
Jordan, P. 72, 185
Joseph von Copertino 140
Jung, C.G. 36, 110, 171, 185

Kanalkapazität 74
Karger, F. 15, 183
Karlins, M. 186
Keil, J.H.H. 21, 183
Klassische Ontologie 107
Klassische Physik 29
Klassisches Modell 137
Koestler, A. 67
Kollektives Phänomen 169
Kompetenz des Experimentators 38
Komplementaristische Methode 138
Komplementarität 113, 118, 151
Komplexität 52, 53, 107, 122, 170
Komplexitätsunabhängigkeit 75, 132
Kompliziertheit 52, 123
Konsistenz, phänomenologische 24
Kontextabhängigkeit 111
Kontrollauf 33, 131
Kontrollgeist 153
Kontrollüberzeugung 91
Konvergenzgeschwindigkeit 125
Kopenhagener Interpretation 60
Kornwachs, K. 184, 185, 186, 187
Korrelation 82
Korrelation, partielle 82
Korrelationskoeffizient 89
Korrelationsmessung 58
Korrespondenzprinzip 70, 122
Kuhn, T. 10

Lem, S. 55, 185
Leppink, G.J. 188
Lichtquanten 133
Lucadou, W.v. 182, 183, 184, 185, 186, 187, 188, 189
Makro-Psychokinese 142, 153
Man-machine interface 172
Mandelbrot, B. 125
Mandelbrotmenge 125
Mann, Th. 153
Margery 153
Markoffscher Generator 93, 96
Markwick, B. 47, 184
Maskulinität 102
Materialisation 17
Mattuck, R.D. 73
May, E.C. 44, 103, 184, 187
McDougall, W. 180, 189
Medhurst, G. 47
Mediumistische Psychose 168
Mees, E.J. 188
Menschlicher Faktor 172
Meßfehler 37
Meßgenauigkeit 45, 111
Meßproblem 60
Meßtechnik 45
Meta-Analyse 44, 46
Metallbiegen, psychokinetisches 18
Mikrokosmos 115
Mikrozustand 64
Millar, B. 67, 186
Mischo, J. 146, 176, 183, 186
Modell der Pragmatischen Information (MPI) 77, 85, 101, 107, 127, 135, 150, 157
Mohr, H. 122, 187
Morris, R.L. 182, 186
Moser, F. 13, 145, 183
Mystik 165

Nervosität 91
Neue Physik 56
Neurophysiologischer Prozeß 73
New Age 8, 56, 167
Newtonsche Physik 49
Nichtfalsifizierbarkeit 68, 69
Nichtgleichgewichts-Thermodynamik 53
Nichtlokale Korrelation 61, 63, 107, 111, 126, 129, 131, 133
Nikolaus von Kues 165
Nilsson, I. 185

Observational Theories 67, 70, 105, 131, 136, 178
Okkulte Welle 8, 167
Omnipotenz 69
Operationalisierung 120, 129

Organizational Closure 123, 126, 136, 148, 164, 167, 170
Oteri, L. 186
Owen, I. 156, 169, 188
Ownership Resistance 154, 169

Palladino, E. 16
Palmer, J. 182
Papst Benedikt XIV. 140
Parapsychologie 9
Parapsychology Foundation (PF) 67
Pauli, W. 72, 185
Persönlichkeitsfaktor 81
Persönlichkeitsfragebogen 87
Persönlichkeitspsychologie 43
Phänomenologie 111
Phänomenologisches Modell 74
Philip 156
Photonen 133
Physikalischer Mediumismus 16, 153, 160
Podolsky, B. 185
Popper, K.R. 185
Pragmatische Information 116, 133, 147
Pratt, G. 27
Prädiktorvariable 100
Präkognition 9
Präparation 46, 121
Präparierbarkeit 68
Preinspector 131
Prerecorded Targets (PRT) 78, 79, 131, 159
Prigogine, I. 53, 185
Prinzip der vollständigen Distinktion 107
Prokop, O. 34, 183
Protokollierungsfehler 28
Pseudozufallszahlen 134
Psi 9
Psi-Missing 34
Psi-Quelle 74, 131
Psi-Superwaffen 162
Psi-Verteilung 41
Psychohygiene 168
Psychokinese (PK) 9, 169
Psychokinese, retroaktive 80
Psychosomatische Störung 91
PK-Korrelation 97, 102
PK-Signal 50

Quanten 113
Quantenphysik 56
Quantentheorie 29

Radin, D.E. 44, 103, 184
Randbedingung, Problem der 23
Randi, J. 17

Random Walk 30
Raum-Zeitunabhängigkeit 72, 80
Realität, physikalische 59
Recurrent Spontaneous Psychokinesis (RSPK) 16, 150
Reduktionismus 24, 52
Reduktionismusproblem 74, 109
Reiz-Reaktionsschema 116
Rekursivität 125, 126
Relativitätstheorie, spezielle 49, 105
Relevante Information 111
Reliabilität 118, 127
Replikation 36
Replikation, konzeptuelle 37
Replikationsrate 43
Repräsentationsinvarianz 117
Repressionsmittel 171
Reproduzierbarkeit 36, 45
Restaurierbarkeit 36
Retrokognition 135
Rhine, J.B. 25, 29, 51, 174, 179, 183
Rhine, L.E. 12, 183
Rhinesches Paradigma 50, 85
Robustheit 38, 44, 103
Roger, G. 185
Roll, W.G. 89, 102, 186
Rosen, N. 185
Rosenheimer Spukfall 14, 46, 140
Rosenthal, R. 44, 184
Rush, J.H. 182, 183

Schmeidler, G. 33
Schmidt, H. 29, 34, 35, 67, 79, 129, 131, 134, 135, 136, 183, 185, 186, 187
Schmidt, J. 186
Schmidt-Maschine 29, 30, 128
Schmidtscher Generator 93
Schmidtsches Modell 74
Schneider, R. u. W. 16
Schnitt, quantenphysikalischer 63
Schouten, S.A. 188
Schriever, F. 152, 188
Schrödinger, E. 61, 122
Schrödingergleichung 127
Schrödingers Katze 62
Schuster, H.G. 185
Schwache Verletzung 70
Scientific Community 10, 28
Seancetechnik 16
Seednumber 134
Selbstbeobachtung 126
Selbsteinschätzung 93
Selbstimmunisierung 155
Selleri, F. 185

Sensitiver 163, 164
Separation 31, 58
Shackleton, B. 47
Shannon, C. 106
Sheep-Goat-Effekt 33
Sheep-Goat-Fragebogen 91
Signal, instantanes 105
Signalübertragung 105, 108, 159
Signifikanz 33, 45
Signifikanzniveau 25
Silvio M. 128, 140
Sinnvolle Zufälle 110
Sittergroup 154
Sittergroup-Technik 155, 156, 169
Sitters 153
Skeptical Inquirer 35
Slade, H. 16
Soal, S.G. 47
Society for Psychical Research (SPR) 9, 153
Sparrow, M. 156, 188
Spiritismus 16, 155
Spiritistische Hypothese 69, 170
Spontanberichte 13
Spontane Psychokinese 16, 150
Spukagent 144
Spukauslöser 144, 148
Stanford, R.G. 166, 188
States 89
Statistische Methode 27
Streuung 38
Struktur vs. Funktion 151
Strukturfaktor 152
Substanz, feinstoffliche 159
Substrat 118
Superposition 73, 108, 111
Superpositionsprinzip 59
Symmetrie 58, 70
Synaptischer Übertragungsmechanismus 73
Synchronistische Ereignisse 110
Synergetik 53
System, geschlossenes 120
Systeme, autonome 54
Systeme, rückbezügliche 53
Systeme, selbstreferentielle 54, 107, 126
Systemfluktuation 129
Systemoberfläche 121
Systemtheorie 52
Systemverschränkung 128

Taschenspielertrick 25
Teamarbeit 39
Teleologischer Ansatz 74
Telepathie 9

Theorie der Komplexe 171
Thomson, M.J. 44, 184
Thouless, R.H. 9
Thurston, H. 188
Timm, U. 142, 182, 183, 188
Timmsche Regel 143, 151, 167
Tracer 100, 103
Tracer-Hypothese 85
Trainierbarkeit 165
Traits 89
Trefferleistung 26
Trial 93, 130
Trial-and-Error-Prinzip 71
Trickexperte 17
Trickster 155

Unschärferelation 113
Überraschungsphase 144

Varela, F. 123, 188
Variabilität 87
Variable, physikalische 81, 82
Variable, psychologische 74, 81, 82
Variablenseparation 31
Verborgene Parameter 60
Verdrängungsphase 145
Verhaltensfaktor 152
Verschiebungsphase 145
Verschränktheit 64, 105, 170
Versuchsdesign, multivariates 80
Versuchsdesign, univariates 80
Volta, L. 142
Voraussagbarkeit 87

Wahrnehmungsschwelle 139
Wahrscheinlichkeitstheorie 28
Walker, E.H. 67, 72, 128, 186
Walkersches Modell 72
Wälti, B. 140, 188
Weis, R. 101, 186
Weizsäcker, E.U. von 117, 188
Widerspruchsfreiheit 68
Wiederholbarkeit 36
Wiesner 9
Wigner, E.P. 63, 72, 185
Wigners Freund 62, 127
Wimmer, W. 11, 34, 175, 183
Wirkung 116
Wissenschaft, präparadigmatische 10
Wissenschaftliche Gesellschaft zur Förderung
der Parapsychologie e.V. (WGFP) 177
Witness Inhibition 154
Wittmann, W. 89, 186
Wolman, B.B. 183

Zerfall, radioaktiver 29
Zerfallsgesetz 30
Zicha, G. 15, 183
Zufallsfluktuation 96, 172
Zufallsfolge 30
Zufallsgenerator 28
Zufallswahrscheinlichkeit 25
Zustandsraum 95
Zustandsraumdiagramm 103

Haben Sie schon abonniert?

ZEITSCHRIFT FÜR PARAPSYCHOLOGIE UND GRENZGEBIETE DER PSYCHOLOGIE

Herausgeber:
Dipl.-Psych. Eberhard Bauer, Prof. Dr. Dr. Hans Bender, Dr. Dr. Walter von Lucadou, Prof. Dr. Johannes Mischo, Dr. Ulrich Timm (alle Freiburg i. Br.)

Die 1957 von Prof. Dr. Dr. Hans Bender gegründete Zeitschrift berichtet in Originalarbeiten, in Sammelreferaten und Fallstudien über Methoden, Ergebnisse und Probleme der Parapsychologie: über psychische und psychophysische Phänomene, die anscheinend nicht in den Bereich heute allgemein anerkannter Gesetzmäßigkeiten fallen (Telepathie, Hellsehen, Präkognition, Psychokinese). Sie informiert anhand von Kongreß- und Kurzberichten, Buchbesprechungen und Mitteilungen über den internationalen Stand der Forschung.

In den Themenbereich aufgenommen werden ferner Fragestellungen aus dem Gebiet der Diagnostischen und Klinischen Psychologie, der Sozialpsychologie und Psychohygiene, die sich auf den individuellen und kollektiven Glauben an »außergewöhnliche« Fähigkeiten und Zusammenhänge beziehen, wie etwa Fragen der außerschulischen Medizin (»Geistige Heilung«), nicht anerkannter Deutungspraktiken (z. B. Astrologie) oder »okkulter« Subkulturen. Besondere Aufmerksamkeit wird den interdisziplinären Beziehungen der parapsychologischen Forschung geschenkt.

Die Zeitschrift erscheint viermal jährlich und kann durch jede Buchhandlung oder direkt beim Verlag bestellt werden. Mitglieder der WGFP (Wissenschaftliche Gesellschaft zur Förderung der Parapsychologie e.V.) erhalten die Zeitschrift kostenlos.

AURUM VERLAG
Postfach 5204 · D-7800 Freiburg im Breisgau

WGFP – erste wissenschaftliche Gesellschaft zur Förderung der Parapsychologie e.V. in der Bundesrepublik Deutschland.

Hans Bender erreichte 1967 die akademische Etablierung der Parapsychologie an der Universität Freiburg i. Br. Seither ist das Bevölkerungsinteresse an »Psi« – im Eilschritt aller technisch-wissenschaftlichen Entwicklung und eines parallel dazu immer stärker werdenden geistigen Hungers – gewaltig gewachsen. Unkontrollierte Aktivitäten sogenannter Amateur-Psychologen, selbsternannte »Medien« und »Wahrsager«, oft unausbleibliche psychische Schädigungen durch unwissenschaftliche »Experimente«, größere Ratlosigkeit und Unsicherheit kennzeichnen den Mangel an sachlicher Information und diskreditieren die zuverlässige wissenschaftliche parapsychologische Forschung. Psychohygiene ist ein weithin unbekanntes Wort im Leben unserer Gesellschaft.

Zur Zielsetzung der WGFP gehört die organisatorische, finanzielle und publizistische Förderung qualifizierter parapsychologischer Forschung an Universitäten und vergleichbaren Instituten. Dabei geht es nicht nur um Unterstützung im engeren Sinne, sondern eben auch um die Untersuchung psycho- und sozialhygienischer Probleme, die sich im Zuge der zunehmenden »okkulten Welle« immer häufiger ergeben. Forschungs- und Arbeitsergebnisse macht die WGFP der Öffentlichkeit in der viermals jährlich erscheinenden *Zeitschrift für Parapsychologie und Grenzgebiete der Psychologie* zugänglich. Mitglieder der WGFP erhalten diese Zeitschrift kostenlos. Hier lesen Sie über wissenschaftliche Kongresse, über allgemeinverständliche Vorträge, Kurse und Seminare der WGFP, erfahren viel Neues und sind immer zuverlässig informiert.

Anfragen und Anträge auf Mitgliedschaft in der WGFP richten Sie bitte an folgende Anschrift:

WGFP e.V.
Franziskanerstraße 9/Eingang Gauchstraße 9
D-7800 Freiburg i. Br.

Grenzwissenschaften im Aurum Verlag:

J. Gaither Pratt
PSI−FORSCHUNG HEUTE
Entwicklungen der Parapsychologie seit 1960

Herbert Rauprich: **CHEOPS**
Anfang und Ende der Zeit im Grundmuster der Pyramide

Thomas Ring
ASTROLOGIE NEU GESEHEN
Der Kosmos in uns

Thomas Ring: **EXISTENZ UND WESEN IN KOSMOLOGISCHER SICHT**

Thomas Ring: **GENIUS UND DÄMON**
Strukturbilder schöpferischer Menschen

William G. Roll: **DER POLTERGEIST**
Vorwort von J. B. Rhine

Nikolaus von Sementowsky-Kurilo
ASTROLOGIE
Schicksal im Sternspiegel

Roberto Sicuteri
ASTROLOGIE UND MYTHOS
Mythen und Symbole des Tierkreises im Spiegel der Tiefenpsychologie

Ian Stevenson: **REINKARNATION**
Der Mensch im Wandel von Tod und Wiedergeburt
20 überzeugende und wissenschaftlich bewiesene Fälle

M. Ullman/S. Krippner/A. Vaughan
TRAUMTELEPATHIE
Telepathische Experimente im Schlaf

Grenzwissenschaften im Aurum Verlag:

Eberhard Bauer/Walter von Lucadou (Hrg.)
SPEKTRUM DER PARAPSYCHOLOGIE
Hans Bender zum 75. Geburtstag

Thomas R. Blakeslee: **DAS RECHTE GEHIRN**
Das Unbewußte und seine schöpferischen Kräfte

Lama Anagarika Govinda
DIE INNERE STRUKTUR DES I GING
Das Buch der Wandlungen

Georg Conrad Horst: **ZAUBER-BIBLIOTHEK**
oder: von Zauberei, Theurgie und Mantik, Zauberern, Hexen und Hexenprozessen, Dämonen, Gespenstern und Geistererscheinungen. Originalgetreuer Nachdruck der Ausgabe Mainz 1821–26. 7 Bände.

Madhu Khanna: **DAS GROSSE YANTRA-BUCH**
Das Tantra-Symbol der kosmischen Einheit

Detlef-I. Lauf
GEHEIMLEHREN TIBETISCHER TOTENBÜCHER
Jenseitswelten und Wandlung nach dem Tode

Frédéric Lionel
TAROT – DAS SPIEL DER SPIELE
Initiation und Schaltsymbolik des Schicksals

Iris M. Owen/Margaret Sparrow
EINE GRUPPE ERZEUGT PHILIP
Das Abenteuer einer kollektiven Geistbeschwörung